聶雅婷——著

東西身體同一與
差異的對話觀

序論

　　承繼之前筆者專著《生命體驗的詮釋與東西文化之會通》[1]，本書第一章〈生命體驗詮釋〉說明何謂『生命體驗詮釋』，我想這是延續思維脈胳提出的匯通東西文化的可能性方法，它是「自我」關注或者說「自我」理解「技術」方法，在東方及西方都有不同語詞解釋，筆者給予一個整合性名詞解釋，那便是：「生命體驗詮釋」。

　　「生命體驗詮釋」它是生命學問重建之法，透過此下學上達之路才能真正重建生命本體形上學，依此，使人與形上價值根源有了連結，如此文化根源價值才不會失根，才能夠理論與實踐有所重整，而不致在五花八門學科或說是訊息管道當中，分裂而失去方向。

　　我透過傅柯當代哲學家去掌握「生命體驗詮釋」「自我」理解「技術」，也是主體可以進入真理的契機，第三部分由工夫論、修養論及境界論去說明『生命體驗詮釋』如何去達成真理實踐的可能及狀態。這裡我由儒家及道家進路著手去說明之。

　　「生命體驗詮釋」方法的關注等同於「身體觀」的關注。因此，在第二章〈中西「工夫」與「體驗」對比哲學當中的身體觀〉裡頭談到中國哲學普遍認為是能夠用身心以實踐修行的「體驗」知識，而這種實踐哲學實以「工夫論」為其核心，特別是在儒家及道家的身體論述中，「工夫論」極具關鍵性。西方哲學則是由過去身心二元對立，不重視身體感受，強調形上學論述，後來轉向身心互為滲透的「知性形上學」發展，而這就是中西文化匯通的可能性。知性講的是實踐智慧，而形上學部分談的便中國哲學的「修養工夫」臻至境界的為道同於道的進路。

　　換句話說，在中國哲學當中強調對比的和諧，可以在差異、連續、互補及斷裂當中可以找到相互辯證及互動關係的可能性，而這對比哲學首重便是修身工夫論，修身工夫論中身體觀可以說是「生命體驗詮釋」。此修身工夫論的身體論結合了認識論與形上學面向，成為知性形上學進路，也就是下學上達的修養「工

---

[1]　筆者聶雅婷著《生命體驗的詮釋與東西文化之會通》，台北：五南，2012年出版。

夫」進路，它是納學問於生命徹底實踐中，它是實踐的方式，也是真理體現方式，更是主體進入主體際性融合的可能性，這這可能性實踐便是哲學生命展現，它是「自我」修養，也是一種境界美學。

　　因此中國哲學中修身（self-cultivation）所修之「身」（self）擁有心（heart）、物兩面性，這特有的身體觀使得身體成為主客觀、身與心交互感知的存在。本人擬以儒家的孔、孟及道家的老、莊來說明中國哲學特有的身體觀，並且以西方當代的「身體觀」輔助說明中西在存有與存有者之間，此有與生活世界裡，如何藉由身體操作技巧，於精神歷程淬鍊中有所轉換，使得身體成為文化的身體，與社會關係脈胳下的身體，而此身體如何成為「自我」治理即為重要的關鍵，形構出有意義的整體，更進一步探討存有真理體現在吾人身體，使主體在形變或轉化的過程中達到真理與身體同在，如何「體知」並且實踐出生命來，並且使得主體生命的陷溺也因此得到救贖。

　　易言之，由「生命體驗詮釋」到「身體觀」，其實就是談到以身體為文本實踐智慧，所以第三章〈以「身體」為「文本」的實踐智慧〉這是向已仙逝的沈清松老師致敬，這章談到「對比哲學」，沈清松老師所提到所謂對比（contrast），關係中彼此督促，在此在現象場域當中，不斷與存有韻律激盪，在張力當中，對依此對比對生活世界有所觀看。我對生命現象理解也是流動的，它是動態座標軸，不斷在游離當中達到對存有面向的理解與交融，再其次則是說明了生命是有歷史的，無論過去、現在與未來都在進行比對切換，而此在所處的生活世界，透過歷史之流而不可分地與他人相互隸屬，交互編織而形成整體影響的生活世界，而我對此有的詮釋，乃是在生命歷史交錯裡去了解生命體驗什麼，並且將以詮釋出來。最後在文本歧出閱讀歷程當中，我不斷在文本當中不斷讀出文本之外的東西，並且完成了生命體驗文本的詮釋。這就是以身體為文本的詮釋方法，它是文化的、動態的、歷史的、對比交流的文本閱讀詮釋經驗。

　　以身體為文本的閱讀經驗說明著：在人文化成的符號世界裡，如何透過在生活世界的此在，將「自我」轉化為他者，以致於達到文化與文化之間溝通交流在東西方文化交流之下，身為一個生命體驗者如何在他所接觸文化當中去詮釋出屬於他自己特有生命實有呢？當代中國哲學經典詮釋所講生命體驗詮釋其實就是在差異、多元對比文化當中，體現出形上本體的妙境來，而這就是一種實踐智慧，我在生命妙境中將自己在面對多元、差異思維當中，穿透出一種氛圍，這種氛圍使我不斷追尋、探究，去省察「自我」生命世界是如何。

　　這種互為主體際性交流的身體文本閱讀經驗本身說明著對比哲學在生命體驗詮釋當中乃是找出動態座標軸，去勾勒出生命藍圖所在在過去、現在與未來當中有所切換，在傳統與現在、異時空當中，去達成生命體驗詮釋，而這是知性形上學面向，去說明出在差異與互補，延續與斷裂之間的一種相互的辯證。

　　以身體為文本閱讀經驗去讀出生命史中所有人事地物交景而成的圖像，生命是有歷史的，無論過去、現在與未來都在進行比對切換，而此在所處的生活世界，有著相同命運及共同情感具體事件的領受及感悟。

　　以身體為文本的詮釋閱讀方式也說明著文本總是在延異當中，當我們向著文本敞開心靈之眼去看去聽時，總是有如進入文字的迷宮當中，我參與了這場文本迷宮的閱讀，而最後文本閱讀的我，也成了創作的我，也許是種誤讀，在不斷差異詮釋當中，閱讀過程中，我也成為一種創造的詮釋，在差異當中，互補，動盪，擺佈裡我形構了自身對文本的理解、詮釋與對話。我、文本與閱讀歷程就好比是丟球遊戲一樣，不斷回復往返，在歷程當中修正，以達到一種循環的詮釋，甚至是一種生命歷程的循環詮釋一樣，以達到對身體文本的閱讀詮釋。

　　當代思想其實尋索著自己體系，而近代形上學瓦解，批判形上學，其實裡頭蘊含著一種形上學，實際上對「同一性」的反思其實就是擺脫形上學的桎梏，建立形上學的新契機。

　　接著，由身體文本觀的實踐智慧，原本筆者要進行老子的解讀，但在老子之前，我們進行同一與差異的辯證說明。因此第四章〈身體文本的「同一性」與「非『同一性』」「差異性」的辯證——寫在老子之前〉這文當中針對當代重要課題有著省思。

　　當代思潮裡，針對「同一性」，有著深刻思考，「同一性」其實究其源就是「思想與存有的『同一性』問題，筆者以為傳統形上學是存有神學，但此形上學使存有者陷入控制及無意義的解釋當中，比方以矛盾律排除虛無，再以充足理由律來解釋存有者的出現，以套套邏輯的方式來界定存有，它不會去問存有與存有者之間的「差異」，而事實上，這是非常重要的，去思維存有與存有者之間「差異」，人若遺忘了「差異」，只想研究存有者，進而加以組織與控制，那就是不知存有，而遺忘了存有，這是最大的危機。

　　「同一性」思考也是建立在此領域上而有所開展，這領域上已超越原有邏輯範疇，而與許多領域結合一起，換句說，在當代思維所謂「同一性」已將範疇打破，而做為一種對傳統形上學的反思，一種僵化固著的神學、哲學、美學、

社會學等概念的反思，它甚至涉及一種身分認同與「暴力」之間的意識型態的抗爭。

當代講求多元、差異與尊重，此這種反「意識型態暴力」被視為是對反「同一性暴力」，當代可以說是一種反「同一性」運動的浪潮，而這浪潮順延著後現代、後結構甚至後殖民運動以來的思維方向是一致的，做為一個哲學工作者，我想這是需要將眼光拉回到所謂「「同一性」」是什麼？而為何它引發無限熱情以致於對反這「同一性」概念會產生如此軒然大波呢？

我企圖去做基要的反省工夫，於是在第五章〈由老子來進行身體的同一與差異進行辯證思考〉一文中，我設法爬梳裡頭結構性問題，針對《老子・第一章》的配搭給予我們的啟迪，讓我們解放在無何有之鄉，以便爬上那不斷離異，而又回返的千高原裡來重解當中的原型、話語及主體的解構歷程。

筆者作為一個東西方文化交流的對談者而言，我們看到老子當中的超文字或者互為主體文本的概念出現，特別是在〈第一章〉所顯示出來的生命文本現象的詮釋學，作為一個為道者現身說法，在開始即已告知你符號的無能為力，他很清楚解構符號的蒼白感，絕不會是單一對應關係的解讀，而是無限延展的塊莖可能性，它說明的是道體無限的解讀的可能性，因緣著為道者體道本身的差異的詮釋經驗，它不是神聖形上幻影，不是單一根源宰制，它來自於你對原型——道的不同生命情境的體悟，它是無限差異生命現象學，當我們不斷返之又返時，它所展現的生命精神追求，已不再受限於「同一性」單一原型詮釋，而是在非「同一性」的差異地思考差異本身覺知到身體體道之的所有流變存有現象呈現在吾人身上，它是無限延展的生命境界，至此「同一性」與非「同一性」已消弭其疆域，而呈現和解的天均狀態，它是「越界」後又永恆回歸的人類命運交響曲。

因此我們重新解釋詮析《老子・第一章》，以〈第一章〉來講身體同一與差異辯證，這種迴返，我們甚至以回憶主體詮釋方比來類比同一與差異辯證歷程進行老子人文療癒本身。

整個「修養工夫」論其實就是在闡釋思維與存有之間關係，它是存有詮釋學，屬於知性形上學，「修養工夫」其實就是透過工夫修養之後使道體現在身體的證悟上。使道體現吾人身上主體詮釋學其實就是在進行人文療癒面向，那種迴返歷程召喚我們回返大地之母的道上。

於是在第六章〈東方修養工夫論——乃是以身體為文本閱讀策略以致境界美學呈顯〉，我們回到東方修養論的問題。

　　整個道家著重的是更內在生命冥合的本體論與工夫論的合一「修養工夫」可以說是「回溯於道」的活動，這樣的回溯方式乃是知性形上學的落實，也是以身體為文本的道的實踐落實，這樣的內在葆光，真君靈光可治療生命史之創傷。

　　迴反內在葆光，找回真君靈光的屬己本真的歷史性，正是老子要強調的，也是道家修養論所強調的，或者說是東方修養論所強調的，而筆者由此出發思維維以身體為文本的閱讀策略以致於境界美學的呈顯。

　　整個道家思想其實就是藝術存有差異蹤跡的展現，當為道者呈現出超越而又內在的思維方式體現在人間世時，其實就是美感展現，這美感已不再僵化，它來自於你對原型文本體悟。回到歷史性就是回到本真存在的時間性，這時間性呈現出一種當下此在現象學，是生命史學的每個當下即是。

　　存在生命創生歷程，互為主體際性的當下即是，即是在以身體為文本的體悟參贊下達標，無執著於生命流逝對比當中呈現出真實的內心的歷史，這樣的歷史性，類似禪學裡的遮撥立顯之道，當下即是悟。

　　當代以身體為文本的詮釋閱讀經驗也猶如靈修或神操的「迷宮」之旅。「迷宮」與主體詮釋學有關，主體詮釋是以身體知覺現象學為主來凝視「自我」，這觀看的迴反自身。

　　身體文本同一與差異閱讀時，我們會陷入某種詮釋的循環，或者說是漩渦式的閱讀，在原型與反原型的差異閱讀歷程，或者「同一性」與非「同一性」當中進行辯詰性的閱讀，身體為文本的閱讀經驗其實就是處在迷宮當中的寫作方式，以此認知並且在不斷的差異與重複當中尋找一種根源的可能性。

　　這「修養工夫」類似損之又損工夫，阻止那成為相同的，讓我們反思若同謂之玄，這玄便是同一與差異辯證，知覺到某物在而走向它，這裡其實已進身體與世界、他者與「自我」的思考，或說是思維與存在之間的思考路徑。天地物我合一的神聖美境，這是透過剝損工夫的「界限經驗」轉化而成，也可以說是透過心靈黑夜的不可明言的共同體經歷轉化而成。

　　「修養工夫」乃是以人作為當體，呈現出身體為空間美學的展現，它是身體詮釋現象學，筆者以傅柯為例來說明東方美學觀，以身體為文本的實踐智慧，他將自身生活展現出美學的可能性，也將自身活出境界美學的可能性，它是不斷解消，去我執的逍遙境界，在充滿虛擬的幻境當中，尤能莊周夢蝶達成主體際性的交流，這也是傅柯思維這世代的重點，莊子美學，它是不斷剝損的過程，是「非『同一性』」符號思維，去除單一邏輯架構的宰制，也就是若將此去單一符

號歷程擺放在生命層級來看,就是「自我」「修養工夫」境界論,也就是傅柯所言的境界美學。

由此我們來看東方哲學「修養工夫」論其實就是將人活出境界美學的樣貌,這樣貌不是同一宰制下的僵化美學而已,它不存活於形式內,而是不斷動而愈出的生發狀態,具有無限潛能的動力狀態,它是不斷延異過程,是差異的差異,無限差異的游牧狀態,它尋求走出「自我」,並且達到「莊周夢蝶」主體際性交融,它是玄之又玄的狀態,「修養工夫」就是以身體為文本的閱讀方式,在方法中找尋道體,最後不再有方法,達到無方之方的道體本身,六經即我注,我注六經,是讀入又讀出的實踐智慧,也是重返存有之光真切存在於身,如此人即活出了「自我」風格,人就是自己的完成的藝術作品。

簡言之,以身體為文本的閱讀策略所呈顯的境界美學,其實是撥遮顯真的存有美學,這存有美學如同海德格所言,美之所以為美乃是讓我們遇見真理,十使存有揭露自身,而這存有的揭露等於真理開顯,這樣存有真理開顯近乎神聖,所以筆者繼續在第七章〈以當代神聖美學觀點詮釋莊子境界美學〉一文,提出莊子境界美學乃是朝向神聖,而藝術價值乃是提供人們作為朝向神聖而超越的想像,但它不只是想像而已,而是在藝術作品的存在之外假設了一個藝術作品所欲模仿呈現的真實世界,換言之,莊子境界乃是透過「技術」,以身體為修練場(「修養工夫」場域),乃是以身體為殿堂,而召喚道體真理入住。

按莊子境界來講,其實就是一種美的極致展現,進入莊子的境界美學,必透過「詮釋」,才能揭露「存有」,這「詮釋」便是實際的操作,也就是所謂「技術」本身,在莊子而言,所謂進入境界美學一定是經過實際操作,由「技術」入手,所謂「技術」便是「修養工夫」,換言之,「修養工夫論」乃是「自我技術」的陶成。

「以神聖美學觀點詮釋莊子境界美學」也就是說明莊子「自我詮釋」的「修養工夫」,是可以臻至莊子的「境界美學」。莊子「自我詮釋」的「修養工夫」說明著乃是進入到觀照身體本身呈現的美感經驗,得以認知,看見存在盈餘,從而呈現無限可能性,這美學體驗詮釋是無盡的指涉出去,總是超出話語之外見到境界無限可能性,它是見於物而不蔽於物,由物質的觀看中,得以見著存有神聖。

莊子境界美學乃是朝向神聖,而藝術價值乃是提供人們作為朝向神聖而超越的想像,但它不只是想像而已,而是在藝術作品的存在之外假設了一個藝術作

品所欲模仿呈現的真實世界，換言之，莊子境界美學乃是透過「技術」，以身體為修練場（「修養工夫」場域），乃是以身體為殿堂，而召喚道體真理入住，而作為一個為道者或者神修者呈顯的境界乃是美學境界，入境界，所書寫或圖繪者無入而不自得，每一顯現現象本身都有韻味，這種氣韻生動乃是無限道的幻化而成。

在第八章〈列維納斯『臉龐』當中他者的倫理關懷面向看孟子、陸象山與王陽明心學形上的合一〉，我選擇了人性論的孟子「見孺子入井」來進行基本議題的對話，強調孟子與陸王之間的相同心性論神祕形上進路來說明三人學說本具內在超越的面向。針對有人會區分內在或外在超越，筆者以為內在或外在的超越都是同時存在於形上的生命體驗中，是既內在又外在，是超越而又具象在形上的身體修行經驗中。

筆者比較東西方挑選臉龐而不強調內在超越面向。當然道與存有或說是神都有神聖面向，落實於身上體現出靈化身體的可能時，這樣的境界當然是內在超越的，無有殊異，所以當代新儒家絕不可以有優越「自我」意識去說明超越內在是中國哲學所獨有，而排擠西方哲學原有的內在與超越的說法。本文特選列維納斯的「臉龐」的他者倫理學關懷來進行先驗性形上合一來達到內在超越溝通面向，這面向展現在儒教與基督教之間的對話尤為珍貴，我採取了列維納斯由他者的「面容」裡看見「自我」責任感，因而產生關懷的倫理學，在本文將由孟子的「見孺子入井」命題，到陸象山以及王陽明當中建構心學的他者的倫理學，由與他者面對面人性根本體驗，或由「自我」看見他者，或由他者看見「自我」，在盡心、知性則知天裡，如何形構出天人之間的「自我」宛若他者的倫理關懷，這樣的倫理關懷的先驗性在列維納斯與儒家都有，特別是孟子、陸象山與王陽明講到的心性本體合一上。

何以先驗性成為宋明心學與列維納斯關注的焦點：先驗性具有內在超越性，內在性是呈現先驗的象，換句話心即理當中呈現先驗的象，這些現象就是本體，本體就是現象，是內在心性本體呈現出來先驗的象，這是種儒家信奉的內聖，是內在超越，這內在超越是有形上根源性做為基礎。

換句話說，內聖必有終極價值根源所在，建構在最終實體上，這實體在西方是上帝或說是存有，在東方則是天或道，而內在超越則是挺立出來的此有，一種存有的綻出，這綻出的具象存有落實人身上為內聖光輝閃耀，一種靈明自覺明光，也就是存有的光輝在此有身上展現。因此此文將由列維納斯「臉龐」、他者

倫理學觀點穿插於孟子、陸象山與王陽明重要的經典字句的詮釋，並藉由比較綜整出形上終極關懷的共同之處：天人合一的天道人道觀與自我宛若他者的神學人學觀。

最後，無論是神學人學或道家人學觀點，我將由當代詮釋觀點給予些傳統與創新對話可能性。

最後進行到第九章〈淨土佛教當中關於念佛的思維：差異中念佛──是念「己佛」？還是念「他佛」？〉，這篇我省思由東西方不同文化及宗教當中哲學觀點來進行念佛「創造的詮釋學」，而這根基在於指出一個思想傳統（如佛教思想傳統）的延續、繼承、重建、轉化，透過西方詮釋面向可以怎樣進行。筆者以為創造的詮釋學反對任何徹底破壞傳統的「暴力」方式，也不承認不經過這些課題的認真探討，而兀自開創全新的思想傳統的可能性。

在本文中，筆者要思維的便是淨土佛教當中關於「阿彌陀佛」為信仰中心的思想觀念與實踐體系，筆者嘗試由經典中破題釋義如此簡約易行的實踐方式，在中國佛教歷史進路中逐漸取得廣泛的教勢，是最多人實修的進路，何以如此呢？原因在於「念佛」這個名號。所以淨土法門是以直截易簡方便修持實踐，而這易簡方式廣泛流行在華人圈裡，一般淨土佛教理解，乃在於「持念彌陀名號」或者是「觀想彌陀」，以感佛的他力，如此佛是「他者」，爾後轉生往生淨土。

但是「念佛」的簡明易行，易誤植局限於持念「彌陀名號」或觀想「彌陀身土」，如此一來，佛就成為外在對象，認識客體，如此不是淨土註釋家滿足的方式，以當代詮釋來看，甚可理解如此淺化間接方式，並無法落實「念佛」的義理內涵，因此在此篇文章當中將「念佛」概念抽離出來，並輔以「自我與他者、自性與他性與自境與他境」做個辯證理解將有易深化「念佛」與最高真理體證接軌路徑。

這篇文章是佛教自身內部自我與他者的對話展現在這場念「他佛」與念己佛上，一場關於淨土佛教思想的考察，我在東西方對比哲學思維之下，嘗以佛洛依德、容格、克莉絲蒂娃、德里達、德勒茲的思維脈絡來進行符號、意義、聲音與現象等進行辯證的同一與差異探索。

筆者以為：口號誦念是「呼喚的字」（breath-words），是「叫喊的字」（scream words），它不是一個示意或指明的口號，它是意義的複述，是重複一連串無意義的口令，而這口令，用意乃由再現世界現實束縛中解放，向四面擴散浮游，也就是說由「念佛號」本身呼喚出原型，這原型體驗透過一些觀照有所辯

證。這樣他所呼喚出來的或叫喊出來乃是所有歷史的共時性的總名，穿越時空，破除個別的意識，成為是歷史當中的總名。

　　這呼喊叫喚出的總名，打破劃定疆界：自我與他者、自力與他力與自境與他境之間，分解被占據的領土，名字亦是缺口，可由從此岸到彼岸，它是游牧名字，不斷游牧在無何有之鄉。筆者以為這好比是「念佛號」透過不斷的發聲，聲音律動穿透外在現象的紛進，而默觀到真實實體朗現。

　　以上各章節解析分別是在不同時期寫作，然仍扣緊在東西文化對比當中身體同一與差異的辯證上，故提供後學者有興趣寫作的基本資料，謝謝秀威讓我能有機會出版，與大家一起分享。

目次

第一章　步入身體同一與差異辯證之前：
　　　　生命體驗詮釋

前言

在狄爾泰所面臨的世代曾產生自然侵入人文的危機思維，於是他從生命本源再去思考哲學任務該是什麼？

在面臨此文化危機，他由精神科學面向捉住哲學任務應該是什麼？並由此去診治文化危機，用狄爾泰話來說，可以說是一個主體精神世界的建構，及其中關係精神實在的知識如何可能的問題。[1]筆者以為現今在全球化之下，文化危機更甚於以往，這種全球化導致存有個體精神面向萎靡扁平化，一月中中使整體意識型態產生暴力更加強大，全球化導致文化精神內涵價值喪失，更甚於以往，因此皮特斯即斷言：「全球化是一融合的過程，終將導致全球性的大雜燴（global mélange）。」

質言之，全球化代表的是世界時間與空間的壓縮融全使形成一整體意識之強化。特別是二十世紀以來，全球化意識不斷加速成，使世界形成一個單一的全球場域（global field）[2]，「文化全球化」毫無疑問將加深了這樣繁複連結與整合性認知，也就是在文化全球化[3]之下所造成可能性危機乃是文化記憶的滅亡，存有滅亡，甚或是自我關注、自我理解「技術」的滅亡。

---

[1] 作者提到狄爾的精神性如何解決文化危機呢？文中提到：「精神世界的系統在主體中萌芽，精神的運動就是要決定這個世界的意義關聯（Bedeutungszusammenhang）……一方面這精神世界是認知主體所創造的；而另一方面，精神的運動又要在這精神世界中獲得客觀的知識。因此，我們面臨一個問題：主體中的精神世界的建構，如何使關於精神實在的知識成為可能。」Jan Nederveen Pieterse (1994). Globalisation as Hybridisation, International Sociology, 9: 2, pp.161-184; esp. , p.161. pp.166-167.

[2] John Tomlinson, *Cultural Imperialism: A Critical Introduction*, London: Pinter, 1991, pp. 2, 8, 25; Roland Robertson, "Glocalization: Time-Space and Homogeniety-Heterogeniety", in *Global Modernities* edited by Mike Featherstone et al., London, Thousand Oaks and New Delhi: Sage, 1995, pp. 25-44, quoted page 27.

[3] 文化全球化可以說是政治、經濟與科技現代化的附帶產物，這意謂著文化在西方工具理性的強勢影響之下，似乎淪為一種工具而喪失其主體性。另外，文化全球化意味著全球文化的單一及同質化。強勢歐美文化信仰、理念、價值體系和生活方式成為全球文化的主流。挑起了人們當代的強烈文化認同危機。

　　也就是說：所謂全球化文化記憶亡失乃是此時此地存有者，在其所屬存有氛圍當中在地文化的亡失，於是喪失有所歸屬的在地文化亡失，也代表著此時此地存有者存在文化記憶的亡失，全球化單一及同質化導致在不同地域之下長期歷史文化脈絡下所形塑生命共同體其代代相傳的共同記憶與深層結構瓦解及消失，這是文化系統的亡失，也是文化記憶的亡失，這是存有感的亡失，也是自我關注、自我理解「技術」的滅亡，而這種文化危機比起過去自然與人文衝突之下的文化危機，更加劇烈。

　　在過去，筆者提出了能夠解決這種危機的可能性的方法，也是匯通東西文化的可能性方法，它是自我關注或者說自我理解「技術」方法，在東方及西方都有不同語詞解釋，筆者給予一個整合性名詞解釋，那便是：「生命體驗詮釋」。

　　「生命體驗詮釋」它是生命學問重建之法，透過此下學上達之路才能真正重建生命本體形上學，依此，使人與形上價值根源有了連結，如此文化根源價值才不會失根，才能夠理論與實踐有所重整，而不致在五花八門學科或說是訊息管道當中，分裂而失去方向。

　　換句話說，不要有文化失根，或者自我關注亡喪感，就必須透過「生命體驗詮釋」在生活世間中重建自我知性形上學進路，筆者以為知性形上學進路乃是「生命體驗詮釋」，其中生命體驗的此有是重要關鍵點，此有是指在生活世界的存有者，以海德格語言而言，也就是人這個存有者。針對人存有者自我理解「技術」，透過此來關注自我。

　　提到這說法不得不提到狄爾泰，狄爾泰在類比人文科學與自然科學時，提到精神科學，精神科學對於人來說，是更原初的，「精神」就是「生命」與「體驗」，所以他把生命、體驗與意識結構看成同義詞。[4]所以狄爾泰在《歷史理性批判》[5]其書中說到「人認識自己以及自己所創造的社會和歷史的能力」以及「將採取一種知識論的奠基，以解決精神科學的哲學基礎問題。」[6]換言之，這種知性的進路將與精神歷程的形上價值有所連結，透過知性形上學，可以做為根基去掌握人的全幅度生命開展，而這知性形上學就是「生命體驗詮釋」，既是思維的，又是存有的，既然理性的，又是體驗的，既是科學現象掌握，又是生命的

---

[4]　莫偉民著：〈狄爾泰的歷史的理性批判〉，《河北學刊》，2002年3月，第24卷第2期，頁68-69。

[5]　張旺山碩士論文所著〈狄爾泰的「歷史理性批判」〉》（修改後出版：《狄爾泰》，臺北：東大，1986）

[6]　*GS I*, S.116.

言說呈現。

　　此篇文章重點，承繼過去筆者《生命體驗的詮釋與東西文化會通》書中提及，為了接續此本書的《東西身體同一與差異的對話觀》，本文第一部分，先說明何謂『生命體驗詮釋』，第二部分透過傅柯當代哲學家去掌握「生命體驗詮釋」自我理解「技術」，也是主體可以進入真理的契機，第三部分由工夫論、修養論及境界論去說明「生命體驗詮釋」如何去達成真理實踐的可能及狀態。這裡我由儒家及道家進路著手去說明之，此篇盼能拋磚引玉，達到「生命體驗詮釋」方法的關注，進而以「身體觀」去分享生命本身交流與融通。

壹、何謂「生命體驗詮釋」

　　「生命體驗詮釋」命題暗含著終極的真相狀態被理解詮釋著，不管「哲學工夫」、「基督工夫」、「儒家本體工夫」或「道家身體氣化工夫」，它著蘊含著一套對宇宙的看法，對形上看法，甚或是對理想世界的看法等，然而作為此有主體做「工夫」來說，這些主體做「工夫」操作乃是對形上或境界的語言的掌握，它必透體生命本身去體驗出它是什麼？這是靈魂的工作，也是基本生命的「工夫」，也是學問的「工夫」，這就是「生命體驗詮釋」，它是自我理解的工夫，也是修養陶冶不斷辯證的現象對治，更是達到境界的方式，或者也不是方式，它可以說是生命不斷透過體驗詮釋，自我理解達到境界的通達。

　　「生命體驗詮釋」乃是由「主體到達真理」的方式，藉由主體本身對「真理」或「道」理解詮釋，而主體有所轉化或形變的方式，以致於對「真理」與「道」理解詮釋本身，落實在吾人主體上，藉由種種的苦修或「工夫」，主體本身一方面在達到形變或轉化「修養歷程」，也獲得了進入真理，進入「境界」開展，同時主體也獲得了救贖，而這救贖表現乃是「主體進入真理」，到最後便是主體際性的交融，真理在主體內，或者說主體在真理內，或者說「即主體即工夫」，又或者說主體真理打成一片，而呈現「存有顯現」在吾人自身或說是「道成肉身」。

　　「生命體驗詮釋」的實質內涵該是什麼呢？就詮釋學面向，它是方法，但這方法已經不只是方法而已，而是生命對話的歷程，方法較像是種「技術」，然他所要揭示遠超過「只是「技術」」而已，「技術」不得不用，然「技術」本身的「工具性」應該在達到某境界之後被丟棄，讓「道進於技」，讓「生命體驗詮

釋」呈現出「道或存有」本身，自然而然，不假外力，所謂「道進於技」，揭示著「生命體驗詮釋」不「只是技術」而已，但透過「技術」可以指向一個真理開顯的可能性，說明著「生命體驗詮釋」方法指向出一個向著無限精神超升的路徑。

「生命體驗詮釋」主題會談到如何以「生命」、「體驗」、「詮釋」來進行主體進入真理的路徑，接著我們去談何謂「生命」、「體驗」、「詮釋」去說明「生命體驗詮釋」該會是如何？以致於「真理與主體」建構連結。

以下分別說明生命體驗詮釋該是如何？

一、以活生活的體驗的生命了解生命的「生命體驗詮釋」

狄爾泰（Wilhelm Dilthey, 1833-1911）所謂的生命具有「同質性」（Gleichartigkeit），[7]而使得理解成為可能，由狄爾泰話語來看，生命本身有溝通及共融性，可以理解與溝通，並藉此建立生命哲學，而這些是透過「體驗」（Erlebnis）[8]而建構出來主體自我的生命哲學。「體驗」（Erlebnis）主要乃是指涉一種活生生的體驗，這共同體驗有許多意義串聯起來成為整體的意義，人的生命在流逝中最重要是由不同部分經驗中去體會那整體意涵。[9]他說：

> 凡是像這樣在時間之流裡，因為具有統一的意義（einheitliche Bedeutung），而在現在形成的一個單位（Einheit），就是最小的單位，這種單位可稱之為體驗（Erlebnis）。[10]

狄爾泰的生命哲學乃是掌握生命的意義，生命意義呈顯在具體的活生生的體驗中，因此，了解生命本質，便是各種體驗中了解著手。如此一來的「生命體驗」成為詮釋學分析的始點，而此可理解生命學問便是「生命體驗詮釋」開始進行。

---

[7] 在此，高達美（H.Gadamer）（1900-2002）便認為狄爾泰所認定的理解可能性乃是在於人類本性的同質性。參照*WMI*, S.236;《真理與方法I》p.2002年，頁313.

[8] 德文中有兩個字對應於經驗（Erfahrung）和體驗（Erlebnis），Erfahrung是指普遍經驗而言，但Erlebnis在狄爾泰的用法中，則是指更為特殊的經驗。

[9] 參Richard E. Palmer（帕瑪）著，嚴平譯，《詮釋學》，臺北：桂冠，1992，頁121。

[10] *GS VII*, S.194.。

　　狄爾泰之前，史萊爾瑪赫（Schleiermacher, 1768-1834）乃是透過發展心理學來重構作者所要傳達的意圖，於是他引入新文本概念，他說文本是生命的表現（Lebensausdruck），是種心理產品。[11]已說過理解乃是文本作者心理再次體驗，經由重構再行理解，[12]他的詮釋循環乃是透過部分與整體的相互辯證與賦義中，構成了所謂的「詮釋學循環」。[13]

　　生命是有歷史的、也具有時間性，透過「生命體驗詮釋」進行生命整體意義的掌握，也了解在「過去-現在-未來」的三重結構交織的生命中不斷去蔽進行存有自身的揭露，這是海德格的體會。所以，針對狄爾泰生命哲學可以說是「生命體驗」的理解與詮釋。

> 「理解他人，必須也透過自己內在的經驗，將他者的內在經驗聯繫起來，達到一種神入的境界，主體也透過理解而再經驗了他者的內在經驗。」
> （安延明1999:99）[14]

　　狄爾泰把每個分為生理與心理方面的生命個體，視為綿延生命流整體部分，以心理學研究方式去統攝生命兩部分，這些個體生命也成了歷史與社會的構成，成為互相影響生命單元[15]，生命單元當中的心靈結構與歷史社會當中是事件[16]成是具有關聯性。[17]

　　狄爾泰強調生命單元基礎的「體驗」、「記憶」與「傳記」，並由此開展出精神科學與各學科以及作為方法論的方式。[18]透過「生命」、「生命單元」與

---

[11]　洪漢鼎：《詮釋學——它的歷史和當代發展》，人民出版社，2001年，頁213。

[12]　施萊馬赫認為：「有一種作者所特有的理解，而讀者只是重構它」。對於施萊馬赫而言，理解就是建基在重構的基礎上，讀者之所以可以理解文本，就是因為讀者可以重構作者的心理。參照 Schleiermacher. *Hermeneutics: The Handwritten Manuscripts.* Heinz Kimmerle (ed.), James Duke and Jack Forstman (trans.) (Atlanta: Scholars, 1986., p.44.

[13]　*Ibid.*, pp.117-147. Schleiermacher. *Hermeneutics: The Handwritten Manuscripts.* Heinz Kimmerle (ed.), James Duke and Jack Forstman (trans.) Atlanta: Scholars, 1986.

[14]　安延明著，《狄爾泰的歷史解釋理論》，臺北：遠流，1999。

[15]　狄爾泰著，《精神科學引》，童志奇、王海鷗譯，中國城市出版社，2002年版，頁52-53。

[16]　狄爾泰著，《精神科學引》，童志奇、王海鷗譯，中國城市出版社，2002年版，頁138。

[17]　Dilthey, *Selected Works, VolumIII, The Formation of the Historical World in the Human Science,* Edited, with a introduction by Rudolf A .Makkreel and Frithjof Rodi, New Jersey :Princeton University Press,2002.p.153.

[18]　狄爾泰著，《精神科學引》，童志奇、王海鷗譯，中國城市出版社，2002年版，頁60。

「體驗」，狄爾泰又加入了「體驗」和「理解」，而《精神科學中歷史世界的建構》又加入「表達」，並且相互關聯著。[19]

二、以此在內在生命體驗的揭露詮釋來說明存有開顯的「生命體驗詮釋」

狄爾泰的生命哲學乃是透過共同心理基礎去了解整體生命意義，而筆者以為這是針對在生活世界的此有的「生命體驗」，可以去掌握的，所以當我們說去詮釋文本經典，必由人類此有（Dasein）活生生體驗的詮釋（Interpretation）[20]中完成的，關於這一技術的科學就是詮釋學。[21]這也就是海德格所言的「此有」現象詮釋學[22]，筆者以為就是「此有的生命體驗詮釋」，[23]海德格的此有現象的詮釋學乃是「生命體驗詮釋」，它可以說是「此有生命體驗詮釋」，也是「此有現象學」展示，他指出了此有即是活動，筆者以為它是「此有的自我現象詮釋工夫，即是主體存有活動的現象的描寫」。

此有對自身存在的詮釋活動[24]，海德格稱之為「存有之如何」（ein Wie des Seins），下面是海德格解說「詮釋」：

> 詮釋之任務在於，將每個各自的此在在其存在性格中把握和表達此在本身……。在這詮釋中，此有得以有一種理解地成就與成為自己的可能性。[25]

[19] Dilthey, *Selected Works, VolumIII, The Formation of the Historical World in the Human Science*, Edited, with a introduction by Rudolf A .Makkreel and Frithjof Rodi, New Jersey: Princeton University Press, 2002. p.153.

[20] *GS VII*, S.217.狄爾泰說到詮釋是在對殘留於著作中的人類此有（Dasein）的詮釋（Interpretation）中完成的。

[21] *GS VII*, S.217.

[22] 胡賽爾（Edmund Husserl）曾提出即「返回事物本身」，藉由「存而不論」（epoché）達到「本質直觀」；對現象學而言，如何返回事物本身，是重點，然而對海德格而言，必然真理以及超驗的還原或自我的結構的追求，已不是重點，海德格從現象學（Phänomenologie）語詞去追「顯示自身的、明顯的、揭示出的東西」，海德格所要表明的現象學意味著讓事物如其本身所是那樣的顯明。

[23] 此有，原文為Dasein，是由Da（此）和Sein（存有）二字所組成特指人的「存在」（existenz）。

[24] "Philosophie ist universale Phänomenologische Ontologie, ausgehend von der Hermeneutik des Daseins, die als Analytik der Existenz, das Ende des Leitfadens alles philosophischen Fragens dort festgemacht hat, woraus es entspringt und wohin es zurückschlägt." *Sein und Zeit*, S. 38 & 436..出於張燦輝所著〈詮釋與此在：早期海德格之詮釋現象學〉一文，網頁乃是http://www.hkshp.org/zhesi/zs5/gart1n.htm

[25] 「實然生命」（faktisches Leben）在這時期的講座中，海德格是以不同名稱表述：「生命」（Leben）ZurBestimmung der Philosophie, 1919、「生命與身」（Leben an sich）Grundprobleme der Phänomenologie, 1919/20、「實然生命體驗」（faktische Lebenserfahrung）Phänomenologie der Anschauung und des

此有對自身詮釋說明「存有是如何」，以及此有理解「成就自己屬己的可能性」，使得屬己的本真性可在存有領悟中開展出來。此有自身的現象詮釋乃是在流變當中去把握最屬此時的此地當中屬已的存有狀態，讓在生活世界存活的此有，能夠經由理解與詮釋得以開顯。

> 此有（Dasein）現象學的Logos具有詮釋的特性，透過詮釋，存有的本真意義與此有本己存在的基本結構就向居於此在本身的存有之領悟宣告出來。此有的現象學就是在此詞原初意義上的詮釋學，此詮釋學在於指定詮釋學的任務。[26]

此有的現象詮釋學乃是在生命的本源把握，由實有生命體驗本生如何去體現出真理來，使存在本身的開顯，所有此有的現象詮釋學亦包括對存有者的揭示，因此在「使真理進入主體的思考」乃是使此有如何能揭露存有真理，讓真理體現在此有身上。

所以海德格在《存在與時間》說：「唯當此在存在，方有真理。唯當此在存在，存有者才是被揭示被展開的。」[27]此在「讓每一存有者是其原來的存有者」。

筆者以為海德格的此有現象詮釋學乃是此有「生命體驗詮釋學」，由此有的實然生命本身到此在活生生體驗到存在本然揭露狀態，在突然迸裂的時間空隙中去掌握生命的「現象即是本質」。[28]也就是由生活世界的生存脈絡中去理解把握此有的可能性，而，存有即在此有中不斷的彰顯出來。

Ausdrucks, 1920、「實然生命」（faktische Leben）Phänomenologische Interpretationen zu Aristotkes, 1921/22和「實然性」（Faktizität）Ontologie: Hermeneutik der Faktizität等。出於張燦輝所著〈詮釋與此在：早期海德格之詮釋現象學〉一文，網頁乃是http://www.hkshp.org/zhesi/zs5/gart1n.htm

[26] *SZ*, S.37.

[27] 陳嘉映《海德格爾哲學概論》，北京：三聯書店，1995，頁169-170，頁171-172。；項退結《海德格》，臺北：東大圖書公司，1989，頁143，146。

[28] Martin Heidegger, *Zur Bestimmung der Philosophie*, GA 56/57/60/ 92,Hg. Bernd Heimbüchel, Frankfurt: Klostermann, 1987, S. 75. /S. 63. 對生命概念（Begriff）提問乃是對生命把握（Begreifen），如何本源把握生命，生命體驗詮釋目的乃是在此，它是生命把握的能力，它從實然生命（faktisches Leben）到此在存活（Die Ek-sistenz des Daseins）到存在之本然（Das Ereignis des Seins），它是海氏思考的主題。間引自出於張燦輝所著〈詮釋與此在：早期海德格之詮釋現象學〉一文，網頁乃是http://www.hkshp.org/zhesi/zs5/gart1n.htm

三、由廣大的生命文本行動體驗重述故事來解釋「生命體驗詮釋」

　　然而海德格並未對文本概念進一步清晰化，或者海德格並未真正去談理解對象問題，海德格著重詮釋學面向是關注「那理解的存在者是如何存在」問題，也就是「理解者的存在方式」，這說法不禁讓我想到現今閱讀理論，所以閱卜口讀者不是被動閱讀而已，事實上，通過他們閱讀，他們也在寫出屬己本真的的人作品，所以在閱讀中，閱讀者也是創作者，而這概念引發我寫出以第三章〈以身體為文本實踐智慧〉及第六章〈東方修養論—以身體為文本閱讀策略以致於境界開顯〉。

　　我以呂格爾及高達美說法來補充海德格不足的部分。呂格爾解釋文本進一步說：「理解一段文本不是去發現包含在文本的呆滯的意義，而是去揭露由該文本所指的存在的可能性。」[29]，按呂格爾所言，也就是說：文本存在的可能性，比較是由「行動中的生命文本」來進行「文本生命體驗詮釋」，筆者以為文本說法按呂煥說法不是死的，而是活的，包括他說的隱喻也是活的，活的生命文本是以活生生的身體當作文本來進行閱讀，而在爾後的高達美則是以為要去澄清文本理解如何發生問題，他以為文本有著與我們自身參與不可分的更多東西，因此在高達美的《真理與方法》當中，他使用了藝術、歷史與語言來說明這個問題本身。[30]事實上，高達美想像來親近密境，以理解領會來與某物打交通，這樣不斷滲透對話，自我也向世界敞開，這樣我們就不再糾結於作者企圖之中，我參與其中的理解行動中，獲得真理內涵的領悟。[31]其實歸結兩人所言，這樣的文本觀點比較是閱讀者「動態」或說是「參贊」式生命文本概念，或者我們也可以轉化作者其實也是閱讀者，因為其反身，也是在閱讀以身體為文本方法，進入既是理解也是理解者的存有揭露中，所以我們可以由上來說，歸結之，所有生命體驗詮釋是閱讀動態文本，也可以說是「行動式的生命文本」，這樣的文本不是停滯不前的文本概念。

---

[29] Paul Ricoeur, *From Text to Action: Essays in Hermeneutics*, II, Translation of Du Text à l'action, Translated by K. Blamey and J.B. Thompson. London: Northwestern University Press, 1991, p.66.

[30] 姚滿林著《利科文本理論研究》，北京：社會科學文獻出版社，2014，頁49。

[31] 間引自聶雅婷著《從默觀看東西文化交流與對話—十字若望與莊子對談》，台北：花木蘭，2016年，頁98。文章由洪漢鼎譯，加達默爾著：《真理與方法》，上海：上海譯文出版社，1999上卷，頁210-220。

在這段我以呂格爾（Paul RicoeurJean, 1913-2005）為核心論述「行動式的生命文本」，他關心「主體進入真理」的核心問題，他由文本[32]切入這個核心問題，文本詮釋學藉由對於「文本」與詮釋者間存在「間距」的「融攝」以達到真理與自我存有的理解開展，換言之，這開展是一種「融攝」的過程。（Ricoeur, 1991:119）。所有文本的詮釋歷程是一種消除間距的歷程，也是一種「解碼的過程」。

筆者以為呂格爾文本觀是「擴大的文本觀」，而詮釋的對象則是「擴大文本」，「擴大的文本」乃是指：所有意義的人類的行為或行動都可以被當作文本來閱讀[33]，這「擴大的文本」乃是將此有與生活世界之間互詮關係涵攝進來。筆者以為生命本身所有動態辯證的行動或者說是生命動態歷程活動都可以都被當成是文本來閱讀，所以自我反省生命歷程活動中體驗（Ricoeur,1981），都可以經由理解而重敘故事的情節，而得以建構出動人意義來。也就是說：所有有意義人類行為與生活世的互動值得存有者或閱讀者按圖索驥來進行發現或者說閱讀，去發現生命屬己或者本然的生命現象，閱讀「擴大的文本」意謂著，我們需要活生生去讀去看，需要我們克服間距或者去融攝所有理解的同一與差異，在這文本當中，存有者或者說是閱讀如何參贊化育並重構屬己的故事敘事是非常重要的，它不是靜態閱讀，它是行動閱讀。

筆者以為，呂格爾著重在於「生命本身是行動中的文本」，當我在自我詮釋反省時，也代表著「文本的生命體驗詮釋」，它是透過「此有」不斷去重說故事，經由重說當中，找尋生命價值意義（Thompson, 1998, p. 320）[34]，於是對文本「生命體驗詮釋」，使得形上生命價值與文本本身有了連結，它生命文本史的重述。這樣呂格爾的「文本」生命體驗詮釋，延續著狄爾泰對於「人同此心，心同此理」生命體驗詮釋而來，它是「生命學問」。

---

[32] 所有意義的人類的行為或行動都可以被當作文本來閱讀，而隱喻是「文本」的最小單位。文本透過這種大小隱喻的互詮辯證關係是不斷創造釋，是一種詩意的動態，不斷生發著（Ricoeur 1991:180-181）。

[33] 當呂格爾建立詮釋理論之後，在他的論著《詮釋學與人文學科》以及《從文本到行動》中更進一步以為，詮釋理論可以延伸運用到非文本形式的現象中（non-textual phenomena），例如：行動。（Paul Ricoeur，*From Text to Action*《從文本到行動》, Evanston: Northwest University, 1986.）

[34] John B. Thompson, "A Response to Paul Ricoeur," in Paul Ricoeur Hermeneutics and th Human Sciences,ed. John B. Thompson, (Cambridge: Cambridge University Press, 1998)

　　呂格爾認為，詮釋即是將隱藏在文本背後的意義加以揭示出來。筆者以為呂格爾此在在生活世界脈絡互動中，蘊含著生命這個大文本，藉由不同遭遇或者說是行動或者說是重述生命故事裡，不斷辯證說出生命這文本該是什麼，而解說與理解在不斷非互斥，而是互詮的狀態之中，將生命文本所有體驗狀態，給予忠實把握，在隱而未顯具有張力的存有開放與遮蔽當中，存有的意義因此在當中突然被理解了也把握了。用海德格的話語來說便是「存有揭露」了。用狄爾泰的話語來說，便是在「體驗」中穿越時空理解了生命本質。

　　以活生生體驗了解「生命體驗詮釋」，並以此有內在生命體驗，來揭露詮釋存有開顯的「生命體驗詮釋」，並且透過廣大的生命文本行動體驗重述故事來解釋「生命體驗詮釋」，我想這是使存有者在其生活經驗中去彰顯存有的可能性，彰顯存有必由行動中的文本參贊化育之，而這在傅柯來看，便是「自我關注」技術層面。因此下面我們由傅柯切入「生命體驗詮釋」，這是使主體進入真理的方法，我們由這點來匯整東西方最重要的樞紐，如何透過轉向自己，關注自己，操練自己，來進入中國人所講的境界論，或者傅柯認為的人如何活出風格，讓自己成為一件藝術作品。

貳、由傅柯切入——「生命體驗詮釋」，使主體進入真理

一、傅柯「自我關注」「鍛煉術」：鯤化為鵬

　　傅柯晚期強調「自我關注」，是為了自己而「關注自己」（2001:HS, 198），當然這是「轉向自己」，這部分有三種特色，首先是內在解放自己，讓自己是自己主人，其次是自己與自己配合，再其次則是操練、訓練、實踐和鍛煉術（2001:HS, 202），此「哲學的鍛煉術」，此涉及了「自己的構成」，也就是「達成某種自己與自己關聯的形構，此自己是滿全的、完成的、完整的、自我充足的，並且能夠產生出自我的轉型，這是自己能從自己所得到的幸福」（Goldschmidt, 1985:153-154）依此「鍛煉術」乃是「是各種實踐的集合體，個人透過這些實踐能夠取得、同化真理，並將真理轉化為一種恆常旳行動原則。真理變化為倫理。這是主體性的強化過程。」（1994:DE, 4,800）而使主體得以轉化，「鍛煉術」作為「術」，乃是「存在之技術」，艱忍反覆練習，因此形構出主體生命（2001:HS, 411），這樣的生命乃是「存在的風格」（Foucault, 2001:HS），主體形構，賦予風格，它

是論述與實踐之間構成，「術」決定「生命形式」，也決定主體形構與轉化。[35]

所以學者高宣揚說到：傅柯生存美學是如此展現：

「它是一種生存藝術，是一種反思、出自內心意願的，並充滿實踐智慧生活風格。通過這樣的生活實踐，使每個人，不但都能夠由自身來為自己的行為和作為，做出自身所選擇的規定或規則，而且，也要求自身不斷地任自身的自由的需要，改變和改造自己以及自己的生活方式，以便使自身的生活方式，變成為具有某種美學價值，並達到一定美學標準的生活風格或具特定藝術氣韻的藝術作品。生活和生存本身就是藝術，是風格的直接表現，應該讓生活和生存還原戍它本身的那種自然的樣子！」[36]

筆者以為這樣的技術當然「生命體驗詮釋」，「生命體驗詮釋」可以說是「主體進入真理」的方法，這也是第三章筆者進一步去談的以身體為當體，做為一種文本的方式，去鍛煉操持，以成就自我存在的風格，這也是自我身體文本的詮釋，當然這「鍛煉術」既是方法，也是技術本身，它最後要被丟棄，「存在之技術」，必須被丟棄，誠如道家所言：「道進於技」說法一般，最近呈現是一種道的境界，這境界便是「存在風格」，這境界的展現乃是透過技來進行主體形式的轉化形構而成，莊子《逍遙遊》即是提到了非常有名的轉化：「鯤化為鵬」。

原文如下：

> 北冥有魚，其名為鯤。鯤之大，不知其幾千里也。化而為鳥，其名為鵬。鵬之背，不知其千里也。怒而飛，其翼若垂天之雲。是鳥也，海運則將徙於南冥。南冥者，天池也。

《逍遙遊》這篇核心乃是自我形構與轉化，當然它是需要深蓄厚積以搏扶搖直上的，這搏扶搖而直上乃是一種存在風格的展現，這種轉化是內在自由解放取得，透過內在配合與通轉，最近成就了生命本身，達到喜悅之泉源，以天池來表現之。這樣的轉化歷程有賴鍛煉術不斷操持深蓄厚積以成就境界的高遠幸福感。

---

[35] 黃瑞祺主編《再見福柯——福柯晚期思想研究》浙江：浙江大學出版社，頁83，98-99。

[36] 高宣揚著《傅柯的生存美學—西方思想起點與終點》，台北：五南，2004年，頁258。

　　「生命體驗詮釋」其實就是自我現象詮釋，這種詮釋乃是一種自我理解，也就是自我技術[37]，更可以說是「道成肉身」的說法，換句話說，就是在主體體驗中體現了道，讓道開顯在吾人自身的可能性。

　　「生命體驗詮釋」其實就是一種精神性的轉化歷程，若用莊子的語句來看便是「鯤化為鵬」生命歷程的轉化。「生命體驗詮釋」歷程是動態精神轉化，是不斷在修正與形變中。爾後所呈現的存在風格乃是不斷深蓄厚積蛻變後結果。

二、主體進入真理開顯

　　為道者同於道當中，它說明了道成肉身的狀態是透過不斷修練，或者鍛煉的術來進行自我形構與轉化，而這是生命的學問，也就是使主體進入真理中，這樣的生命體驗詮釋歷程乃是讓道呈現在我的身體內，使道在我身上開顯。

　　在主體、自我技術與真理的關係上，是晚期傅柯一再探討的主題。換句話說，自我技術成為傅柯連結主體與真理重要關鍵字，傅柯的自我技術所言為何呢？所明顯的，自我技術與自我詮釋有關，自我技術擺脫了自我苦修禁欲層級，自我技術說明了一種進入生命學問的方式，自我技術，就傅柯來講便是一種「自我理解技術」。自我技術乃是一種轉外在世界關注，而進入關注自身的技術本身。

　　傅柯引用柏拉圖《蘇格拉底申辯篇》（Apology）說到自我關注技術乃是「去鼓舞其他人關注自身的人」[38]自我關注什麼呢？其實就是靈魂、真理或者說心靈等等。

> 「雅典人！你花很多時間來關注你的財產和名譽，但你不願意關注什麼是理性、真理，或你的靈魂、心靈的轉化。」[39]

　　傅柯的以為蘇格拉底式的「自我關注」（souci de soi）的兩種基本模式：一以「靈魂」（psykhê）為焦點[40]，另一以「生命」（bios）為主。前者涉及靈魂

---

[37]　「自我技術」：這種技術可以讓個體透過自己的方式，操練他們自己的身體、靈魂、思考、行為，來轉化自身、修正自己，並且達到某種聖、真、善與美等超然幸福等等的狀態。

[38]　（法文版第9頁，英譯第7頁）傅柯說他是一個關注自身的人（l'homme du souci de soi）。

[39]　在英譯本第5頁的第2段，談到Apology的29d，在倒數第3行傅柯引用了這段話

[40]　《阿西比亞德》以靈魂為真我，並以真我為自我關注的主要對象：對靈魂的沉思，（2009 CV: 227）。

的形上學，後者關涉生存的美學。（2009 CV:148-149）。

　　傅柯這種說法本身區分了「靈魂」、「生命」，我認為這樣的區分是不合宜的，特別是在東方哲學裡，修身的自我關注，這樣的身體是有形上及靈性的意涵，不見得切割兩者，切割兩者隔絕自我於兩極之間。但我認同傅柯所謂自我形構的轉化技術，這樣的轉化之術，是將生命境界提升，透過論述與實踐的交叉轉化，使之成為具有風格的生命形式，而這生命形式是內在解放自己，不斷進行自己與自己調適，而達到真正自由的生命境地，能完滿完成自身，這自身是豐富且喜悅的。

　　傅柯也關心「主體進入真理」問題，他由早期希臘哲學家思維重點去重建西方文明主體系譜學，[41]傅柯區分了「工夫」與「工夫主義」，在我來看，涉及了「主義」意謂著傅柯想要擺脫西方傳統理則中心主義，這種理則中心主義影響了神學存有論，因此他主張「工夫」，就是要擺脫了權力技術或「宰制技術」中心，而重新看待曾被忽略的「工夫」自我技術。[42]

　　當然傅柯強調是希臘羅馬哲學的生命工夫，而不是基督教禁欲的工夫主義，在筆者看來，也是有失偏頗，這樣的劃分，太過於簡化而忽略論點也有可能有相融通的地方，我認為較為適切的方法是非絕然按照工夫主義的意識型態宰制所有的通往道的可能性，可以以不斷身體辯證方式進入「身體文本的實踐智慧」，這是所謂的工夫。這個在之後章節會專闢一章來談論。而對於工夫或工夫主義的論述在文章後面也會接著進行。

　　傅柯關心主體與真理的連結問題，他一直想要兩者之間能夠真正融通，而不是讓兩者成為僵化而無法融通。而傅柯認真反省到西方傳統思維模式可能無會一直是主體與真理無法融通，就像心與物一樣。[43]所以他的想法一直會這樣進行：「介於主體與真理這兩種元素的關係，到底是透過怎麼樣的方式被結合起來？」，『主體如何進入真理遊戲之中？』或者是說換成這種問題為「主體與真理以何種技術被結合起來？」

　　我想再談一下透過「生命體驗詮釋」的觀點，我以為真理與主體之間連結

---

[41] 傅柯說：「我嘗試經由研究歷史中的主體構成（藉此我們形成現代的自我概念），藉由主體的系譜學，從主體哲學中脫身。」（1997:176）主體的系譜學研究乃是傅柯擺脫主體哲學的方式：自我技術的研究與「主體哲學」的關鍵區別，在於放棄本質主義的主體。

[42] 《規訓與懲罰》（*Surveilleret punir: Naissance de la prison*, 1975）從1970年代末期，傅柯開始更加注意這兩種（權力宰制和自我）技術的關係，並且以「治理性」的概念為兩者的橋梁。（1997:181）。

[43] 在1980年代傅柯反覆指出，以主體性與真理關係為核心的「真理的歷史」是他所關注的議題。

問題乃是「生命體驗詮釋」，了解「生命體驗詮釋」乃是一種「自我理解」技術，而這種「自我理解」技術如何得以達到「存有的開顯」；換句話說，主體如何藉由「生命體驗詮釋」以致於進入真理層次，達到「主體際性交融」，「道與萬物合一」境界。透過自我理解的技術以致生命在動態活潑詮釋裡，不斷躍進，成為生命本然存有的彰顯，此時本體「工夫」進路成為修養的進路，而修養進路也成就境界的進路。

三、工夫主義與工夫

　　傅柯區分了「工夫」與「工夫主義」，在我來看，涉及了主義意謂著擺脫了權力技術或「宰制技術」中心，而重新看待曾被忽略的自我技術。[44]

　　當然傅柯強調是希臘羅馬哲學的生命工夫，而不是基督教禁欲的工夫主義，在筆者看來，其實這兩者在中國哲學的思維可以匯整成為「即工夫即本體即境界即方法」[45]，在筆者著作裡提及：

> 認識真理到體驗真理，使吾人真正契必宜絕妙好味，這也是使得我們由默想到默觀的理解詮釋，必須做翻轉本體思考，不再只是認識理解的文字工夫而已，而是體現在身體經驗顯明出來，這也是中國所講「即工夫即本體」的修養工夫精神所在。

　　所謂的「工夫」絕非按照工夫主義的意識型態宰制所有的通往道的可能性，它意謂著可以以不斷身體辯證方式進入身體文本的實踐智慧，所以筆者說到：

> 「工夫」是體現道的方法，我們可以過渡到「即工夫即方法」，然方法不是目的，目的是在達到「道境」，所以說又是「即工夫即境界」。這是十正基礎本體論工作，也是境界的展現，更是認識論的開始。[46]

---

[44] 《規訓與懲罰》（Surveilleret punir: Naissance de la prison, 1975）從1970年代末期，傅柯開始更加注意這兩種（權力宰制和自我）技術的關係，並且以「治理性」的概念為兩者的橋梁。（1997:181）。

[45] 聶雅婷著《從默觀看東西文化交流與對話—十字若望與莊子對談》，台北：花木蘭，2016年，頁96。

[46] 聶雅婷著《從默觀看東西文化交流與對話—十字若望與莊子對談》，台北：花木蘭，2016年，頁97。

（一）基督教工夫與哲學工夫：工夫主義與工夫

傅柯的自我理解技術可以說是「工夫」[47]。它接近東方修養論所言的「工夫」。

傅柯肯定的是「工夫」，而非「工夫主義」，他傾向歸類基督教禁欲為工夫主義，是棄絕快感的，但工夫則是進行主體自我的轉化工夫。傅柯思考古代哲學與基督宗教的對比時，關於"ascèse"（「工夫」）、"ascétique"（工夫論）、"ascétisme"（工夫主義）的討論特別值得注意。筆者在這邊著重工夫與工夫主義談論。

考察字源來說，所謂「工夫」在法語中，使用"ascèse"一詞，這語詞當中有苦修、禁欲成分，但傅柯卻擺脫"ascèse"的禁欲色彩而凸顯其當代性。他定義"ascèse"為：

> 棄絕快感的工夫主義（ascétisme）已名聲敗壞，但工夫（ascèse）是另一
> 種東西：是進行自我在自我身上的工作，為了轉化自身，或是為了顯現那
> 一種我們絕不可能達到的自我。（1994b DE IV[no.293]: 165; 2000: 137）2 [48]

此牽涉看待"ascétisme"的方式，這「工夫主義」是強調以基督宗教，以自我棄絕達成救贖；而另外「工夫」則是從希臘哲學中的"ascèse"（askesis）出發亦即自我構成自己的技術。

這樣的「工夫」與「工夫主義」當然不同，而依此他推崇了哲學工夫與基督工夫不同，基督工夫是工夫主義，而哲學工夫則是工夫。傅柯區別了基督「工夫」與哲學「工夫」的不同點，基督「工夫」裡要求順著規則，「服從」（obéissance）（服從上帝、服從精神導師、服從神父等），這比較是自我要求限制練習，而哲學「工夫」則比較是自我創造的美學呈現，基督宗教通常代表「他律的自我技術」，古代哲學反而指「自律的自我技術」。

傅柯貶基督工夫而高揚哲學工夫。基督工夫是他律的自我技術，而哲學工夫是自律的自我技術，這樣的自律自我技術則是高於他律我技術，也代表著創造

---

[47] 傅柯有關「工夫」的思索，深受古希臘、羅馬哲學的啟發，但又不是禁慾說法，在既是考古學的又是系譜學的雙重批判進路下，他走出一條新徑，比較類似東方世界的「工夫」、「修養」與「境界」論。

[48] 語言的脈絡顯然和「工夫」相似，都涉及儒釋道的修養論，但可參考Edward F. McGushin（2007）對晚期傅柯ascèse（希臘文askesis）概念的詳細介紹

性自我，而非被壓抑馴服的自我。因為「工夫主義」較是傳統存有神學，以邏輯工具理性為中心的思維方式容易造成宰制與壓抑，而「工夫」顯然不是。

（二）哲學工夫的重要性

當然，傅柯反對將狹猛的宗教式的精神「工夫」（exercises spirituels），而將「工夫」放入更大範疇的精神經驗與身體經驗的實踐美學中。

傅柯（Michel Foucault, 1926-1984）在1984年所寫的〈論何謂啟蒙？〉（*Qu'est-ce que les Lumières?*）一文當中提出，他所主張的是一種歷史與批判存有學，但它非建立理論和學說，而是指引出一種態度和哲學生活：在面對歷史或生命有限性、針對自身的存有做出批判思考。

就傅柯而言，「工夫」乃是超越自我自我修養技術，透過此技術能夠達到新的自我，展現生命新動能，向著不斷躍進新的自我邁進。這並非呆板的練習就可以，而是按照自我特殊形式，去解讀自我這個文本，以符應自我特殊生命形式的表露出來的美或者藝術境界，也就是存有的開顯。

傅柯強調古代的生命技藝是要達成「哲學生命」的境界。哲學生命是實踐生命，也是自我修養技術，更是一種美學境界。

> 哲學生命（la vie philosophique），即是哲學家所要求和定義、且透過技藝而能達成的生命，並非要順應一種"reg ul a"（規則），反而要順應一種 forma（形式）。要賦予生命的乃是某種生命風格或某種形式……在羅馬人或希臘人的精神中，對規則的服從或服從本身並無法構成美的作品。美的作品順應於某種特定形式的理念（特定的風格、特定的生命形式）。（2001 HS: 406; 2005:424-425; 2005: 440）

自我理解詮釋是關注自我精神歷程，不斷辯證的動態的修正自我，傅柯使用了法文"modification"（修改、修正），它說明著存有的修正或生命的修正。為了主體存有生命本身，藉由身體操作技巧，於精神歷程淬鍊中有所轉換，為了存有真理體現在吾人自身，這是主體形變或轉化的過程中達到真理與主體同在，主體生命的陷溺也因此得到救贖。

傅柯的自我理解技術其實我所講的「生命體驗詮釋」，也就是一種「工夫」，這些「工夫」得以轉化自身，關注自身可體現真理在實際生命體驗裡展現

出來。換句話說「生命體驗詮釋」是「工夫」，也是自我生命提升，更是一個主體精神超升的生命歷程。

（三）哲學工夫其實就是一種朝聖工夫，是種損的工夫

　　傅柯區分基督工夫與哲學工夫，工夫非絕然按照工夫主義的意識型態宰制所有的通往道的可能性，可以以不斷身體辯證方式進入身體文本的實踐智慧，這是所謂的「工夫」。這有點像是宗教工夫與學問工夫之間的區分，但我不以這種想法為主，我轉向為學與為道的思考。這種工夫在中國哲學又可以分為為學及為道兩種，我認為傅柯要講的比較是剝除所謂外在意識型態的扞擾，走向內在寧靜，所以比較是「損」的工夫呈現，事實上傅柯要說明的是一種境界工夫的修行路程，不是禁欲或者強迫非自然方式進行，而是一種依其所是，依其自我內在要求而達到自己的幸福感，所以哲學工夫的說法其實也不能完全能夠掌握傅柯本人所要的說明的完滿成全目標。

　　筆者以為這樣完全棄絕宗教的部分，或者說終極關懷形上的部分，也會有失偏頗，因為涉及到最後的成全完滿的成全，也會涉及到終極形上層級，只不過傅柯是明顯不以禁欲方式來達到最後的成全本身。

　　但筆者相信，所謂「工夫」與「為道」都是主體進入真理方式，它是知性形上學的下學上達的下學的路徑，也是所謂理論與實踐結合的生命學問努力部分，它能建構出形上終極價值體現在主體自身的也就是下學上達的上達的部分，所有下學上達描繪都是自我理解技術描寫，到最後都是要達到道的路徑，捨去「工夫」的途徑，也就是「道進於技的境界呈現」。

　　這個「技」其實是技術，按傅柯而言，是自我技術，傅柯認為「工夫」就是自我技術，「工夫」使自我進行轉化形構，然最後達到的自我形構乃是自我成為美的本身，自我成為一個藝術品，或者自我形構出一種風格，或者說是存在狀態本身。最後，工夫不再重要，或者說工夫成了修養自身或者說成了境界本身。而這樣的自我技術就是「生命體驗詮釋」，「生命體驗詮釋」融合了工夫、境界與修養論，最後丟棄這些區分本身，而成就我之所以為我的可能性。我走向了神聖化的境界，我提升了自我境界。自我技術乃是針對存有本身做出一種自我理解技術，換句話說來便是將道與己身的結合做為一種思考，將道的實踐納入吾人自我理解技術的考量。

　　當然傅柯區分了所謂基督「工夫」與哲學「工夫」兩者，中國人可以說也

有所謂「為學」與「為道」路徑，我認為傅柯哲學工夫近於為道，哲學工夫看起來像是為學，但這個為學近乎為道，哲學工夫是為了自我形構轉化而存在，所以不是為學而已，而是將文本的閱讀轉化為自我形構，以身體為文本閱讀的實踐而存在，比較類似為道工夫，為學工夫轉化為道工夫。

傅柯在《性史》第二卷談到了：「要從古希臘這些關於自身技術中，找到某些可能性，使自身建構成為他的行為主人，……使自己成為自身機靈與謹慎的領導者」（Foucault, 1984a:156），這是一個擺脫西方傳統主體性狀態，拋棄過度的規範及限制，使人更自由活在當下，實現對自身關懷，所以自身幸福快樂就能獲至，（Foucault, M. 1994:IV, 388; 732）

所以傅柯談損，不談益，它是損之又損的工夫，當老子言：「為學日益，為道日損。」，傅柯也不約而同談類似的概念「將主體從自身剝落」[49]，這是傅柯由尼采、布朗肖及巴塔耶的閱讀中得到一種「界限經驗」，若按楊凱麟教授所詮釋的文章，他深刻剖析了何謂「界限經驗」。他說到：「在傅柯的作品中，生命或思想都是一種界限經驗，這意味著：一、這兩者都僅存在於界限之上；二、這兩者都是一種對界限（與在界限上）的複雜操作；三、界線作為一種「致使缺席之缺席」（強化的雙重缺席），是一種絕對虛構，但卻又是思想與生命的載體或材料；四、生命與思想（當其在界限上舒展時）得以外在於無所不在的權力，因為界限不在任何地方，其以強化的雙重缺席置身於絕對的「非場域」，一個純粹的異托邦；五、傅柯式的「存有與思想同一」因此建立（且只建立）於這條由非思所標誌的界限上，確切地說，其就是界線之皺褶作用（一種關於有限性的無限或無定限異質拓樸學）」[50]。

所謂「界限經驗」，筆者以為就是一種思維與存有綜整的經驗，這綜整經驗就是此有生命詮釋，也是身體文本的同一與差異的詮釋，這種經驗可以說是一種臨「深淵」的身體詮釋經驗感受，它似思且非思，它總存在於皺摺裏，它逼顯了某些不「在場」的「在場」經驗本身，然說它是，便不是了的狀態，彷彿使人身陷迷宮當中，所以它必須不斷遮撥顯真來達到實存朗現狀態。這「界限經驗」可被描述為「將主體從自身剝落」進入歷史中，也就是主體性未必是同一個主體

---

[49] 這概念是1978年傅柯接受托姆巴多禮（Trombadori）旳訪談談到。間引自黃瑞祺主編《再見福柯——福柯晚期思想研究》浙江：浙江大學出版社，頁80。

[50] http://lawdata.com.tw/tw/detail.aspx?no=264206此為楊凱麟教授文章《分裂分析傅柯（4）：界限存有論與邊界——事件系譜學》。

的主體性會在歷史中發生，這歷史是主體轉化的歷史，也就是「人類存有者如何自行轉化為主體的方式」（1982:208），傅柯以為這是主體化。主體化意著轉化，而轉化（transformation）乃是對形構（formation）的轉變與位移。[51]

這使筆者仍想到「鯤化為鵬」其中便有轉變與位移的可能性。

自我技術導致形構簡單來說便是心靈陶冶後，主體心境轉化成為境界展現，所以已不拘於小大之辨，是徹底心境的轉換，由日常生活提拔超升成為無有執著的主體性境界，這個主體性較是主體際性的境界，是天地物我合一的神聖美境，這是透過剝損工夫的「界限經驗」轉化而成，也可以說是透過心靈黑夜的不可明言的共同體經歷轉化而成，在布朗肖的作品即有這樣的心靈黑夜描寫，如下：

> 這個夜晚，以一切事物均已消失的這種感覺，為我帶來任何事我均為直接的這樣一種感覺。它是那自足的無上關係；它恆久地將我帶向自我，而一條從同到等同的晦暗路線讓我得知對於一絕妙進展之欲望。在這同一者的絕對重複中，生成了那無法通抵休憩的真正運動。我感覺自己被夜晚引領向夜晚。某種的存在，由一切被存在所排除者所構成，如目標般對我的行步顯現……那雖已與我融為一體，仍令我無法形容地戀慕著的夜晚。我可及之處為一世界──我稱之為世界，就像死了的我會稱土地為虛無。我稱之為世界，因為沒有其他對我來說是可能的世界。我相信，如且朝一物體前進般，我把它變得更近了，然而是它包含著我。[52]

它是那自足無上關係，是自滿成全的存在狀態，當然布朗肖與同一者絕對重複的無限盤旋而上的鍛煉與傅柯所言的自我剝落是不同的，布朗肖強調「同一者的絕對重複」，而傅柯說到「從我自身剝落，阻止我成為相同的」（Foucault, 1966: MC, 395）[53]，阻止那成為相同的，意謂著不限於同一主體形式的控制，在同一與差異的辯證之下走向自我的轉化，這是透過精神黑夜的鍛煉，最後物我一體，生死一如呈現出主體的「界限經驗」來。其實兩個人也可以說是以竹體為文本的同一與差異辯證的實踐智慧，偏重不同，但實則相近。

以下來看這些面向可以匯通東西方文化可能性的「生命體驗詮釋」。

---

[51] 間引自黃瑞祺主編《再見福柯──福柯晚期思想研究》浙江：浙江大學出版社，頁81。
[52] 莫里思‧布朗修著，林長杰譯《黑暗托馬》，臺北：行人，2005年，頁108-109。
[53] 這句間引自黃瑞祺主編《再見福柯──福柯晚期思想研究》浙江：浙江大學出版社，頁80。

參、由「生命體驗詮釋」來看工夫論、修養論與境界論

一、知性形上學進路：使主體進入真理

　　「生命體驗詮釋」結合了認識論與形上學面向，成為知性形上學進路，也就是下學上達的修養「工夫」進路，它是自我理解的方法，也是傅柯所思維的問題面向——「使主體進入真理」層次。使主體進入真理之境，那主體的心就變得十分重要。所以我們看到牟宗三採用「即存有即活動」、「即功夫即本體」當作是中國哲學的特色：

> 客觀地自「於穆不已」之天命實體言性，其「心」義首先是形而上的，自誠體、神體、即趕真幾而表示。[54]

　　傅柯談到自我詮釋學，這是「關懷自我」（epimeleia heatou），他舉了《申辯篇》談到蘇格拉底希望同胞關懷品德與靈魂，因為這是神賦予使命。關注自我不只是原則，且應不斷實踐，如此哲學被等同於關注靈魂，epimeleia不只是意識狀態，它指的是一種規律性活動、一項工作及其方法及目標。關注自我是種生活形式，他舉了《阿克拜第篇》中為例，靈魂回歸自我的運動是目光朝向神聖高處，引向可以看見本質天堂世界的運動，它是實踐自我的永恆戰鬥，培養自我成為有價值的人，而這種培養有治療功能，自我培養包含一系的實踐活動，它們通常用askêsis來表達，他不贊同柏拉圖的回憶，而強調透過是不斷迂迴往反深入領會才能將所接受的真理內在化，這是主體進入真理方式。[55]

　　「生命體驗詮釋」可以說是傅柯所言的「工夫」，「工夫」乃是超越自我自我「修養」技術，透過此技術能夠達到新的自我，展現生命新動能，向著不斷躍進新的自我邁進。這並非呆板的練習就可以，而是按照自我特殊形式，去解讀自我這個文本，以符應自我特殊生命形式的表露出來的美或者藝術境界，也就是存有的開顯。這也就是傅柯自我理解技術等同於「生命體驗詮釋」，是一種「工

---

[54] 牟宗三著《心體與性體 第一冊》42頁
[55] 杜小真編選《福柯集》（Fuke Ji），楊國政譯《主體解釋學》上海：上海遠東出版社，2002年出版，頁471-483。

夫」，藉此「工夫」得以轉化自身，它強調透過關注自身，讓真理在實際生命體驗裡展現出來。

　　無論是儒家本體「工夫」，還是道家的身體氣化「工夫」，其實都說明「工夫」與修養相涵攝的狀態，當然有些人以為在身體較傾向宇宙的身體氣化「工夫」，是指「修養論」，而在心性本體叫做「工夫論」[56]，但我比較不是這樣看待，我認為儒家與道家的「工夫」論都是由終極價值當中導引出人該如何實踐這個價值本身，也就是如何去體現道，「工夫」偏的是技術方式的探討，而修養則是偏狀態現象的說明，當然到最後「境界」所指向的最後實現，乃是終極價值顯現，也就是「道」的顯現，「存有」的顯現，轉換另一種方式來看待，便是求道的方式技巧，叫做「工夫」，而求道的歷程現象描寫叫做「修養」，最後「道」到達便是「境界」顯現。

　　儒家與道家「工夫」都是說明著由主體開始做「工夫」，讓學問或者說是經典文本成為身內事，讓知識成為智慧本身，是理論與實踐的結合，也就是一種實踐智慧，而這就是「生命體驗詮釋」，「生命體驗詮釋」由主體做起，「生命體驗詮釋」是「工夫」，也是自我生命提升，更是一個主體精神超升的生命歷程。當然「工夫」是「生命體驗詮釋」，下學上達的「修養工夫」進路，它是自我理解的方法，也是傅柯所說「使主體進入真理」方式。

二、主體進入真理：工夫、修養與境界合一之境

　　傅柯的「使主體進入真理」就是也就是我們常講的「工夫論」、「修養論」與「境界論」的結合說法。換句話說透過知性形上學，自我理解技術工夫，使吾人自身修養經過冶煉，可以轉化超升，提升吾人視野境界，以致於達到「全福神視」層次，這進路說明了精神辯證歷程，不是將學問放之外，而是納學問於生命徹底實踐中，它是實踐的方式，也是真理體現方式，更是主體進入主體際性融合的可能性。

　　「生命體驗詮釋」說明著主體進入真理狀態，這涉及了境界論，我達到真理狀態，是真理顯露自身的狀態，所呈現是主體際性的交融，也就是道與萬物合

---

[56] 是心在做的工夫叫修養論，理論上講就是本體工夫，亦即本體論進路的工夫；是身體在進行的工夫叫修練論，理論上講就是宇宙論進路的工夫。見杜保瑞網路文章〈心統性情與心即是理的哲學問題意識分析〉。

而為一，而整個修養工夫論則是偏重於「生命體驗詮釋」當中，技巧的說明，這是自我理解技術說明，藉由自我理解技術說明著主體進入真理歷程，「工夫」操作及自我修養的蛻變成果呈現在「生命體驗詮釋」的境界上，存有開顯，這是融合著主體與客體的「工夫」修養的結果。

　　「生命體驗詮釋」結合了「工夫論」、「修養論」與「境界論」面向。換句話說透過知性形上學，自我理解技術「工夫」，使吾人自身修養呈現冶煉現象，可以轉化精神，超升生命，提升吾人視野境界，以致於達到「存有顯現」層次。「生命體驗詮釋」當然是做「工夫」，這「工夫」說明了精神辯證歷程，不是將學問放之外，而是納學問於生命徹底實踐中，它是實踐的方式，也是真理體現方式，更是主體進入主體際性融合的可能性。

　　「生命體驗詮釋」也說明了「修養」道的現象描寫，它是自我現象的詮釋，由主體開始，在動態與活潑的辯證詮釋之下，修身養性不斷陶冶精進，或進或退，在動態變化流變的體驗當中呈現，所有呈現都是修養現象本身歷程路徑，而這歷程路徑，都定住在「工夫」裡著手，由終極價值所引領。

　　所以「生命體驗詮釋」也說明著「境界」開顯，「道」開顯，它是由主體做「工夫」，目的是向著那個藍圖而走，由「境界」來規劃引領，而最終也達到那「境界」的實現，「生命體驗詮釋」，也由自身體驗詮釋實踐出來，那完滿境界的證成，真理即在於此。

　　如此一來「生命體驗詮釋」結合了「工夫」論、「修養論」與「境界論」三個面向來說明理論與實踐可以結合，這也就是王陽明所講的「知行合一」，也就是亞里斯多德所言「實踐智慧」，「生命體驗詮釋」說明了主體進入真理的可能性，而這可能性預先說明了終極價值真理本然的「此在=存有」的狀態，因為真理的「此在=存有」所以，所以透過主體做「工夫」，可以修養中達到「境界」開顯，「生命體驗詮釋」由此展開。

三、以儒與道來看主體進入真理之境

　　杜保瑞先生在說明這個的時候，以世界真相是客觀實然，而人理想存有狀態是主觀情狀，兩者交涉便是「做工夫以達境界的實際」[57]，如《中庸》：「誠

---

[57]　杜保瑞著《中國哲學方法論》，臺北：臺灣商務印書館，2013年，頁41。

者天之道，誠之者人之道」，《老子》：「域中有四大，人居其一焉，人法地，地法天，天法道，道法自然」，《心經》：「觀自在菩薩行深般若波羅密多時，照見五蘊皆空。」這說是了主觀境界與形上真理結合的主客交融之狀態，也就是結合了認識論與形上學面向，也就是知性形上學面向，成為主體進入真理的方式，那就是「生命體驗詮釋」。

在杜保瑞先生來看，這裡分為儒家部分及道家部分來做探討：

儒家的工夫論以心性本體「工夫」為基本型態，關注不在身體處理，而是由心理的主體意志培養察識而進行的。其中包括了儒家的本體工夫、工夫次第及境界工夫的問題。儒家本體「工夫」乃就其價值意識實踐為主軸，比方孔子《論語》中「仁」及「忠恕」說明，或者是孟子裡頭說「存心」、「養氣」乃至於擴充、及求放心、及盡心、及盡其才的「工夫」話語，如：

> 「學問之道無他，求其放心而已矣。」[58]
>
> 「盡其心者，知其性者；知其性，則知天矣。存其心，養其性，所以事天也。殀壽不貳，修身以俟之，所以立命也。」《孟子·盡心篇》
>
> 「古之人，修其天爵，而人爵從之。」《孟子·告子篇》

天爵乃是最高價值意識，要求天爵實現，而人世間價值也從之。盡心、知性、存心及養性乃是「工夫」使自身達到天爵的實現，這是儒家由心性本體來說明「生命體驗詮釋」。

道家「工夫」論偏重「身體處理」，當然心理的主體意志培養察識也很重要，但更重要的是，它由實際的身體察覺，而說明了主體進入真理的歷程，其中也涵蓋了身體「工夫」操作了較為多數，如「心齋」、「坐忘」等。透過「心齋」、「坐忘」的「以明」工夫，乃：「是透過虛靜的工夫，去除成心，擴展開放的心靈，使心靈達到空明的境地，一如明鏡，可以如實地呈現外物的實況。」[59]

> 南郭子綦隱機而坐，仰天而噓，荅焉似喪其耦。……子綦曰：偃，不亦善乎，而問之也！今者吾喪我，汝知之乎？汝聞人籟而未聞地籟，汝聞地籟

---

[58] 《孟子·告子篇》。
[59] 見陳鼓應《老莊新論》，上海：上海古籍出版社，1997年，頁136。

而未聞天籟夫！《莊子‧內篇‧齊物論》

莊子此處乃提出「吾喪我」之「工夫」，乃滅盡一切假我，去除人為之成心偏見而打破一切界限。而這「喪我」乃是去除假我，「觀照真實自我」的可能性，所有的「心齋」、「坐忘」「工夫」指向一個道的境界，由所有努力達到不努力的狀態，這也是技術描寫到道的現象，只不過其中要注意的便是莊子較重不努力道中的技術的描寫，也很仔細說明了道的現象該是如何。

歸結前面所言：「『生命體驗詮釋』可以說是儒家『工夫』理論，易言之，儒家工夫理論，主要就是心性本體『工夫』，而本體『工夫』主要就是價值意識的堅持，也就是心理進路的修養活動，將意志力凝定於價值意識中，以價值意識為行為的準則，要追究的就是價值以及價值在具體實踐時的操作觀念」[60]。

而「生命體驗詮釋」也可以說是道家「工夫」理論，易言之，道家「工夫」修養，主要就是與道為一「工夫」，其道論與氣論合一的「工夫」理論，轉化心性本體想法切入宇宙萬物和諧圓滿，其中最重要關鍵便是「合一」，「合一」可以用氣來說明之：

> 「生也死之徒，死也生之始，孰知其紀。人之生，氣之聚也。聚則為生，散則為死。若死生為徒，吾又何患？故萬物一也：是其所美者為神奇，其所惡者為臭腐。臭腐復化為神奇，神奇復化為臭腐。故曰：『通天下一氣耳！』聖人故貴一。」《莊子‧外篇‧知北遊》

它說明著「與道為一」是精神修養的層次，過程當中的「工夫」，不能脫離於生命裡現實存在的「在氣化世界中的實然」狀況，所以由氣化而成的生命體驗做「工夫」操作。

筆者以為儒家本體「工夫」，強調價值的體現，乃由心性磨練操作為起點，它是需要努力作「工夫」的，不管是在「格」物與「致」知上面，努力的經營會使得生命自我陶塑出來有次第等級（格物、致知、誠意、正心、修身）的差異，而次等等級當中，不斷提升修養，乃致於知與行能夠融洽恰如其分，以致於德充於中，而無所用心的境界出現，到達所謂不努力的地步，所有努力與不努力

---

[60] 杜保瑞先生發表於教學網頁中的〈儒家工夫理論進路與型態〉。

界限說明乃是「工夫」與「境界」差異，它們是說明「由努力的技術提升到不努力的道本身」，「工夫」到境界的歷程，也就是技術的描寫與道的現象。

筆者更進一步說明道家氣化身體「工夫」，強調主體際性和諧圓滿，與道、天地萬物達到和諧境界，這是身體磨練操作很實際，也是需要透過許多「損」的「工夫」，是知、慾的去除，也是「喪我」進路，它仍是需要努力去除，而這努力是透過「無」來顯明的，它很抽象，既是努力，又是「無」，又是不「無努力」，因為有言語背反，所以很難讓人理解，不過不管是「無」或是「損」，終究要達到生命本身的「道」的呈顯。

「生命體驗詮釋」也是不斷提升自我修養自身，以致於達到知行合一，由損之損的知以達到生命的實踐道。而這生命實踐乃是由道而產生的德，由道而德，自然而然，無所勉強，這境界乃是不需努力，無為而為存有顯現的地步，同樣地，在道家所有努力與不努力界限說明乃是「工夫」與「境界」差異，它們是說明「由努力的技術提升到不努力的道本身」，「工夫」到境界的歷程，也就是技術的描寫與道的現象。只不過在道家的技術描寫特重在「虛」、「無」、「靜」、「喪」、「忘」努力層面的「無努力」面向描寫。

總而言之，無論是儒家本體「工夫」或者是道家身體氣化「工夫」，都指向「生命體驗詮釋」本身，心性指向價值意識，意志力的堅定執著，或者身體磨練操作，其實都在生命本身的體驗，這樣使得「工夫」成為生命的學問，這學問使生命得以修養陶冶，所以修養即在「工夫」當中顯現，「工夫」即在修養裡不斷被操作，生命因此而有所蛻變成為不同樣貌展現，「修養與工夫」互為辯證，是動態與活潑的彼此互詮，在互詮中得以達到存有顯現，道的「境界」得以開展出來。

總結

西方從蘇格拉底便重視自我認知，由自我認知達到真理的可能性，換句話說便是「主體進入真理」，而東方講求「工夫論」、「修養論」與「境界論」，其實也是說明「主體進入真理」。東西方都不約而同探求自我理解技術的建構，也就是自我詮釋的建構的技術本身，技術本身就是要呈顯「存有」與「道」，技術本身不重要，重要是生命的道要被彰顯，生命中的真理或者說是道或者說是存有要如何彰顯呢？使用的技術，就叫做「工夫」，「工夫」是種努

力狀態[61]，也就是自我理解技術，「生命體驗詮釋」其實就是自我現象詮釋，這種詮釋乃是一種自我理解，也就是自我技術[62]，「下學」與「上達」很難在生命求道歷程中明顯劃分，可以說它也是「詮釋循環」，不斷由「生命體驗詮釋」當中去進行「下學與上達」、「技與道」、「理論與實踐」的交錯循環，而在當中所有存有脈動現象是活潑的、也是辯證的，人在當中，突然可能有一剎那，也因此達到一種「完全的自我現象詮釋」。

更可以說是聖經中「道成肉身」的說法，換句話說，就是在主體體驗中體現了道，讓道開顯在吾人自身的可能性。無論儒家心性意志或者是說道家身體氣化都承載了一種說法，也就是「生命體驗詮釋」是可能讓「主體進入真理」的，而且它是主體做「工夫」，修養陶冶自身，達到道或存有的開顯，是自我理解技術實踐，以達到存有開顯，但是在修養歷程中也達到辯證動態互詮狀態，不斷躍進跳達到存有開顯，所以主體所要的即是「觀照」現象本身，讓現象成為本質，呈現出存有，去除遮蔽，來突顯存有。

「生命體驗詮釋」就是一種精神性的轉化歷程，若用莊子的語句來看便是「鯤化為鵬」生命歷程的轉化。「生命體驗詮釋」歷程是動態精神轉化，是不斷在修正與形變中。當主體在下「工夫」同時，在過程中，「修養」當中自我變化現象狀態，不斷在自我詮釋，所以了解「生命體驗詮釋」乃是一種「自我理解」技術，而這種「自我理解」技術如何在動態辯證裡得以達到「存有的開顯」；換句話說，主體如何藉由「生命體驗詮釋」以致於進入真理層次，達到「主體際性交融」，「道與萬物合一」境界。

「生命體驗詮釋」本身，透過自我理解的技術以致生命在動態活潑詮釋裡，不斷躍進，成為生命本然存有的彰顯，此時本體「工夫」進路成為修養的進路，而修養進路也成就境界的進路。「生命體驗詮釋」結合「工夫」、「修養」及「境界」三個面向，而讓「此有」即是「存有」路徑達到可能性橋梁。

---

[61] 由努力的狀態達到不努力的道的呈顯，所以道要進於技，自我理解詮釋本身可以說是種方法，然方法是技，技術是工夫，工夫要努力，是知性形上學中的下學上達路徑中的「下學」，「下學」得要上達，然「下學」與「上達」很難在生命求道歷程中明顯劃分，可以說它也是「詮釋循環」，不斷由「生命體驗詮釋」當中去進行「下學與上達」、「技與道」、「理論與實踐」的交錯循環，而在當中所有存有脈動現象是活潑的、也是辯證的，人在當中，突然可能有一剎那，也因此達到一種「完全的自我現象理解」。

[62] 「自我技術」：這種技術可以讓個體通過自己的方式，操練他們自己的身體、靈魂、思考、行為，來轉化自身，修正自己，並且達到某種聖、真、善與美等超然幸福等等的狀態。

參考書目

Schleiermacher. *Hermeneutics: The Handwritten Manuscripts.* Heinz Kimmerle (ed.), James Duke and Jack Forstman (trans.) Atlanta: Scholars, 1986

Dilthey, Selected *Works, VolumIII, The Formation of the Historical World in the Human Science,* Edited, with a introduction by Rudolf A. Makkreel and Frithjof Rodi, New Jersey: Princeton University Press, 2002

Schleiermacher. *Hermeneutics: The Handwritten Manuscripts.* Heinz Kimmerle (ed.), James Duke and Jack Forstman (trans.) Atlanta: Scholars, 1986

Paul Ricoeur, *From Text to Action*《從文本到行動》，（Evanston: Northwest University, 1986.

Martin Heidegger, Zur Bes. timmung der Philosophie, GA 56/57/60/ 92,Hg. Bernd Heimbüchel, Frankfurt: Klostermann, 1987.

Jan Nederveen Pieterse (1994). 'Globalisation as Hybridisation', *International Sociology* Jan , 9 (2), June.

John Tomlinson, *Cultural Imperialism: A Critical Introduction*, London: Pinter, 1991.

Roland Robertson, "Glocalization: Time-Space and Homogeniety-Heterogeniety", in *Global Modernities* edited by Mike Featherstone et al., London, Thousand Oaks and New Delhi: Sage, 1995.

Paul Ricoeur, *From Text to Action: Essays in Hermeneutics*, II, Translation of Du Text à l'action, Translated by K. Blamey and J.B. Thompson. London: Northwestern University Press,1991.

John B. Thompson, "A Response to Paul Ricoeur," in Paul Ricoeur Hermeneutics and th Human Sciences,ed. John B. Thompson, Cambridge: Cambridge University Press, 1998.

莫偉民著：〈狄爾泰的歷史的理性批判〉，《河北學刊》，2002年3月，第24卷第2期。

高宣揚著《傅柯的生存美學──西方思想的起點與終結》，臺北：五南，2004年。

洪漢鼎著，《真理與方法》上海、上海譯文出版社，1992。

洪漢鼎著，《詮釋學I真理與方法》臺北：臺灣時報文化出版公司，1993。

洪漢鼎著，《詮釋學II真理與方法》臺北：臺灣時報文化出版公司，1995。

洪漢鼎：《詮釋學──它的歷史和當代發展》，人民出版社，2001年。

安延明著，《狄爾泰的歷史解釋理論》，臺北：遠流，1999。

狄爾泰著，《精神科學引》，童志奇、王海鷗譯，中國城市出版社，2002年版

Richard E. Palmer（帕瑪）著，嚴平譯，《詮釋學》，臺北：桂冠，1992。

陳嘉映《海德格哲學概論》，北京：三聯書店，1995。

項退結《海德格》，臺北：東大圖書公司，1989。

姚滿林著《利科文本理論研究》，北京：社會科學文獻出版社，2014。

張旺山著，《狄爾泰》，臺北：東大，1986。

陳鼓應《老莊新論》，上海：上海古籍出版社，1997年。

杜保瑞先生發表於教學網頁中的〈儒家工夫理論進路與型態〉。

杜保瑞網路文章〈心統性情與心即是理的哲學問題意識分析〉。

牟宗三著《心體與性體》第一冊，臺北：正中書局發行，1968。

聶雅婷著《從默觀看東西文化交流與對話—十字若望與莊子對談》，台北：花木蘭，
　　2016年，頁96。

第二章　中西「工夫」與「體驗」「對比」哲學當中的身體觀

前言

　　中國哲學普遍認為是能夠用身心以實踐修行的「體驗」知識，而這種實踐哲學實以「工夫論」為其核心，特別是在儒家及道家的身體論述中，「工夫論」極具關鍵性。西方哲學則是由過去身心二元對立，不重視身體感受，強調形上學論述，後來轉向身心互為滲透的「知性形上學」發展，而這就是中西文化匯通的可能性。知性講的是實踐智慧，而形上學部分談的便中國哲學的「修養工夫」臻至境界的為道同於道的進路。

　　換句話說，在中國哲學當中強調「對比」的和諧，可以在差異、連續、互補及斷裂當中可以找到相互辯證及互動關係的可能性，而這「對比」哲學首重便是修身工夫論，修身工夫論中身體觀可以說是「身體體驗詮釋」。此修身工夫論的身體論結合了認識論與形上學面向，成為知性形上學進路，也就是下學上達的修養「工夫」進路，它是納學問於生命徹底實踐中，它是實踐的方式，也是真理體現方式，更是主體進入主體際性融合的可能性，這這可能性實踐便是哲學生命展現，它是自我修養，也是一種境界美學。

　　因此中國哲學中修身（self-cultivation）所修之「身」（self）擁有心（heart）、物兩面性，這特有的身體觀使得身體成為主客觀、身與心交互感知的存在。本人擬以儒家的孔、孟及道家的老、莊來說明中國哲學特有的「身體觀」，並且以西方當代的身體觀輔助說明中西在存有與存有者之間，此有與生活世界裡，如何藉由身體操作技巧，於精神歷程淬鍊中有所轉換，使得身體成為文化的身體，與社會關係脈胳下的身體，而此身體如何成為自我治理即為重要的關鍵，形構出有意義的整體，更進一步探討存有真理體現在吾人身體，使主體在形變或轉化的過程中達到真理與身體同在，如何「體知」並且實踐出生命來，並且使得主體生命的陷溺也因此得到救贖。

　　「身體體驗詮釋」其實就是在差異、多元對比文化當中，體現出形上本體的妙境來，而這就是一種實踐智慧，我在生命妙境中將自己在面對多元、差異思

維當中，穿透出一種氛圍，這種氛圍使我不斷追尋、探究，去省察自我生命世界是如何。

這種互為主體際性交流的身體文本閱讀經驗本身說明著「對比」哲學在「身體體驗詮釋」當中乃是找出動態座標軸，去勾勒出生命藍圖所在在過去、現在與未來當中有所切換，在傳統與現在、異時空當中，去達成「身體體驗詮釋」，而這是知性形上學面向，去說明出在差異與互補，延續與斷裂之間的一種相互的辯證。

此有詮釋，也是「身體體驗詮釋」，在許多面向「對比」哲學當中（文化、動態、歷史與文本當中），在差異當中尋求交流、認同與對話，而形構出整體人文精神的此在詮釋。當然就「身體體驗詮釋」，他不是單一直線型說明，而是在結構、動態及辯證當中不斷互文性的詮釋出來的人的生命整體，我們可以說這個一就是整體，整體就是一，同中有異，異中有同，合中有分，分中有合。

在台灣最初講到「對比」哲學是沈清松教授，早年他就主張「對比」，中國與西洋、傳統與現代、科技與人文、自然與心靈、理解與批判、現代與後現代之「對比」；晚近主張「外推」，將之前的「對比」推向他者、推向超越。沈清松教授所提到所謂「對比」（contrast），這對比乃是關係中彼此督促，在此在現象場域當中，不斷與存有韻律激盪，在張力當中，對依此對比對生活世界有所觀看。

對比乃決定經驗、歷史與存有的呈現與演進的基本律則[1]，沈清松於《現代哲學論衡》說到「（一）『對比』乃經驗成長之方法；（二）『對比』乃歷史進展之律則，（三）『對比』乃存有開顯之韻律。」他由經驗、歷史與存有三個向度來建構「對比」哲學的內容。蔡瑞霖教授說到「對比」其實就是差異還原法（reduction of difference），在「「對比」方法或「對比」研究方法論上，亦即在現象學方法的改造及應用上」，[2]所謂「對比」乃是就整個對比情境的存有脈動有所領略感受，所以其實就對比者本身來自在觀看世界，亦即現象學式真實面對著對比者自身所周遭世界，而這是由經驗、歷史與有的呈現及演進所決定，所以沈清松教授提出了：

[1] 沈清松，《現代哲學論衡》，臺北：黎明，1985年8月初版，p.3-5。
[2] 蔡瑞霖著，《宗教哲學與生死學——一種對比哲學觀點的嘗試》，嘉義：南華管理學院，1999，頁2-51。

所謂「對比」，是指同與異、配合與分歧，採取距離與共同隸屬之間的交互運作，使得處在這種關係的種種因素，相互敦促，而共現於同一個現象之場，並隸屬於同一個演進之韻律。簡言之，「對比」乃決定經驗、歷史、與存有的呈現與演進的基本律則。為此，志在鋪陳此一基本律則的「對比」哲學，除了具有方法學的意義之外，當有歷史的意義及存有論的意義。[3]

　　沈清松教授「對比」哲學其實就是本書核心重點，在東西文化當中以身體為文本的閱讀策略，它鎖定了同一與差異的辯證身體觀，這種互為主體際性交流的身體文本閱讀經驗本身說明著「對比」哲學在「身體體驗詮釋」，在這樣的身體裏我觀照，也默想著，透過想像創造詮釋當中乃是找出生命動態座標軸，去勾勒出生命藍圖所在在過去、現在與未來當中有所切換，在傳統與現在、異時空當中圖像的構作，在差異與互補，延續與斷裂之間的一種不同文本間性中找尋身體之間相互的辯證共感同屬來。

　　同一與差異辯證身體觀是很重要的的，梅露・龐蒂（Maurice Merleau-. Ponty, 1908-1961）在1945年提出了自己的身體現象學，他巧妙將辯證與現象學結合在一起，他的身體現象學是「通過對我思即自我意識反思，反思到沈默的『我思』——身體，再通過對身體知覺現象描述，描述整個世界歷史場景。」[4]

　　梅露・龐蒂批判胡塞爾仍是先驗唯我論，現象還原的生活世界仍隸屬於先驗自我認識論，並不具有本體論位置，因此梅露・龐蒂使用辯證法自我否定，使意識自我批判自我運動，從而將生活世界歷史社會意義實現，而我認為這樣的梅露・龐蒂其實就是此有面對生活世界之間交互主體性，在不同時間與空間中，以身體為文本呈現在不同文本間性之間尋找同一與差異的辯證法。

　　梅露・龐蒂不選擇黑格爾辯證法，因為黑格爾他將辯證法上升到最高，從而解消壓制實踐經驗的創造，他選擇了青年馬克思的實踐辯證法，因為實踐解除僵化，將直接感性生活體現成為具有本體論的哲學生活。[5]

　　梅露・龐蒂說到：「作為對黑格爾的批評，馬克思的新穎之處在於：拋棄哲學家『悄悄塞進歷史』的『系統』，『秩序』，把『人類生活』、『實踐』理

---

[3]　沈清松，〈方法、歷史與存有——對比哲學概觀〉，頁3，另外《解除世界魔咒》，頁10。
[4]　吳曉芸著《梅洛－龐蒂與馬克思主義—從他人問題看》，北京：人民出版社，2016，頁19。
[5]　吳曉芸著《梅洛－龐蒂與馬克思主義—從他人問題看》，北京：人民出版社，2016，頁18-19。

解為「一切意義尤其是概念或哲學的意義」的「構成場所」。[6]

　　這種以身體為文本的辯證法其實就是對比的生命哲學，對比在歷史、經驗與存有當中同一與差異的辯證，這是紮實的，誠如梅露‧龐蒂所提到「肉身化辯證法」[7]一樣，他試圖超越傳統身心二元對立，「肉身化」是要抵制機械化，它是以形容詞形式出現，它要求回到含糊的身體現象，它表明身體有精神、有靈氣，是活生生身體，我們對身體知覺是觸感覺與視感覺鑲嵌。這意謂著身體與意識交融形構出創造的力量。[8]有了如此概念之後，我們先由中國哲學談「對比」的生命哲學。

壹、由中國哲學說「對比」的生命哲學

　　中國哲學一向是「對比」的生命哲學，我們的身體觀是有精神及有靈氣的活生生的身體，我們回到身體的原初，也一定談到混沌的身體現象，我們透過修身概念談到對身體的知的部分，身體與意識之間的轉換是如此輕巧奇妙，形構蛻變的身體感知境界論述也在東方不同時代流傳。所以我們先談到生命哲學。

一、中國哲學是生命哲學

　　中國哲學一向是生命學問，中國哲學所揭示乃是內聖學問，所謂內聖即是生命學問，所以蔡仁厚先生說到：

> 「內聖」乃是內而在於自己，自覺地完成如同聖人一樣的德性人格，所以這是「生命的學問」。所謂生命的學問，是表示它不同「知識性」的學問。內聖之學當然含有知識，而且也不排斥知識。……內聖之學的問題不是要成就知識，而是要完成生命價值。[9]

6　[法]莫里斯‧梅洛－龐蒂著，《哲學贊詞》，楊大春譯，台北：商務印書館，2003年，頁32。

7　間引自楊大春著《「感性的詩學：梅洛－龐蒂與法國哲學主流》，北京：人民出版社，2005年，頁200。原文出於梅洛－龐蒂著《行為的結構》法文版，頁225。

8　間引自楊大春著《「感性的詩學：梅洛－龐蒂與法國哲學主流》，北京：人民出版社，2005年，頁200-201。原文出於梅洛－龐蒂著《行為的結構》法文版，頁174-220。

9　蔡仁厚，《儒家思想的現代意義》，臺北：文津，1999初版二刷，頁2。

　　內聖學問強調完成一個整全人文精神向度的人，非由西方由知識進入，而是強調由實踐的方式進入，實踐的方式並不排除知識，所以我們可以說是儒家的學問是生命的學問，也是實踐的學問，強調以主體要掌握生命原型，就其生命源頭，來思索整個生命的價值，而生命的原型，在中國人是身心合一的，也是天人合一的想法，所以這是中國哲學與西方哲學最涇渭分明的一點。

> 儒家的學問不著重於知識性的論證和概念性的思辯，而是著重於滿足人生實踐的要求。重實踐，就必然要正視這個實踐的主體——生命。儒家以人的生命作為學問對象，因而形成了以生命為中心的，所謂「生命的學問」。[10]

　　生命學問本身強調以人為本的生命學問，所以中國中強調不是外求去講實踐智慧，而是就身是講實踐智慧，西方的生命學問則是不然，總是建構在形上之辨析及論析，所以中國哲學藉由「本體即工夫」、「工夫即本體」[11]的說法來說明身心與天人之間對終極意義的探問[12]，以對治現代人生命意義的失落。[13]

　　中國哲學是蘊含著工夫論與境界論的一個完整生命學問的體系，這個體系乃建基於存在根本存有意涵，工夫乃是指能體現本體說法，透過工夫修練，才能把握本體[14]，達致可致境界的呈現，中國形上體系乃是為工夫境界有所關聯，它也指向了整個宇宙，按杜保瑞在〈功夫理論與境界哲學〉中說到四個基本哲學範疇，宇宙論、本體論、境界論及功夫論是相即相涵的。[15]所以研究中國哲學是以本體論宇宙論為主的基本問題意識分析法，以及以功夫論境界論為軸心的人生哲學本位。

---

[10] 蔡仁厚，《儒學的常與變》，臺北：東大，1990，頁106-107。

[11] 蔡仁厚，《儒學的常與變》，臺北：東大，1990，頁109。他說到本體論與工夫論，儒家是通而為一的。

[12] 傅偉勳，《學問的生命與生命的學問》，臺北，正中，1994，頁260-262。

[13] 沈清松，《傳統的再生》，臺北：業強，1992，頁65。

[14] 陳俊輝，《哲學的基本架構》，臺北：水牛，1996初版二刷，頁43。本體是形上學或存有學的說法，存有乃是形上本體。

[15] 杜保瑞，〈功夫理論與境界哲學〉，《中華易學》，第20卷，88/4，頁29-49。

二、中國原始哲學一向是「對比」看法

　　中國哲學觀點一向是「對比」典範，如易經「一陰一陽之謂道」，老子道德經：「萬物負陰而抱陽，沖氣以為和。」，就是如此。在中國哲學當中強調「對比」的和諧，可以在差異、連續、互補及斷裂當中可以找到相互辯證及互動關係的可能性，而這「對比」哲學首重便是修身工夫論，修身工夫論中「身體觀」可以說是「「身體體驗詮釋」」。此修身工夫論的身體論結合了認識論與形上學面向，成為知性形上學進路，也就是下學上達的修養「工夫」進路，它是納學問於生命徹底實踐中，它是實踐的方式，也是真理體現方式，更是主體進入主體際性融合的可能性，這可能性實踐便是哲學生命展現，它是自我修養，也是一種境界美學。

　　這種境界美學就是道通為一形上世界，也是「即工夫即本體即修養即境界」呈現，一與同、始與末、分與合在莊子〈齊物論〉表現明顯。在這篇裏：

> 古之人，其知有所至矣。惡乎至？有以為未始有物者，至矣，盡矣，不可以加矣。其次以為有物矣，而未始有封也。其次以為有封焉，而未始有是非也。

　　我們對道的認知如同我們對身體文本如何落實道認知是一樣的，就存在本身未始有知，但是自以為已保握至盡，然一切不可執是說非，因為一切的一切仍在同一與差異的辯證中。「通天下一氣」萬物原來存在原始狀態已然千變萬化呈現多樣及差異，然當中並非隔絕及分離，在互動變化當中，不斷解消封界，而呈現萬物與我為一的生命現象本然狀態。〈齊物論〉有云：

> 物無非彼，物無非是。自彼則不見，自知則知之。故曰：彼出於是，是亦因彼。彼是方生之說也。雖然，方生方死，方死方生；方可方不可，方不可方可；因是因非，因非因是。是以聖人不由而照之於天，亦因是也。是亦彼也，彼亦是也。彼亦一是非，此亦一是非，果且有彼是乎哉？果且無彼是乎哉？彼是莫得其偶，謂之道樞。樞始得其環中，以應無窮。是亦一無窮，非亦一無窮也。故曰：莫若以明。

以身體同一與差異辯證閱讀，莫執是說非，同一性與差異性原是出於同源。為道者應該呈現這種循環辯證，使呈現道樞狀態，方能應物而無礙。

貳、「對比」哲學中的生命現象與此在詮釋

「對比」方法是其實就是現象學改造，簡單來講中國哲學使用「對比」法去看工夫、修養，其實就是就其生命現象學本身去看此在的詮釋為何。生命現象學，意指以身體做為場域對象來進行生命現象探索，去了解歷史、經驗與存有，展現在身體自身時，如何透過這樣的體驗本身去進行詮釋探索。這裡我們先解釋何謂生命現象學。

一、生命現象學說法

所謂生命現象學，法國哲學家米契爾‧亨利（Michel Henry, 1920-2002）[16]「生命現象學」（phenomenology of life），乃是代表對胡塞爾的「超越現象學」和海德格的「存有現象學」有所反省，在他的《顯現的本質》（The Essence of Mansifest, 1973）[17]一書中論證道：他的生命現象學所關注的，是完全不同於外在性中顯示的世界各事物，是超越內在的生命的事，而這生命是不斷躍動，不斷呈現自身，又不斷呈現出一種現象化的現象，同時又是可見與不可見，又是意識與潛意識蘊含的原型生命所在，裡面不斷撕裂，又不斷整合在一起。

亨利提出了「生命自感」說法，亨利乃透過「情感」以言「自感」。情感就是自感，它是內在地對自身的自身體驗（Michel Henry, 1990），而這是亨利針對梅露‧龐蒂者肉身的主體，而有所轉化。

他認為「身體現象學」乃是生命呈現的不可見性是其內在性的本質所決定的，所描述的是肉體內純粹只靠自身體驗和感知的生命運動，是一種自我啟示，所以他的生命現象學所觀察乃是就其自身體驗和感知生命運動，是不斷在歷史、經驗與存有當中有所往返，藉由對內在自身的自身體驗，產生參與，進入生命核

---

[16] 此乃是陳榮灼先生所著〈回歸「徹底內在性」——東西方「生命現象學」之比較研究〉，發表於國立中央大學楊祖漢教授所主持之國科會研究計畫「轉型中的明清學術思想、研究J（NSC-972811-H-008-001）之部分成果。

[17] Michel Henry, *The Essence of Manifestation*, trans. Girard Etzkorn (The Hague: Nijhoff, 1973), p.682.

心本質去參透所有虛幻外表，而進入身體現象流變的觀察中，去體會超越又內在的生命原型。

　　當我們說了「對比」是在歷史、存有與經驗當中匯聚交流而成時，其實就是在說明「身體體驗詮釋」面向，中國人所講身心合一的修養，在「身體體驗詮釋」當中當中最重要是身心合一之後身體觀點，生命本質如何？如何提振呢？應就其生命體驗現象當中對照觀察之。

二、此有詮釋學

　　解釋完生命現象學，再來進行解釋此在詮釋學。何謂此在詮釋學呢？

　　海德格在《存在與時間》首先篇章的任務是對此在的詮釋，而這也是對此在的現象學呈顯。「此在現象學」（Phaenomenologie des Daseins）與「此在詮釋」（Hermeneutik des Daseins）幾乎具有同樣意思，所以解釋完生命現象學之後，我們再以此在詮釋學再進行剖析，之後再針對「對比」哲學與此在詮釋學之間的關係再進行比對。[18]

　　我們發現所有生命現象學，甚至是哲學本身，都是由詮釋分析做為起點，最後回到在生活世界的此有存活經驗當中，所以此在詮釋，乃是存活的分析，這是一種活生生的生命體驗分析，也是生命的一種追尋。

> 哲學是普遍現象學存在論；這是從此在的詮釋開始，以存活的分析作為終端，一切哲學提問的主導思想由此作起點，同時亦以此作歸宿。[19]

　　「此在」在《存在與時間》中最重要是指出了作為存有者的生命向著整個存有發問，因為發問，存有的揭露才有可能，海德格稱這種存在者為「此在」，整個生命學問系統，必由此在或此有開始，由生活世界日常生活經驗開始，展開生命事作的定序，而我以存有者之姿向著生命體驗不斷請益，在追尋與回覆，在問與答當中，此在詮釋，在當下，此時此刻不斷開展，而形構出此有的生命詮釋

---

[18] 張燦輝著《詮釋與此在——早期海德格之詮釋現象學》，香港人文哲學會網頁，1999年5月第二卷第一期。

[19] *Sein und Zeit*, S. 38 & 436.這乃是《存在與時間》最後一章83節的這段話揭示此在詮釋與存活分析的相關性。

體會。這就是此有詮釋，也是「身體體驗詮釋」，在許多面向「對比」哲學當中（文化、動態、歷史與文本當中），在差異當中尋求交流、認同與對話，而形構出整體人文精神的此在詮釋。當然就「身體體驗詮釋」，他不是單一直線型說明，而是在結構、動態及辯證當中不斷互文性的詮釋出來的人的生命整體，我們可以說這個一就是整體，整體就是一，同中有異，異中有同，合中有分，分中有合，它去除掉意識型態宰制與割裂，要人還原出一個原型來，不再處於陷溺中。

　　原型可以說是柏拉圖的形式，也可以說是神話的母題，它代表一原始思維，也是想像範疇，它是某知覺型態，具有神聖的氛圍，它代表精神世界，也是永恆形象及意義發源地，體現原型，也代表某些神祕體驗，它是與終極理想合一，原型的體驗與重複代表著在「對比」中，差異的「身體體驗詮釋」所指向的目標是一致的，在一致當中才能真正溝通、對話與交談的可能性，它是生命哲學重要概念，也可以說是生命現象學的一環。[20]此有生命現象的詮釋乃是透過身體體驗出發，在「此有的身體體驗詮釋」，此也是對「此有的詮釋」。

參、「對比」哲學的實質內涵

　　「對比」哲學，沈清松老師所提到所謂「對比」（contrast）[21]，關係中彼此督促，在此現象場域當中，不斷與存有韻律激盪，在張力當中，對依此「對比」對生活世界有所觀看。按沈清松老師分法其實就是就歷史、經驗與存有的面向來分，我們可以用生命象學當中對此有詮釋來說明，生命是有歷史的，在生命歷史裡，生命體驗透過文化「對比」、動態「對比」、歷史「對比」及文本「對比」當中找到此有的生命詮釋，由此有的發問，向整體存有探究，此有在生活世界中如何彰顯存有來。在異質生命，自我、你與他人、如何形構出對存有本身的交流與溝通呢？首先由不同文化交錯裡，符號替換更新，透過語言傳遞跨文化生活世界觀，其次是在這樣的氛圍當中，經驗成了交流的最佳管道，經驗是流動的，我對生命現象理解也是流動的，它是動態座標軸，不斷在游離當中達到對存有面向的理解與交融，再其次則是說明了生命是有歷史的，無論過去、現在與未來都在進行比對切換，而此在所處的生活世界，透過歷史之流而不可分地與他人相互隸

20　陳永勝著《現代西方宗教心理學理論流派》，北京：人民，2010年，頁92-93。
21　沈清松早年主張「對比」，中國與西洋、傳統與現代、科技與人文、自然與心靈、理解與批判、現代與後現代之「對比」；晚近主張「外推」，將之前的「對比」推向他者、推向超越。

屬，交互編織而形成整體影響的生活世界，而我對此有的詮釋，乃是在生命歷史交錯裡去了解生命體驗什麼，並且將以詮釋出來。最後在文本歧出閱讀歷程當中，我不斷在文本當中不斷讀出文本之外的東西，並且完成了生命體驗文本的詮釋。

一、文化「對比」

　　身為一個此有在生活世界當中，如何在交錯的文化「對比」裡了與他人之間生命交流共融呢？其實這有賴文化的「對比」。在人文化成的符號世界裡，如何透過在生活世界的此在，將自我轉化為他者，以致於達到文化與文化之間溝通交流。胡塞爾以為解除文化的危機，就是回到生活世界，以此有為中心，揭示了此有者的本質直觀（游宗棋，2006），受到倫塔諾「意識的指向性」概念指引，胡塞爾建立了所謂的先驗心理學，它揭示了深藏於思想者的思想體驗的本質直觀（游宗棋，2006），因此我們可以看到胡塞爾將意識之流指向世界的知覺、想像、分析及回憶等主體作用（意識的指向性，intentionality「意向性」），就現象本身呈現本質部分突顯出來（黃光國，民90），胡塞爾對異質文化的現象學反思，乃是說明了胡塞爾整個現象學構想是建立及進行跨文化對比的現象學。

　　在東西方文化交流之下，身為一個生命體驗者如何在他所接觸文化當中去詮釋出屬於他自己特有生命實有呢？他的存在自身如何互文性當中，在一種氛圍當中去說出生命該是如何呢？我引胡塞爾的話語來做為思考：

> 我和我的文化是原初的，與所有異在（alien）的文化相對峙的。對於我和那些分享我的文化的人來說，只有借助一種「對某個別人的經驗」，一種移情，異在的文化才是可通達的。因為借助移情，我們自己才投入那個異在文化的群體以及它的文化中。[22]

　　原先我與異在是對峙的，我的原初文化與其它文化是對峙的，但透過互文性理解詮釋，我們才能彼此互詮與肯認彼此，這種互詮與肯認彼此是借助某個別人經驗，我們可以說是一種身體詮釋體驗或者一種生命體驗詮釋，他不僅僅只是

---

[22] Husserl, *Cartesian Meditation*, trans.by Dorion Cairns (Martinus Nijhoff, 1973)，另外，張憲譯《笛卡兒的沉思》臺北：桂冠，1992。

別人的他者經驗而已，它可以說是「自我宛若他者」生命互詮，所以當我們建構移情同理，或說是情感滲透融攝理解領悟彼此文化的差異與同一時，我們就有了深刻共融性，而這就建構在對比的互詮基礎上，來進行不同個體或文化當中的「身體體驗詮釋」，它是已然此有面對生活世界之間的互詮。當我們在異文化與文化相異「對比」之下，乃是此文化的自身性呈現了彼文化的他在性，朝向差異的「對比」歷程展現，「對比」者在差異當中，在是與否的張力裡，走出自身「身體體驗詮釋」。

當代中國哲學經典詮釋所講「身體體驗詮釋」其實就是在差異、多元「對比」文化當中，體現出形上本體的妙境來，而這就是一種實踐智慧，我在生命妙境中將自己在面對多元、差異思維當中，穿透出一種氛圍，這種氛圍使我不斷追尋、探究，去省察自我生命世界是如何？透過這種氛圍，我了解此有與生活世界是如何？我與不同主體關係又是如何？彷彿是我在默觀，彷彿又是在被默觀的對象本身，我在玩遊戲，而遊戲似乎也在玩一般，實踐出生命本質存有學向度的智慧來，而這就是透過「對比」當中去呈現，生命體驗現象面向的實踐智慧。

二、動態的「對比」

「對比」哲學在「身體體驗詮釋」當中乃是找出動態座標軸，去勾勒出生命藍圖所在，也就是生命意義及我們對它理解如何？如何在過去、現在與未來當中有所切換，在傳統與現在、異時空當中，去達成「身體體驗詮釋」，而這是知性形上學面向，去說明出在差異與互補，延續與斷裂之間的一種相互的辯證，在現象浮現動態狀態當中找出生命本質，此即現象學最重要的一件事，詮釋即在此，生命詮釋乃是生命現象的掌握，我說的動態的座標軸即在於此，生命圖像理解即在現前當中達到不斷的理解，以致趨於整體意義的掌握。生命是有歷史的，藉由體驗中，能不斷使意義現前更新，更在辯證意義言詮當中使得存有自身開顯出來。沈清松老師希望我們從「對比」當中去思考，就是非固著在定態的座軸裡去發現生命為何？而是在動態座標軸裡去體現生命來。這種動態對比，我舉海德格的對於「現身情態」（Befindlichkeit）來談，它來自於動詞befinden，以海德格來看於此時此刻當下的切身感受，是種特別認知到自己感受的方式。[23]所謂

---

[23]　馬丁・海德格（Martin Heidegger）著，王慶節、陳嘉映譯，台北：桂冠，1993出版，頁191，原

「在現身情態中此在總已經是被帶到它自己面前來了，它總已經發現了它自己，不是那種有所感知地發現自己擺在眼前，而是帶有情緒的自己現身。」[24]

海德格思維生死現象，他探討著：一個向死的存在，如何由外在走向內在，自由自在面對諸多可能性當中，抉擇屬於自己的人生，有真情活在那個當下，此時此刻自己本己的的存在，而不是乖絕於自己的生命本體，使生命的情境發揮最大的真實的可能性，當然在生命處境裡，遮掩與開顯常是辯證互生的螺旋體，彼此糾結並扭轉成生命真正的實相本身，然而不變的是保持一種清明透徹的靈魂之眼看見非本真與本真之間的裂縫，並嘗試在不壓抑現身情態之下之下觀照出自己的本然狀態，設法自然彰顯出身體與空間環境之間互動，並且透過雖生猶死，雖死猶生，生死之間存在與非存在若有似無的曖昧同一與差異的對比辯證。

三、歷史「對比」

此有在生活世界當中，常「透過歷史之流而不可分地與他人相互隸屬，交互編織而形成整體影響的生活世界」，生命是有歷史的，無論過去、現在與未來都在進行比對切換，而此在所處的生活世界，有著相同命運及共同情感具體事件的領受及感悟時，人才得以「活在共業歷史中」[25]，所以「對比」哲學目的論乃是現象學的歷史目的論，在意識當中的存有在共業歷史當中，與他人隸屬交織形構出的生活世界與此有的互詮，值得我們玩味與體會。

歷史是有如過去、現在與未來交錯的洪流一般，此在在生活世界，也意謂著此在在時間中，[26]海德格破除虛幻的「現在」，強調過去、現在與未來是個循環，意謂此在在生活世界當中，不斷穿梭迴返，是個循環，而未來死亡催促我們免存有遺忘，藉由回憶，我們回到澄明的境界，這才是具有真正時間，真正歷史，所以才能自由自在讓存有本身敞開澄明，真理意謂著是種敞開狀態。

「身體體驗詮釋」，不斷在過去、現在與未來穿梭領略，在生活世界的此有，不斷在歷史循環當中，透過復返，敞開自身，讓存有開顯。在2000年，呂格

文SZ135。

[24] 海德格著《存在與時間》，SZ135。

[25] 蔡瑞霖著《宗教哲學與生死學——一種對比哲學觀點的嘗試》，嘉義：南華管理學院，1999，頁27。

[26] 甘陽編選，《中國當代文化意識》，臺北：風雲，民78，頁274-277。此在的本真狀態和非本真狀態，存在論上都植基於時間性的時間化中。

爾晚年出版《記憶、歷史、遺忘》（La mémoire, l'histoire, l'oubli），說到「相互交流鞏固了我們在他人之間生存的情感，這正如鄂蘭喜歡說的"inter homines esse"。這個我和他人『之間』，打開了『異議』（dissensus）和『共識』（consensus）同樣多的場域。」按呂格爾來看，異議與共識之間便是一種身體文本間性同一與差異辯證交流，這是身體對比哲學，這樣的身體文本間性的對比哲學不是個體的單獨觀念呈現，而是處於眾聲喧嘩的場域當中主體交流溝通行動的對話。處於人群之中（inter homines esse），處於人群「行動的生活」，鄂蘭稱之為「交互主體性」（intersubjectivity），不管是異議與共識介於我與他人之間的交流與溝通，這樣的交互主體性對話就是一種身體文本間性的同一與差異的辯證交流，而我如何在這辯證交流的漂浮經驗完全我的意義。在全球化文化碰撞交流頻繁的今日，如何在動態座標軸中，體認在漂浮經驗中的那個我的意義完成，如何與他人攜手走出過去邁向未來，是很重要的事。

　　呂格爾「在敵對詮釋學的衝突中，才讓我們察覺某種被詮釋的存有者：統一的存有論也類似於分離的存有論」[27]，筆者以為被詮釋的存有者，就是以身體為文本的同一與差異的詮釋，我與他人之間，此有與生活世之間對比互詮，這樣的既是認同又時而感到分離之間，如何在同一與非同一性之間，在異議與共識裏達到彼此之間的互詮，完成生命的意義，我想是重要的事。

　　呂格爾由《從文本到行動》中援引狄爾泰評論施萊爾馬赫的話所說：詮釋學的功能，在於反對任意浪漫地僭越歷史領域及仍陷於主觀懷疑論中，而卻要想要確立歷史基礎那樣的荒謬。筆者以為呂格爾認為當代所有的詮釋衝突就是在面對傳統當中那種衝突張力難以跨越的障礙中而嘗試去做的努力，這努力是學者的閱讀的命運，他是看似在分裂幾近斷裂的大河當中，就像那條看起來幾乎分裂而從內部斷裂的大河一樣，介於表面洶湧泛濫及河底的暗渡陳倉之間，進行一種身體文本的同一與差異的辯證閱讀。

　　當中在身體文本的同一與差異的辯證閱讀裏，設法去突破的障礙與依憑的確信（la conviction）之間的所彰顯存在，這彰顯存在的透明性的辯證閱讀，其

---

[27] Paul Ricœur, Le conflit des interprétations (Paris: Seuil, 1969), p.23.間引黃冠閔《詮釋何往？呂格爾的想像論與詮釋空間》，http://nsctextandbody.byethost8.com/wordpress/wp-content/uploads/2013/09/%E8%A9%AE%E9%87%8B%E4%BD%95%E5%BE%80%E5%91%82%E6%A0%BC%E7%88%BE%E7%9A%84%E6%83%B3%E5%83%8F%E8%AB%96%E8%88%87%E8%A9%AE%E9%87%8B%E7%A9%BA%E9%96%93.pdf。

實就是通過語言進行的詮釋，而這樣的詮釋就是依循著此有與生活世界之間交互主體性所呈現出來的互詮的身體文本。

因此呂格爾透過亞里士多德《論詮釋》寫道：「詮釋，就是話語本身，就是全部的話語」，接著註解亞里士多德說：「在成為關於語言的詮釋之前，詮釋首先是一種通過語言而進行的詮釋。」筆者以為呂格爾所言乃是以身體為文本的閱讀策略，此乃是閱讀歷險，當我在進行閱讀時，閱讀與寫作同時進行，那是同一時間的辯證，遇到的障疑與透明性同時存在，所有石化與非石化的閱讀經驗，如同且一與差異辯證一樣是不斷閉鎖與打開狀態。所有以身體為文本的閱讀行動，總是設法在障礙與透明性當中，在實踐衝突裡，置身於同一與差異的辯證裡，確信帶有某種不得不然的哲學命運或者說是一種行動命運。每一個此有的行動者，在身體文本同一與差異的閱讀辯證經驗中，經歷某些冒險，找到可能性的確據，爾後又重新解構再結構的進行身體文本的詮釋。這種以身體文本進行同一與差異對比閱讀經驗，若以高達美來看，它其實預設了詮釋者或者說被詮釋的身體文本在時間中互相理解交流，如此擴大了自己與他人「視域」融合，這樣的互詮使得主客體互融為一，並且逼顯存有者的真實歷史感。[28]

四、文本的「對比」

根據陳榮華教授解高達美的詮釋學時，他提到高達美曾提出三種非文本的形式：「反文本」（Antitext）、「虛文本」（Pseudotext）和「偽文本」（Praetext）。所謂「反文本」（Antitext）是指語言，必依其當下處境而被了解。（GW2 347, DD 37），特別是嘲諷性的語言。所謂「虛文本」（Pseudotext）是指只著重言談或寫作中的措詞修飾，卻意義空洞（GW2 348, DD 38）。而所謂「偽文本」（Praetext）在偽裝的語言背後，隱藏著另義。（GW2 348-9, DD 39）[29]

無論是反、虛、偽的非文本總是文本交錯，文本總是在延異當中，當我們向著文本敞開心靈之眼去看去聽時，總是有如進入文字的迷宮當中，這迷宮當中有許多房開，我們不斷打開又關上，進入到自身理解的深處歧出後，又離開，閱

---

[28] HansGeorg Gadamer，《真理與方法哲學詮釋學的基本特徵》洪漢鼎譯，臺北：時報文化，1993，頁398-399。

[29] http://ntur.lib.ntu.edu.tw/bitstream/246246/14191/1/892411H002024.pdf，此乃陳榮華教授的文章《高達美詮釋學：圖式存有學（ONTOLOGY OF SCHEMA）》。。

讀的「那個東西」是個文本，「那個東西」是擴大的文本說法，當我們去看去聽且去說時，任何「那個東西」都是文本，文本與生命所有感受的體驗都有關係，到最後我與他人所有互動，生活世界種種脈動都成為「那個東西」，「那個東西」成為我切身可觀看的文本，是有距離的，我參與了這場文本閱讀，而最後文本閱讀的我，也成了創作的我，也許是種誤讀，在不斷差異詮釋當中，閱讀過程中，我也成為一種創造的詮釋，在差異當中，互補，動盪，擺佈裡我形構了自身對文本的理解、詮釋與對話。我、文本與閱讀歷程就好比是丟球遊戲一樣，不斷回復往返，在歷程當中修正，以達到一種循環的詮釋，甚至是一種生命歷程的循環詮釋一樣。所以高達美強調：「要瞭解文本，就要準備讓它說出一些東西。因此，一個有詮釋學訓練的意識，自始非常警覺文本的差別性（Anderheit, alterity）。……重要的是，深切反省自己的前見，讓文本即使在推翻它們時，依然能在它的差別性中呈現出來、肯定它自己。」（WM 273-4, TM 269）

　　自己對身體文本閱讀出前見「同一性」與反省出其差異性，在互滲交錯反省當中，呈現更深刻屬己的生命，肯定自己的生命，此時生命文本不再是單純躺下來的靜態文本而已，原始文本甚至已宣告死亡，我在閱讀文本的歷程當中，參與文本的創作，以新作者之者取代文本，甚或我自身就是一個咀嚼文本過後，呈現出一種整合身心的文本身體，以致於我在歷程中不斷詮釋循環，在「身體體驗詮釋」文本達到一種超越的文本觀，而這文本已不再只是隸屬某人、某作者而已，它是參照所有發生在相異時空裡、展示在不同文化背景的生活世界的「那個東西」，以致於我們必須在「那個東西」「對比」當中去交流、溝通與理解，以達到對文本的詮釋。[30]

肆、「對比」哲學中的「身體觀」

一、由身體經驗了解生活世界

　　中國哲學一向是文化的「對比」、動態的「對比」、歷史的「對比」及文本的「對比」，我們且以先秦諸子為例，在歷史動盪當中，此有面對生活世界的

---

[30] 文本的詮釋在於拒斥邏各斯中心主義，它不承認中心的存在，認為在場與不在場都不是獨立自主的，每一方都在喚起、激發、暗示和需要另一方，在場與不在場是相互延異、相互增補和相互印證的，語言和文本具有多義性和不確定性。

解讀因著生存的危機有著強烈的「對比」，從文化的「對比」裡，流動的動態「對比」裡，歷史生命的「對比」及文本的「對比」當中，中國哲學尋求一個生命危機的解決之道，走出存有者自身生命價值的根源所在，回到生命原鄉以安身立命。

中國人從不是從概念及命題性的知識，而是從更基本的感覺及身體與環境互動形成的意涵，來理解這個生活世界，意涵乃建基於身體經驗，在身體與環境互動當中的意涵，此有如何理解並詮釋這個世界呢？身體經驗與生存環境之間的互動，互為詮釋的文本成了中國哲學當中涵容依攝的關係脈動，糾結出複雜宇宙論、知識論及形上學及倫理學交錯的奇景，用一話來形容中國人要做此動盪環境背景中要做的是什麼呢？應該就是如何透過身體經驗去理解所處的生活世界，並加以附予意義，給予一個自己安身立命的生存空間，以對抗可能有的生存意義的危機。

所言的中國人習慣從身體經驗裡去理解去文化，形構出文化的身體，也習慣由身體經驗裡去了解人倫生活世界的社會關係，形構出社會身體，也習慣由身體經驗裡去了解生命本身是動態辯證的，因此形成動態的身體，也習慣由傳統與現代的處境當中去理解歷史，而形構出歷史的身體，因此由身體經驗中去實踐解讀文本時，也會形成相異卻激盪的文本身體。誠如筆者所言：[31]

> 人最初基本體驗是發生在我們身體內構成的經驗，身體是構成經驗歷程場域，也是所有流逝現象得以呈現場域，自我的覺知即在身體場域發生，也就是身體是建構意義最初場域，意義總在關係脈絡中開展，向世界訴說著一切，向存有訴說一切，一切即在一的源頭發生，在意義源頭動力場中，由此生發。而我的身體是最初的他者，他者與我之間互為辯證的動力交流生發出意義，意義在現象與本質當中擺盪，在擺盪中，拋開目的及工具性枷鎖，朝向無目的價值貞立，身體知覺只是放開，用心靈之眼去觀看，去聽聞生生的節奏。我的身體總是向著世界開展，指向他者，並啟動自我建構意義的循環。

「對比」哲學，是指在此在現象場域當中，不斷與存有韻律激盪，在張力當中，對依此「對比」對生活世界有所觀看。我們可以用生命象學當中對此有詮

31　參拙著《由東西方來看生命體驗的詮釋對話》，發表於真理大學《博雅教育學報》第二刊。

釋來說明，生命是有歷史的，在生命歷史裡，生命體驗透過文化「對比」、動態「對比」、歷史對比及文本「對比」當中找到此有的「身體體驗詮釋」，而這最重要的是將身心分立的狀態整合成為身心合一的狀態。

二、「對比」哲學中了悟真理

　　過去西方之弊乃是由於西方歷史當中心物分離，所以身心二元對立，而「對比」哲學破除對立，設法由詮釋循環當中看到整體關係脈絡，強調在共時性與貫時性當中體現出真理來。所以「對比」是在差異、連續、互補及斷裂找出調和動態座標軸，去理解出整體生命意義來。所以接下來我們得要去談在「對比」哲學當中的「身體觀」。我們說過了「對比」哲學其實就是現象學的方法面向，現象學關心的便是存有者如何走向存有者開顯，當我們透過相異的文化，不同事件的座標標示，相異歷史的過去、現在與未來，我們將文本閱讀當作生命文本實踐開始，我們都在曖昧當中進行，向著可能有的存有開顯進行「身體體驗詮釋」。

　　而在這樣的相異「對比」當中，最重要身體覺知到些什麼，體驗到些什麼，我們必須由切身的身體閱讀開始進行詮釋。如此我們迴溯整個西方身心合一的關鍵點乃是由身體的不重視到身體是現象呈現場域開始進行爬梳。

　　西方「身體觀」最大突破點可以說是從1980年興起「身體轉向」（corporeal turn）開始，它解決了「去身體面向」（dis-embodied）困境，因為身心分立不能有完整的認知理論。Mark Johnson在《身體的意義》這本書說到了「體現的認知」（embodied cognition）來說明非由概念及命題性知識中，而是身體現象，或是生命現象本身與環境互動形成的意涵，來理解生活世界的意義來，如此意涵建基於身體經驗，我們說是身體體驗上面，去建構出體現認知。[32]

　　歷史上，海德格建立詮釋現象學（H, 1959/1971）逐漸將生命現象的詮釋與理解發展到極致，一直到梅洛龐蒂更清楚點出體驗的重要。梅氏逐漸將較偏純粹意識的意向性轉向身體意向性研究，著重於身體知覺與經驗之間的連結（龔

---

[32] 鄧育仁先生在《臺灣人類學刊》中〈一種閱讀身體意義的觀點〉中說到：1987年Johnson出版的《心智裡身體》（*The Body in the Mind*）書中結合了認知語言學、認知心理學以及藝術與美學研究成果，深入去探究、探問身體在人除了在思想、推理與認知活動中所扮演的角色之外還有什麼。他在該書中動態的完形型態的意象基模，表現出人感覺、感知、感受及情感的維度，也就是美學維度範疇。

卓軍，2006）。[33]以Mark Johnson在《心智中的身體》來說到的，身體歷練總是在身體與情境的運動中完成[34]。整體身體與情境互動，宛如身體在生活世界的互動，身體在整個生活世界關係脈絡如何覺知，參與存有的脈動，呈現文化、社會、歷史、傳統、當代、文學、等身體意義來。

> 不過，意義是一個牽連甚廣、糾纏複雜、多維度的概念，由生命的意義以至於字詞的意思，都包括在內。本書研究意義——意義為何？從何而來？如何產製？指引本書書寫的主題是：意義由活著的深層感覺以及生命的身體條件中「長」出來。每一個人的出生，都是以血肉之軀的生物身分來到世間，而意義之所以可能，以致成為它現有的樣貌，都是經由感覺、運動、情緒、情感等身體性的歷練而來。

三、以身心合律動感進行「對比」了悟

身體歷練，我們可以身心合一的舞蹈來說，它所呈現的即是身心一體的律動感。如Eric Hawkins所說的「要學習以不強迫自己刻意做動作的方式來跳舞，讓動作自然發生，讓『它』在舞者體內自己舞動起來。」（劉美珠，1989：4），此在的身體乃是頂天立地於生活世界當中，當下展現對生命意義的詮釋，對存有本身展現自身，所以舞蹈者乃是在過程中去觀察身體律動，去觀察意識與潛意識流動，去觀察自我與他者之間的交融，去觀察神聖與世俗之間的交替的空隙。

所以「觀者敞開心靈，接受舞作多方面的訊息，抓住當下自我的解悟，而勿需亦步亦趨地去揣測編舞者的意涵。」（邱耀群，1991：88），編舞者有如籌劃舞作架構的作者，當我用身體直接感受到編舞者的故事或思維架構時，我也彷彿參與了整個創作的歷程，重新用我身體語言去編纂詮釋所有的舞作本身，這身體語言所展現出來的神韻氣勢，在我的觀察當下，不斷呈現新的意義，不斷與我

---

[33] 用海德格語言就是說此有在生活世界當中，去經歷所有一切，再將自身感受的現象學詮釋出來，這就是身體的意義傳達給我們，一種互為主體，互文性的詮釋便在身體歷練當中去陳述出來了，身體在人認知思想、推理所扮演的角色，不再受語言、命題及邏輯的損害，而是以動態完美的型態（Gestalt）為主要內涵的意象基模（images schema）來說明隱喻在內的認知模式所具有的身體性基礎，（Mark Johnson,1987）而對生活世現象學還原，使得以看見所有的脈絡。

[34] Johnson, Mark, *The Meaning of the Body: Aesthetics of Human Understanding*. Chicago, IL: University of Chicago Press, 2007.

對談、交流與共鳴，這種身體感受的極度開發，可達到視域融合的高峰經驗來，我就是身體，身體就是我，我就是他者，他者就是我，這種境遇即是神聖。

意義是由活著深層的身體感受長出來的，受限多元差異的生命內涵，在個體化的過程裡，在不同的「身體體驗詮釋」裡，透過文化、歷史、動態、文本差異當中互補的「對比」觀裡，活出一個以生命為文本，解釋在不同文化生命歷史中，一個動態辯證的詮釋過程如何使存有開顯開來。

生命是有歷史的，藉由身體感受，去提升自我，而這便是中國的「修養工夫」論，也是一種生命工夫，生命工夫總是在「對比」當中，不斷辯證，以達到體驗當中的詮釋理解，意義便在此昇華了，一種神祕的體驗融合常在此發生，這便是生命原型的回歸。

伍、中西方「對比」哲學中生命工夫

一、「對比」哲學中修身工夫

中國哲學當中強調「對比」的和諧，可以在差異、連續、互補及斷裂當中可以找到相互辯證及互動關係的可能性，而這「對比」哲學首重便是修身工夫論，修身工夫論中「身體觀」可以說是「身體體驗詮釋」。此修身工夫論的身體論結合了認識論與形上學面向，成為知性形上學進路，也就是下學上達的修養「工夫」進路，它是納學問於生命徹底實踐中，它是實踐的方式，也是真理體現方式，更是主體進入主體際性融合的可能性，這這可能性實踐便是哲學生命展現，它是自我修養，也是一種境界美學。

中西「對比」哲學其實就是一種現象學方法，他像是海德格說的是一種在實然生命體驗中，生命自身如何把握自己的詮釋活動的方法指向。現象學不是為了建立現象科學，而是將實然生命體驗這種自身顯示，將自身的「現象」如何讓其「呈現」出來。[35]當代西方觀點看身體，中國古老觀點看修身，兩者便是「身體體驗詮釋」。過去中國修身（self-cultivation）所修之「身」（self）擁有心

---

[35] 對海德格而言，意識作為胡塞爾「現象學」的基本課題是將「生命體驗」的本源覆蓋了。而海德格認為這是將根源問題給棄絕，所以他提出了此有的現象學，重新重視此有與存活經驗，換句話是就此有的生命體驗開始進行存有的探尋。參：張燦輝所著《海德格與胡塞爾現象學》，臺北：東大，1996。

（heart）、物兩面性，這特有的「身體觀」使得身體成為主客觀、身與心交互感知的存在。而在西方當代的「身體觀」輔助說明中西在存有與存有者之間，此有與生活世界裡，如何藉由身體操作技巧，於精神歷程淬鍊中有所轉換，使得身體成為文化的身體，與社會關係脈絡下的身體，歷史的身體與文本當中的身體，而此身體如何成為自我治理對象即為重要的關鍵。

當然傅柯提到所謂自我治理就是工夫，自我治理其實在傅柯來看是兩種工夫，一種是基督工夫，一種是哲學工夫，他高舉哲學工夫，而貶抑基督工夫，造成兩者之間，似乎互不融通，我以為哲學與基督工夫其實就是在說明宗教與哲學之間溝通交流該是如何。事實上，他的哲學工夫傾向道家的為道工夫，是種損的工夫，這樣的工夫本身不是為學工夫，所謂的學的工夫是增的工夫本身，我認為神學分為積極神學與消極神學本身，他的工夫傾向消極神學本身，但若就西方與東方傳統而言，他的工夫傾向於中國的工夫境界修養論，算是自我陶冶的一環。

在西方宗教學者都已經在說明有關「宗教經驗」的重要性了，甚至以為各種宗教的融通都是在人與神、道合一宗教經驗基礎上來說明何謂交流、溝通與對話了，而哲學工夫，也一直在說明一種體驗「身體觀」，如何透過對生命終極向度的關懷來去除生命之弊，將是哲學實踐智慧的重點，換言之，如何營造出身心合一神祕實踐智慧，找出生命原型來，並且體現這個生命原型將是哲學關懷重點，所以無論是宗教與哲學其實在說明生命是什麼？生命的發展未來？終極向度是什麼？人如何體現出生命終極價值之後倫理面向來以致於形構出有意義的整體，換言之是更進一步探討存有真理體現在吾人身體，使主體在形變或轉化的過程中達到真理與身體同在，如何「體知」並且實踐出生命來，並且使得主體生命的陷溺也因此得到救贖。

二、「對比」哲學的生命工夫：以中國哲學為首

無論是基督工夫或是哲學工夫，其實都是在指向生命工夫本身，生命工夫就是「身體體驗詮釋」本身。這便是「身體體驗詮釋」，它關乎西方身體詮釋學，也關乎中國人所講的工夫修養論。生命的體驗詮釋其實就是一種「對比」哲學，它是知性形上學面向，去說明出在差異與互補，延續與斷裂之間的一種相互的辯證。「身體體驗詮釋」其實就是就生命本身實質內涵，所觀體驗的現象本身做詮釋，換句話說，體驗是很重要的觀察內涵，就體驗現象來觀察，如何去面對

它，甚至是詮釋它變成很重要的解讀技巧，我們在體驗本身，其實就在詮釋的過程裡，去看也變成是一種詮釋，閱讀身體的經驗，閱讀生命體驗，成了詮循環，讓我們將此有與生活世界的互動關係精準從生命體驗裡呈現出來，而我所能做的便是忠於詮釋我經歷種種一切，在存活當中去讓一切發生，是其所是的詮釋一切。

中國哲學是以生命為核心考量，[36]中國這種哲學就是生命學問，它主要的用心在於如何調節我們的生命，來運轉我們的生命，安頓我們的生命」[37]，生命學問是中國哲學的特質。另外，在中國哲學當中強調「對比」的和諧，可以在差異、連續、互補及斷裂當中可以找到相互辯證及互動關係的可能性，而這「對比」哲學首重便是修身工夫論，修身工夫論中「身體觀」可以說是「身體體驗詮釋」。此修身工夫論的身體論結合了認識論與形上學面向，成為知性形上學進路，也就是下學上達的修養「工夫」進路，它是納學問於生命徹底實踐中，它是實踐的方式，也是真理體現方式，更是主體進入主體際性融合的可能性，這這可能性實踐便是哲學生命展現，它是自我修養，也是一種境界美學。

因此中國哲學中修身（self-cultivation）所修之「身」（self）擁有心（heart）、物兩面性，這特有的「身體觀」使得身體成為主客觀、身與心交互感知的存在。儒家的孔、孟及道家的老、莊是中國哲學特有的「身體觀」，西方當代的「身體觀」被重視在在說明了在存有與存有者之間，此有與生活世界裡，如何藉由身體操作技巧，於精神歷程淬鍊中有所轉換，使得身體成為文化的身體，與社會關係脈絡下的身體，而此身體如何成為自我治理即為重要的關鍵，形構出有意義的整體，更進一步探討存有真理體現在吾人身體，使主體要在形變或轉化的過程中達到真理與身體同在，如何「體知」並且實踐出生命來[38]，並且使得主體生命的陷溺也因此得到救贖。

中國哲學經典都是環繞著生命議題開展，它是內聖學問，也是生命的學問，是實踐智慧本身成就生命圓滿。[39]中國哲學以人開展出生命實踐學問，即是

36　牟宗三著《中國哲學特質》，臺北：學生書局，1994八刷，頁8。

37　牟宗三著《中國哲學十九講》，臺北：學生書局，1993，頁15。

38　Mark Johnson寫了《身體的意義》中不斷關注一個焦點，那便是「體現的認知」（embodied cognition）當中說到「體現的意涵乃衍生自身體與環境互動之認知過程」。用海德格來說便是體現的意涵乃是此有與生活世界不斷理解、詮釋與對話過程，他是此有詮釋學，海德格並沒有明顯扣緊身體的體現意思，而到了之後身體轉向，有了更明顯的身體感知詮釋的可能性。

39　牟宗三講，林清臣記錄《中西哲學之會通十四講》，臺北：學生，1996二刷，頁18。

「本體即工夫」、「工夫即本體」說法，即是此有的生命工夫便與形上的本體有了連繫，實踐理智的形上進路引領人進入生命的內觀當中，去參透整個生命大化之流，這便是學問生命，也是生命學問。[40]而這便是實踐的智慧本身，它是知性形上學進路，也是本體論與工夫論合一。

不管是儒家或道工夫即本體，本體即工夫的說法，都說明即體即用，即用即體的身體實踐學問，學問必須被納入生命操作，自我治理裡，這是實踐的智慧[41]，也是生命學問，更是生命現象學，及此有的詮釋學，也就是「身體體驗詮釋」，它是以身體做為實踐學問的場域，進行內在本真存有的澄明探索。

總結

以新儒家來看，本體工夫論是明確的，這是通而為一的，即體即用的身體實踐的智慧以達到天人合一是生命的學問本身，而這是以身體為實踐學問場域的「身體體驗詮釋」本身。

誠如當代新儒家蔡仁厚所言本體論與工夫論，儒家是通而為一的。儒家講內在心性乃是承繼天道本體，而天道本體乃是下貫於內在心性中，所以心性與天道乃是將內在與超越合而為一，生命參與大化之流中，去理解詮釋，並且體現出生命中的天道本體，成就內在心性的圓善，而這內在心性圓善乃是天道本體大化流行，天道本體與內在心性乃是象徵著人與天殊途同源合一面向來說明，天人合一乃是透過身體的象形而轉向指事，由人頭頂天轉向著自然的天說法，根據《說文解字》，天乃是「顛」乃人頭的上額。[42]

孔子以仁為道德主體實踐，孟子以開顯性善之端作為實踐的工夫，兩者都是由心性修養來完成生命完善，將生命的終極價值實現出來以完成參天地化育之德。生命實踐智慧透過身體隱喻來說明真理的體現於吾人自身，由人的頭頂以象徵自然的天，終究天人合其德也，也就是儒家經由個人道德主體覺醒與實踐以達到圓善境界，轉化超越天道本體為內在心性的根源，開顯內在圓善德性的可能

---

[40] 傅偉勳，《學問的生命與生命的學問》，臺北：正中，1994，頁260-262。他以傅朗克的說法來說明人身心之下去尋求生命意義本源與根基朗現。

[41] 亞里斯多德講「實踐智慧」（Phronesis）乃是體現真理的實踐智慧，它是在關係脈絡當中呈現自己，是種自知為明的狀態，使存有之光呈現，而這存有之光即是一種慧見，使語言回到本真狀態。

[42] 《說文》：「天，顛也。」章太炎：「天為人頂，引申之為蒼蒼者。」間引自張立文著《周易與儒道墨》，臺北：東大，1991，頁145-146。

性，以彰顯天為終極究竟的底蘊，因此此有可參天地之化育。[43]

孔子的仁學或仁教是由「人道向天道，人德合天德的路徑上延展開來」，所以儒學詮釋者牟宗三先生以為，這是仁心、仁體出發，其兼具倫理、社會及文化意義與形上生的動力，而這就是所謂儒家所言：「盡心知性以知天」、「存心養性事天」、「踐仁盡心以知天」。

葉海煙先生說到：「孟子內聖外王、盡心知性之學的提出，其氣魄擔當以及人格養成的實踐歷程，顯然匯了儒學精粹於一身……」，這裡強調著是「身心一體，內外感應，上下通貫的存在境況乃一理想的意義世界，而此一意義世界又以道德實踐為基礎」。[44]而這以身心為一體的完型意象，此有與生活世界不斷理解、詮釋與對話過程，它是此有詮釋學，它說明著：

> 人最初基本體驗是發生在我們身體內構成的經驗，身體是構成經驗歷程場域，也是所有流逝現象得以呈現場域，自我的覺知即在身體場域發生，也就是身體是建構意義最初場域，意義總在關係脈絡中開展，向世界訴說著一切，向存有訴說一切，一切即在一的源頭發生，在意義源頭動力場中，由此生發。

用海德格語言就是說此有在生活世界當中，去經歷所有一切，再將自身感受的現象學詮釋出來，這就是身體的意義傳達給我們，一種互為主體，互文性的詮釋便在身體歷練當中去陳述出來了，身體在人認知思想、推理所扮演的角色，不再受語言、命題及邏輯的損害，而是以動態完美的型態（Gestalt）為主要內涵的意象基模（images schema），如聖人，來呈顯出原始而通透的形上道德的實踐者，結合了本體與工夫論部分，成為實踐智慧最佳的詮釋者。

生命最大「對比」乃是非生命，非生命就是非本真，而生命本真面向決定生命意義價值所在，在中西文化「對比」當中，不約而同走向都是本真生命的探討，另外一層有趣「對比」是「知與行」，誠如葉海煙老師所言：

> 當我們生命不斷趨近道，知行之間的距離便越來越近；反之，當我們生命

---

[43]　沈清松編著《中國人的價值觀——人文學的觀點》，臺北：桂冠，1994，頁179-209。
[44]　葉海煙著《人文與哲學的對話》，臺北：文津，民88，頁21-23。

背離道，知行之間的距離便越來越遠，終至於理性自身之分裂，以及生
命自身之滅裂，而現象與本體在吾人生命中的意義也難以接合。道建立生
命之本體，同時賦予生命現象無窮的意義，故知道即為了行道，道是一切
生命活動之準則，知行在道的引導之下，相即相應，一齊朝生命之理想前
進。[45]

你該是什麼呢？或者透過身體經驗裡，你體驗到什麼呢？你是否走向更澄
明所在，或者你又以為你不該是什麼呢？你是你自己嗎？或者你有自己呢？你是
他者嗎？或者他者也是你呢？你我之間「對比」的化解又是什麼呢？顯然地，中
國哲學修身的工夫本體論的確比西方後期身體轉向來得更加久遠，無論如何我們
希望更多人關心生命工夫，在生命工夫裡達到主體際性的交流與溝通，讓生命本
質走向整全的存在之光進行，且期盼更多研究加入中西「對比」當中的身體研
究，期盼更多開花結果。

---

[45]　葉海煙著《莊子的生命哲學》，臺北：東大，民79年，頁51。

參考書目

牟宗三，《中國哲學特質》，臺北：學生書局，1994，八刷。

牟宗三，《中國哲學十九講》，臺北：學生書局，1993。

牟宗三講，林清臣記錄，《中西哲學之會通十四講》，臺北：學生，1996，二刷。

畢恆達，〈詮釋學與質性研究〉，《質性研究——理論、方法及本土女性研究實例》，
　　臺北：巨流圖書公司，1996。

臺大哲學系主編，《當代西方哲學與方法論》，臺北：東大，1988，初版。

沈清松，《現代哲學論衡》，臺北：黎明，1985，初版。

沈清松，《傳統的再生》，臺北：業強，1992。

沈清松，〈方法、歷史與存有——對比哲學概觀〉，《解除世界魔咒》。

沈清松編著，《中國人的價值觀——人文學的觀點》，臺北：桂冠，1994。

蔡瑞霖，《宗教哲學與生死學——一種對比哲學觀點的嘗試》，嘉義：南華管理學
　　院，1999。

蔡仁厚，《儒家思想的現代意義》，臺北：文津，1999，初版二刷。

蔡仁厚，《儒學的常與變》，臺北：東大，1990。

陳俊輝，《哲學的基本架構》，臺北：水牛，1996，初版二刷。

陳榮灼，《回歸「徹底內在性」——東西方「生命現象學」之比較研究》。

張燦輝，《詮釋與此在——早期海德格之詮釋現象學》，香港人文哲學會網頁，1999
　　年5月第二卷第一期。

張燦輝，《海德格與胡塞爾現象學》，臺北：東大，1996。

陳永勝，《現代西方宗教心理學理論流派》，北京：人民，2010。

杜保瑞，〈功夫理論與境界哲學〉，《中華易學》，第20卷，民88。

張立文，《周易與儒道墨》，臺北：東大，1991。

葉海煙，《人文與哲學的對話》，臺北：文津，民88。

葉海煙，《莊子的生命哲學》，臺北：東大，民79。

鄔昆如，《莊子與古希臘哲學中的道》，臺北：國立編譯館，民61，初版。

龔卓軍著《身體部署：梅洛龐蒂與現象學之後》，臺北：心靈工坊，2006。

傅偉勳，《學問的生命與生命的學問》，臺北，正中，1994。

游宗棋著，〈現象學心理學與超驗現象學：從胡賽爾的脈絡來看〉，應用心理研究，

29, 35-52。

甘陽編選，《中國當代文化意識》，臺北：風雲，民78。

黃光國著，《社會科學的理路》，臺北：心理，2001。

丁原植，〈老莊哲學中的「有」「無」問題之研究〉，輔大哲學研究所博士論文，
　　民70。

特雷西著‧馮川譯，《詮釋學‧宗教‧希望》，上海：三聯書店，1998。

李維倫譯，《現象學十四講》，臺北：心靈工坊，2004。林玉華、樊雪梅譯，《當代
　　精神分析導論理論與實務》，臺北：五南，1999。

張慶熊譯，《歐洲科學危機和超越現象學》，臺北：桂冠，1992。

張憲譯，《笛卡兒的沉思》，臺北：桂冠，1992。

鄧育仁，〈一種閱讀身體意義的觀點〉，《臺灣人類學刊》。

鄧育仁《生活處境中的隱喻》。歐美研究35（1）：95-138。2005.

陳榮華，《高達美詮釋學：圖式存有學（ONTOLOGY OF SCHEMA）》，網路文。聶
　　雅婷，〈由東西方來看生命體驗的詮釋對話〉，《真理大學博雅教育學報》，
　　第二期。

聶雅婷著，〈文本當中的生命體驗詮釋〉，《真理大學博雅教育學報》，第三期。

楊大春著《「感性的詩學：梅洛－龐蒂與法國哲學主流」，北京：人民出版社，
　　2005年。

莫里斯‧梅洛－龐蒂著，《哲學贊詞》，楊大春譯，台北：商務印書館，2003年。

漢斯‧高達美著，HansGeorg Gadamer，《真理與方法哲學詮釋學的基本特徵》，洪
　　漢鼎譯，臺北：時報文化，1993。

馬丁‧海德格(Martin Heidegger)著，王慶節、陳嘉映譯，台北：桂冠，1993出版。

吳曉芸著《梅洛－龐蒂與馬克思主義—從他人問題看》，北京：人民出版社，2016。

Michel Henry, *The Essence of Manifestation*, trans. Girard Etzkorn (The Hague: Nijhoff, 1973).

Freud, S. *Mourning and melancholia.*, S. E. 14. London: Hogarth, 1917.

Freud, S. *Beyond the Pleasure Principle.*, S. E. 14. London: Hogarth, 1920.

Freud, S. *The ego and id.*, S. E. 19.London: Hogarth, 1923.

Heidegger, M. (1959/1971). *On the Way to Language*. Translated by Peter Hertz. New York:
　　Harper and Row.

Klein, M. *Notes on Some Schizoid Mechanisms*. International Journal of Psycho-Analysis, 27:
　　99-110, 1946.

Johnson, Mark, *The Body in the Mind: The Bodily Basis of Meaning, Imagination, and Reason*. Chicago, IL: University of Chicago Press, 1987.

Johnson, Mark, *The Meaning of the Body: Aesthetics of Human Understanding*. Chicago, IL: University of Chicago Press, 2007.

Lakoff, George, and Mark Johnson, *Metaphors We Live by*. Chicago, IL: University of Chicago Press. 1980.

Paul Ricœur, Le conflit des interprétations ,Paris: Seuil, 1969.

第三章　以「身體」為「文本」的實踐智慧

前言

上一篇章談到「對比哲學」，沈清松老師所提到所謂對比（contrast）[1]，關係中彼此督促，在此在現象場域當中，不斷與存有韻律激盪，在張力當中，對依此對比對生活世界有所觀看。

我認為在對比哲學當中的身體觀，雖然東方講工夫，西方講體驗詮釋，這些都是對身體文本同一與差異的辯證觀看。這些都指出人不只是單面向，而是多面向呈現，此有與生活世界互動永遠在跨文化、動態歷史脈絡中呈現出多元的身體文本，而這多元文本說明了人的多元性。在漢娜・鄂蘭（Hannah Arendt）《人的條件》[2]談到「人的多元性」[3]，多元性概念乃是源自於自尼采（Friedrich Nietzsche），尼采強烈批判近代自我觀的論述。鄂蘭也受到卡爾・雅斯培（Karl Jaspers）、馬丁・海德格（Martin Heidegger）所影響。個人與他人實存感差異的「呈現空間」（space of appearance）看似分離，可是如何透過交流溝通編織出同一大論述（石田雅樹，2009：43），以形構出「共同世界」（common world），這種既同一而又差異的開放空間連結，使得人們有歸屬歷史感，也能使人們由私領域達到公領域，它代表自己與他人語言建構的現實在「相互主觀（intersubjectivity）」上被理解。（杉浦敏子，2002：62）

相互主觀上被理解，指的是自我與他者在以身體為文本的觀看上達到同一與差異開放空間連結，這開放空間打破了過去與未來，也打破了私領域與公領域對立，當然鄂蘭強調政治面向溝通交流，走向社會哲學的實踐。以身體為文本的觀看以達到同一與差異開放的相屬認同，並全然只偏統一認同，鄂蘭藉尼采論點強調多元的他者的對話與辯證。鄂蘭認為每一雖有所屬同一的共同體，但

---

[1] 沈清松早年主張「對比」，中國與西洋、傳統與現代、科技與人文、自然與心靈、理解與批判、現代與後現代之「對比」；晚近主張「外推」，將之前的「對比」推向他者、推向超越。

[2] Arendt, Hannah. *The Human Condition*, 2nd ed. Chicago: University of Chicago Press, 1958. 漢娜・鄂蘭，《人的條件》，林宏濤譯，臺北：商周出版，2016。

[3] 鄂蘭在此書一開始就主張此說法。

應在共同體內尊重承認多元他者，也就是異於己的他人，讓他者還原於其自己，再回頭省視自己與他人的互動互詮。這樣看來，同一與差異、公共與私領域、自我與他人都在身體文本內在對話與交流，這就是鄂蘭溝通行動的政治生活，此並非只是思，而是實踐智慧。鄂蘭的《人的條件》德文版名為《行動的生活（vita activa）》，行動的生活是對比於「沉思的生活」（vita contemplativa），原譯於蘇格拉底的「政治的生活（bios politikos）」，鄂蘭認為行動生活並非思而已，而是溝通行動（Arendt, 1958／林宏濤譯，2016：64-67）。筆者以為鄂蘭其實就是建構出以身體文本觀照同一與差異、自我與他人而形構的「觀察的生活（vita contemplativa）」，爾後進行以溝通所形成的「行動」。

也就是說身體文本同一與差異的辯證觀看可以指出來：我對生命現象理解也是流動的，它是動態座標軸，不斷在游離當中達到對存有面向的理解與交融，再其次則是說明了生命是有歷史的，無論過去、現在與未來都在進行比對切換，而此在所處的生活世界，透過歷史之流而不可分地與他人相互隸屬，交互編織而形成整體影響的生活世界，而我對此有的詮釋，乃是在生命歷史交錯裡去了解生命體驗什麼，並且將以詮釋出來。

最後在文本歧出閱讀歷程當中，我不斷在文本當中不斷讀出文本之外的東西，並且完成了生命體驗文本的詮釋。這就是以身體為文本的詮釋方法，它是文化的、動態的、歷史的、對比交交流的文本閱讀詮釋經驗。

以身體為文本的閱讀經驗說明著：在人文化成的符號世界裡，如何透過在生活世界的此在，將自我轉化為他者，以致於達到文化與文化之間溝通交流在東西方文化交流之下，身為一個生命體驗者如何在他所接觸文化當中去詮釋出屬於他自己特有生命實有呢？他的存在自身如何互文性當中，在一種氣圍當中去說出生命該是如何呢？[4]我引胡塞爾的話語來做為思考：

> 我和我的文化是原初的，與所有異在（alien）的文化相對峙的。對於我和那些分享我的文化的人來說，只有借助一種「對某個別人的經驗」，一種移情，異在的文化才是可通達的。

---

[4] Husserl, *Cartesian Meditation,* trans.by Dorion Cairns (Martinus Nijhoff, 1973)，另外，張憲譯《笛卡兒的沉思》臺北：桂冠，1992。

當代中國哲學經典詮釋所講生命體驗詮釋其實就是在差異、多元對比文化當中，體現出形上本體的妙境來，而這就是一種實踐智慧，我在生命妙境中將自己在面對多元、差異思維當中，穿透出一種氛圍，這種氛圍使我不斷追尋、探究，去省察自我生命世界是如何。

這種互為主體際性交流的身體文本閱讀經驗本身說明著對比哲學在生命體驗詮釋當中乃是找出動態座標軸，去勾勒出生命藍圖所在在過去、現在與未來當中有所切換，在傳統與現在、異時空當中，去達成生命體驗詮釋，而這是知性形上學面向，去說明出在差異與互補，延續與斷裂之間的一種相互的辯證。

以身體為文本閱讀經驗去讀出生命史中所有人事地物交景而成的圖像，生命是有歷史的，無論過去、現在與未來都在進行比對切換，而此在所處的生活世界，有著相同命運及共同情感具體事件的領受及感悟時，人才得以「活在共業歷史中」[5]，此在在生活世界，也意謂著此在在時間中，[6]海德格破除虛幻的「現在」，強調過去、現在與未來是個循環，意謂此在在生活世界當中，不斷穿梭迴返，是個循環，而未來死亡催促我們免存有遺忘，藉由回憶，我們回到澄明的境界，這才是具有真正時間，真正歷史，所以才能自由自在讓存有本身敞開澄明，真理意謂著是種敞開狀態。

以身體為文本的詮釋閱讀方式也說明著文本總是在延異當中，當我們向著文本敞開心靈之眼去看去聽時，總是有如進入文字的迷宮當中，我參與了這場文本迷宮的閱讀，而最後文本閱讀的我，也成了創作的我，也許是種誤讀，在不斷差異詮釋當中，閱讀過程中，我也成為一種創造的詮釋，在差異當中，互補，動盪，擺佈裡我形構了自身對文本的理解、詮釋與對話。

我、文本與閱讀歷程就好比是丟球遊戲一樣，不斷回復往返，在歷程當中修正，以達到一種循環的詮釋，甚至是一種生命歷程的循環詮釋一樣。以達到對身體文本的閱讀詮釋。[7]誠如呂格爾言：進入文本乃是一種冒險，一種沒有保留的耗費。一個人不可能閱讀而不向語言的欲望，不向始終不「在場」的東西開放

---

[5]　蔡瑞霖著《宗教哲學與生死學──一種對比哲學觀點的嘗試》，嘉義：南華管理學院，1999，頁27。

[6]　甘陽編選，《中國當代文化意識》，臺北：風雲，民78，頁274-277。此在的本真狀態和非本真狀態，存在論上都植基於時間性的時間化中。

[7]　文本的詮釋在於拒斥邏各斯中心主義，它不承認中心的存在，認為在場與不在場都不是獨立自主的，每一方都在喚起、激發、暗示和需要另一方，在場與不在場是相互延異、相互增補和相互印證的，語言和文本具有多義性和不確定性。

自己，沒有對文本的某種愛，任何閱讀都是不可能的，每一閱讀中，存在著讀者與文本身體與身體之間的關係，讀者的欲望進入到文本的欲望中。

以身體為文本的閱讀經驗，從不是概念及命題性的知識，而是從更基本的感覺及身體與環境互動形成的意涵，來理解這個生活世界，意涵乃建基於身體經驗，在身體與環境互動當中的意涵，此有如何理解並詮釋這個世界呢？身體經驗與生存環境之間的互動，互為詮釋的文本成了當中涵容依攝的關係脈動，糾結出複雜宇宙論、知識論及形上學及倫理學交錯的奇景，而我們就是以身體為文本的讀經驗來進行生存意義的建構。誠如筆者所言：[8]

> 人最初基本體驗是發生在我們身體內構成的經驗，身體是構成經驗歷程場域，也是所有流逝現象得以呈現場域，自我的覺知即在身體場域發生，也就是身體是建構意義最初場域，意義總在關係脈絡中開展，向世界訴說著一切，向存有訴說一切，一切即在一的源頭發生，在意義源頭動力場中，由此生發。而我的身體是最初的他者，他者與我之間互為辯證的動力交流生發出意義，意義在現象與本質當中擺盪，在擺盪中，拋開目的及工具性枷鎖，朝向無目的價值貞立，身體知覺只是放開，用心靈之眼去觀看，去聽聞生生的節奏。我的身體總是向著世界開展，指向他者，並啟動自我建構意義的循環。

筆者也試圖由神學與道學出發談到身體文本的詮釋。神學或道學必須是不只是學，學不足以呈現靈修的可能性，學必須轉化成為內在智慧或者被體現出來的聖神充滿或道的充滿，才能夠成為足以法式的道路，當我們在閱讀經典時，如何將經典讀進去生命本質，成為此有內在核心，將是我們思維的重點，筆者說到以「身體」為「文本」的閱讀策略，正足以建構出前面所提出疑問的解答，如何將經典讀進去生命本質，如何轉知成智，成為一個活的神學或道學，將是我們探討重點，而這在基督教神學當中，當聖經說到「道成肉身」，早已經有了明示，以「身體」為「文本」的閱讀策略，也就是說明了「道成肉身」的可能性，換句話說，它即是探討閱讀經典「文本」如何改變生活，或者說是改變閱讀者的生命，這閱讀本身的行動效應，成就了我生命可能性的聖化，筆者想要去探討這到

8　參拙著《由東西方來看生命體驗的詮釋對話》，發表於真理大學《博雅教育學報》第二刊。

底是如何發生的呢？也就是說當讀者在閱讀經典「文本」時，如何透過閱讀行動轉化成為我內在生命的動力，以致於與存有接軌，讀者在閱讀經典「文本」時，那根源的力量如何以「身體」作為場域，以致於我透過我對「身體」的「文本」閱讀來呈現主體際性的溝通與交流，換句話說，這些思考乃是扣緊一個問題：「主體性的我如何以『身體』為『文本』，呈現出我與神聖者之間的溝通呢？」我如何透過理性辯證思維話語的可能性，到默觀以『身體』為『文本』場域現象，以致於呈現主體現象心理的轉變。

　　不同哲學家、信仰、文化類型、靈修或修道的傳統指明著「文本」差異中真理的追求路徑，真理的追求不外乎於吾人「身體」體驗，因此如何「將學問納入「身體」（「實踐智慧」），是「以『身體』為『文本』的實踐智慧」最大課題。身處文化交流當中的任何一個「身體」工夫者」都會體悟到「身體」體驗詮釋是如此需要專注》，但「身體」現象是如此不確定），以致於不能執著在任一表面概念去掌握「身體」本然面貌來，如此一來，我們必須去還原「身體」本然，提醒自己不固著於某一學派、想法、人、事、物、信仰、文化等，而去思維關於那保羅・田立克（Paul Tillich, 1886-1965）所言的「終極關懷──新存有」[9]本身，或說是道，或說是神，且就讓「以「身體」為「文本」的實踐智慧」說明一切吧！

壹、由東西方文化當中來看「身體」「文本」的實踐智慧

　　從現象學的角度出發，先於人的理性認知經驗，往往是一種「身體」的感官經驗，而二十世紀以來存在主義的發展，促使人們重新開始重視人的基本「生活體驗」，到了二十世紀中葉，法國哲學家梅露・龐蒂發展以「身體」為基礎的存在現象學，詮釋了「身體」在生活世界構成中的基礎作幅度開展，更進一步提升了「身體」在當代思想中的地位，引發了人們轉回對「身體」的關注，並意識到「身體」是人構成世界的「原型」這一事實（梅露・龐蒂，2001）。梅露・龐蒂基於「象徵原型」模式而重新認識知覺領域，其實知覺領域作為原

---

[9]　「終極關懷」（Ultimate Concern）此一名詞由保羅田立克（Paul Tillich, 1886-1965）所提出，我們所關心的對象：上帝，表現在「道成肉身」的新存有「耶穌基督」身上，展出新存有體現在人的面向，而成為我們關心的議題，因此藉終極關懷關涉到我們的存在與價值，同時這種「關懷」也聯繫著人存在的深層意義。

型，母體是一開放領域，能夠產生多重決定的，它能讓我們不斷經驗事物，追究現實的真實，所以知覺是朝向完形開放性，在這意義上，是被知覺，也是不被知覺。[10]

「象徵原型」（symbolic matrices）是指在潛意識知覺理解下，古老的或原初的意識，這是在佛洛依德的象徵主義啟發下，這樣的與對象關係常超越原本對象所屬的事實領域，是屬於互為主體關係連結，如他所言：「佛洛依德的潛意識被當作是原始或原初意識，這個被壓抑的領域是我們尚未整合的經驗領域，是作為某種自然或內在情結的身體，是某種被好或壞整合的具體存有間的溝通關係。」[11]

梅露・龐蒂指出，現象學的任務是要揭示任何先於科學理論過濾的人類「原初生存經驗」。原初生存經驗是什麼？他透過體驗來感知，這體驗他說到：「現象學的世界不屬於純粹的存在，而是通過我的體驗的相互作用，通過我的體驗他人的體驗的相互作用，通過體驗對體驗的相互作用顯現意義，因此，主體性和主體間性是不可分離的，它們通過我過去的體驗在我現在的體驗中的再現，他人的體驗，在我的體驗中的再現形成它的統一性。」[12]我的體驗與他人體驗交互作用顯現意義，主體與主體間性之間密切關聯使得我的體驗與他人體驗之間如同此有與生活世界交流共感般，在再現中顯出其「同一性」。而「同一性」與差異性的文本身體辯證一直是互相交錯著，所以「體驗」就是筆者所談到的「生命體驗詮釋」。

在這篇章裡，我們嘗試說明所謂「生命體驗詮釋」，就是以身體為文本的實踐智慧的「身體體驗詮釋」，這「身體體驗詮釋」其實就是在差異、多元對比文化當中，體現出形上本體的妙境來，而這就是一種實踐智慧，我在生命妙境中將自己在面對多元、差異思維當中，穿透出一種氛圍，這種氛圍使我不斷追尋、探究，去省察自我生命世界是如何。

這種互為主體際性交流的身體文本閱讀經驗本身說明著「對比」哲學在「身體體驗詮釋」當中乃是找出動態座標軸，去勾勒出生命藍圖所在在過去、

---

[10] Merleau-Ponty, Maurice, *Visible and Invisible*, trans. Alphonso Lingis, Evanston: Northwestern University press, 1968, P.189.

[11] Maurice Merleau-ponty, "Phenomenology and Psychoanalysis", 67.

[12] [法]莫里斯・梅洛－龐蒂《知覺現象學》，姜志輝譯，北京：商務印書局，2001年，〈前言〉頁17。

現在與未來當中有所切換，在傳統與現在、異時空當中，去達成「身體體驗詮釋」，而這是知性形上學面向，去說明出在差異與互補，延續與斷裂之間的一種相互的辯證。

　　在二十世紀後期和這世紀初期一些後現代理論家、社會史學家、女權主義者和文化學者的看法，更進一步就直接挑明說到「身體」就是「文本」。（Bonnie Mann, 2003），所以我們由東西方文化當中來看待以「以『身體』為『文本』的實踐智慧」，西方文化，我選的是《聖經》裡的「道成肉身」來進行說明，東方文化，我選的是《莊子》「為道者同於道」來進行說明。

一、關於身體文本的說法

　　狄爾泰之前，史萊瑪哈（Schleiermacher, 1768-1834）乃是透過發展心理學來重構作者所要傳達的意圖，於是他引入新文本概念，他說文本是生命的表現（Lebensausdruck），是種心理產品。[13]

　　史萊瑪哈認為理解乃是文本作者心理再次體驗，經由重構再行理解，[14]他的詮釋循環乃是透過部分與整體的相互辯證與賦義中，構成了所謂的「詮釋學循環」。[15]

　　史萊瑪哈被稱為「詮釋學之父」[16]。而狄爾泰甚至稱他為「神學中的康德」（張旺山，1986：59頁）。史氏強調「生命存在的一體感」，無論如何個體必須在直觀與感受的統一中，與那「永恆者無限者」結合為一，這是人生意義彰顯。他的詮釋學貢獻即是他提出「理解」的歷程及活動，他強調從文本中理解個人獨特的創造主體性，而這就是「技術的詮釋」（沈清松，1983）。

---

[13]　洪漢鼎：《詮釋學——它的歷史和當代發展》，人民出版社，2001年，頁213。

[14]　施萊馬赫認為：「有一種作者所特有的理解，而讀者只是重構它」。對於施萊馬赫而言，理解就是建基在重構的基礎上，讀者之所以可以理解文本，就是因為讀者可以重構作者的心理。參照 Schleiermacher. *Hermeneutics: The Handwritten Manuscripts.* Heinz Kimmerle (ed.), James Duke and Jack Forstman (trans.) Atlanta: Scholars, 1986., p.44.

[15]　*Ibid.*, pp.117-147. Schleiermacher. *Hermeneutics: The Handwritten Manuscripts.* Heinz Kimmerle (ed.), James Duke and Jack Forstman (trans.) Atlanta: Scholars, 1986.

[16]　史萊瑪哈是近代德國的哲學家兼神學家，曾為叔本華的老師。Schleiermacher的祖父也是牧師，曾因所屬教派被指為信奉假先知而遭受宗教責備，父親則因戰爭關係定居於宗教改革派流亡者的群居地（鄧安慶，1999），他對於對於宗教的詮釋，認為應該揚棄傳統以「理性」與「道德」來理解宗教的角度，而應由「情感」或「感受」去體認宗教。（雋飛，1988b）

　　所以按筆者理解這樣的技術就是傅柯所言的「工夫」，或者是中國的「即工夫即修養」，這工夫就是「身體體驗詮釋」，「身體體驗詮釋」按史萊瑪哈所言即是對「語言」的專注及對作者「主體性」的注意（馬飛，1988b），筆者以為這就是對於身體的語言及主體性的專注，它視理解為動態歷程，這理解就是互為主體際性交流的身體文本閱讀經驗，它本身說明著「對比」哲學在「身體體驗詮釋」當中乃是找出動態座標軸，去勾勒出生命藍圖所在在過去、現在與未來當中有所切換，在傳統與現在、異時空當中，去達成「身體體驗詮釋」，它是動態歷程，它是創作也是閱讀來進行作者與閱讀者之間絕妙互動，它的動態歷程也說明著「身體體驗詮釋」以身體文本為核心的辯證閱讀去說明出在差異與互補，延續與斷裂之間的一種相互的辯證。

　　史萊瑪哈講的「詮釋循環」（her meneutical circle）就是說明無限延異的因為人類的理解動態歷程，不斷來回在理解並嘗試釋義即構成證釋循環。這裡頭有著整體與部分的相互盤旋理解。這樣的盤旋理解就是非線性，而是呈現螺旋性上升，以直觀契入體驗不同的理解歷程。

　　「體驗」意涵是很關鍵字。狄爾泰的生命哲學乃是透過共同心理基礎去了解整體生命意義，狄爾泰以為精神科學與生命相通，精神的客觀物都是「生命表現」，而對它的解釋或理解乃是體驗其內含的生命，理解其有效手段便是「體驗」（Erlebnis），這詞保存著經歷意味，也保持著存活的意思，對意義的理解乃是由生命客觀物反到它們富有生氣的生命性（Lebendigkeit），這是一種返回，而體驗構成流逝的時間性，形成永恆的意義的統一性，生命本身詮釋自身，所以狄爾泰著重自傳，以為它是最美的詮釋。[17]

　　所以呂格爾說到「狄爾泰的工作甚至比施萊爾馬赫的工作更能闡釋詮釋學疑難，即把理解文本歸入理解那個在其中表現自身的他者之法則。如果此事業基本上保持為心理學的，那是因為它不是把文本說什麼，而是把誰說它規定為解釋的最終目的。同時，詮釋學的對象不斷從文本、從它的含義和指稱，轉換到文本中所表現的活生生的經驗。」[18]

　　而筆者以為這是針對在生活世界的此有的「生命體驗」，可以去掌握的，

---

[17] [德]漢斯・格奧爾格・伽爾默爾：洪漢鼎譯，《真理與方法》上卷，上海：上海譯文出版社，2004年，頁85，頁293。

[18] Paul Ricoeur, *From Text to Action: Essays in Hermeneutics*, II, Translation of Du Text à l'action, Translated by K. Blamey and J.B. Thompson. London: Northwestern University Press,1991,p.62.

所以當我們說去詮釋文本經典，必由人類此有（Dasein）活生生體驗的詮釋（Interpretation）[19]中完成的，關於這一技術的科學就是詮釋學，[20]這也就是海德格所言的「此有」現象詮釋學[21]。

筆者以為就是「此有的身體體驗詮釋」，[22]然而海德格並未對文本概念進一步清晰化，或者海德格並未真正去談理解對象問題，海德格著重詮釋學面向是關注那理解的存在者是如何存在問題，也就是理解者的存在方式，海德格放棄希臘及父神父而來的所謂空間化的時間模式[23]，而呂格爾進一步說「理解一段文本不是去發現包含在文本的呆滯的意義，而是去揭露由該文本所指的存在的可能性。」[24]文本存在的可能性，比較是由行動中的生命文本來進行文本「身體體驗詮釋」，而在爾後的高達美則是以為要去澄清理解如何發生問題，他以為文本有著與我們自身參與不可分的更多東西，因此在高達美的《真理與方法》當中，他使用了藝術、歷史與語言來說明這個問題本身。[25]這樣的文本觀點比較是動態或說是參贊式生命文本概念，也可以說是行動式的生命文本，這樣的文本不是停滯不前的文本概念。

呂格爾（Paul RicoeurJean, 1913-2005）也關心「主體進入真理」的核心問題，他由文本[26]切入這個核心問題，文本詮釋學藉由對於「文本」與詮釋者間存在「間距」的「融攝」以達到真理與自我存有的理解開展，換言之，這開展是一種「融攝」的過程。（Ricoeur, 1991:119）

筆者以為，呂格爾要講生命本身是行動中的文本，當我在自我詮釋反省

---

[19] *GS VII*, S.217. 狄爾泰說到詮釋是在對殘留於著作中的人類此有（Dasein）的詮釋（Interpretation）中完成的。

[20] *GS VII*, S.217.

[21] 胡賽爾（Edmund Husserl）曾提出即「返回事物本身」，藉由「存而不論」（epoché）達到「本質直觀」；對現象學而言，如何返回事物本身，是重點，然而對海德格而言，必然真理以及超驗的還原或自我的結構的追求，已不是重點，海德格從現象學（Phänomenologie）語詞去追「顯示自身的、明顯的、揭示出的東西」，海德格所要表明的現象學意味著讓事物如其本身所是那樣的顯明。

[22] 此有，原文為Dasein，是由Da（此）和Sein（存有）二字所組成特指人的「存在」（existenz）。

[23] J.希利斯·米勒：《重申解構主義》，中國社會科學出版社，1998年版，頁25。

[24] Paul Ricoeur, *From Text to Action: Essays in Hermeneutics*, II, Translation of Du Text à l'action, Translated by K. Blamey and J.B. Thompson. London: Northwestern University Press,1991,p.66.

[25] 姚滿林著《利科文本理論研究》，北京：社會科學文獻出版社，2014，頁49。

[26] 所有有意義的人類的行為或行動都可以被當作文本來閱讀，而隱喻是「文本」的最小單位。文本透過這種大小隱喻的互詮辯證關係是不斷創造釋，是一種詩意的動態，不斷生發著（Ricoeur 1991:180-181）。

時，也代表著「文本的身體體驗詮釋」，它是透過此有不斷去重說故事，經由重說當中，找尋生命價值意義，（Thompson, 1998, p.320）[27]，於是對文本身體體驗詮釋，使得形上生命價值與文本本身有了連結，它生命文本史的重述。這樣呂格爾的「文本」「身體體驗詮釋」，延續著狄爾泰對於「人同此心，心同此理」、「身體體驗詮釋」而來，它是「生命學問」。以身體為文本的實踐智慧並不是僅「同一性」還原而已，所以德里達說到：「一個存在被經歷；而在後一種情況下，一個存在被設定。一般說來，它與真實情況並不相符。相互的理解恰恰得到某種活動的關係，這些心理活動在表現和對表現的把握中向各個方向發展，而在哪裏它們都沒有完全的「同一性」。」[28]這身體文本，一個被經歷的存在文本不應被設定，它是在動態歷程中，流變歷史裏，不同文化對境當中被相互理解，它不具有完全的「同一性」，它向著各個方向發展，不斷生成發展中，它是播撒的狀態，而這身體的文本，所謂這個「文本」，若按德希達來說文本的話，文本的生成是自身的播撒，而播散乃是主體參與的書寫，如此，文本是開放的，生成與理解相輔相成，它是在流變生命時間裡掌握。

二、《聖經》裡的「道成肉身」出發講到「身體」「文本」的實踐智慧

　　「以『身體』為『文本』的實踐智慧」是實踐的動態智慧，它預設了一個前提，那就是「道成肉身」的可能性。「道成肉身」指的是說此「肉身」不是孤立的肉身，而是「可以神化或道化或是靈化的肉身」，此「肉身」說明身心是相關且相依屬的。

　　「道成肉身」說明著「道」落實在「身體」同一與差異辯證運動現象的「感知詮釋」裡，如同真理乃在「身體」實踐體現裡，而「身體」感知觀察流變的微妙處，可以切入神祕的知識體悟，進入真理體悟裡。

　　「以『身體』為『文本』的實踐智慧」把握此有在生活世界的「身體」狀態，接著詮釋在動態辯證中的「身體」各種覺知感受，去體驗所有「身體」覺知感受與「存有」相依相屬的所有可能性，接著描述接受所有發生樣態，讓「身體」是其所有，讓真理有所揭露。

---

[27] John B. Thompson, "A Response to Paul Ricoeur," in Paul Ricoeur Hermeneutics and th Human Sciences,ed. John B. Thompson, (Cambridge: Cambridge University Press, 1998)

[28] [法]雅克・德里達著《聲音與現象》，杜小真譯，北京：商務印書館，2010出版，頁49。

「道成肉身」說明著以「身體」為「文本」的實踐智慧，其實就是說明《聖經》說到耶穌的「身體」為「我就是道，我就是真理，我就是生命」，「身體」本然面貌應是與真理無異，「道」、「真理」與「生命」說明了「以『身體』為『文本』的實踐智慧」的可能性，「真理」體現吾人「生命」中，呈現出「道」的狀態，以我「身體」為場域而被感受覺知到，而這樣的體現是以「身體」為「文本」的實踐智慧。

三、莊子說到「為道者同於道」的「身體」「文本」的實踐智慧

我們特別可以由東方思想的修身或者養身來說明這「道成肉身」。「道成肉身」的說明其實就是「身體」辯證運動現象學：我以為就是「以『身體』為『文本』的實踐智慧」。所以「以『身體』為『文本』的實踐智慧」，其實說的便是身心互為影響的「身體」觀，由「身體」的覺知感受深刻體驗，來說明由「身體」體驗詮釋之所以使「身體」接近的真理的可能性。莊子講到「為道者同於道」就是「以『身體』為『文本』的實踐智慧」，道體現在吾人自身，所以「為道者是有可能等同於道的」。

「為道者是有可能等同於道的」，觀者需要「以『身體』為『文本』的實踐智慧」，去達到道的境界，如此等於是去說明為道者可以在自身內觀內在於道的可能性，如此乃是「觀者等同於被觀者」，而為道者也必須透過「以『身體』為『文本』的實踐智慧」去說明「為道者等同於道」的可能性，就如同「觀者與被觀者有可能等同」。

小結

換言之，「以『身體』為『文本』的實踐智慧」說明了每個人都可能邁向真理，「以「身體」為「文本」的實踐智慧」說明了在不同領域對談當中，都可能有真理浮現，尤其在跨文化時空的對談中，它是有可能透過「以「身體」為「文本」的實踐智慧」來進行對談的。以「身體」為「文本」的實踐智慧」說明著此「身體」是被書寫和被閱讀的「文本」。以「身體」為「文本」的實踐智慧」是實踐的動態智慧，它說明著一個被書寫和被閱讀的「身體」就是一個「文本」，「文本」是多元不確定且差異的現象呈現，所以需要不斷進入「詮釋的循

環」裡，以致於我們慢慢有了近乎全知觀點去貼近「真理」。

以「身體」為「文本」的實踐智慧」說明著身體同一與差異辯證運動現象學」：「身體」它更是動態、流動不斷變化的載體，它說明「身體」是一個有不同情緒感受的、一個動態的、流動的和一直改變的活體（A moving, flowing and changing organism）。

以「身體」為「文本」說明著「身體」本身是各種力量的發生及開展的基本「空間」場域，如同曖昧交織的各種鮮活意義，所以我們可以由「身體」想像所依循創造性想像和圖像思考來回歸「最原初的奧祕」為何。再由「身體」觀照去建完形般的「身體」主體際性的交流。

中國人講「心、氣、形、性、天人合一」，西方人講「聖神三位一體」，或者說聖經的道及道家的道，其實都在說明著以「『身體』為『文本』」的實踐智慧，無論如何他們都是以身體為文本來進行對話，是同一與差異的辯證對話，這辯證對話是種動態歷程，它托帶出曖昧的存有學，這也是認知形上學的一環，西方向東方借鏡走出傳統形上學，進行以身體觀照的形上學認識論轉向，克服了原先對立狀態。兩方其實都在使「身體」與自然、人文、超越界，達到對話，以致於回覆感通交流，這是「凝然觀照涵攝」活動。

在此「凝然觀照涵攝」活動中，「身體」主體是「互為主體性」，「身體」觀照經驗使主體「互為主體性」意涵，得以獲得深刻存在關連。在「身體」觀照經驗中，人向神聖經驗達致，欲圖畫出「存有根源之所與人的認知」，獲得一種「視域融合」，這是一種結合理性與非理性交流與會通，也是一場去除本位自我，藉以體驗到萬物為一的存有狀態。

鄭明河以德勒茲與瓜達里來說明這樣的「天人合一」想法，據聞兩人著迷於神祕「天人合一」想法，他們提出了塊莖（rhizome）來說明各式各樣的生成 all manner of "becoming"[29]。

鄭明河以為這是東方塊莖模式，它無法簡化成為唯一（the one），更不是由「一」衍生出來的「多」（the multiple），誠如德勒茲及瓜達里說到塊莖「是由……各種處於運動狀態的方向所構成。」[30]鄭明河解釋了這是「生成創造了自

---

[29]　[韓國]鄭明河（Trinh T.Minh-ha）著《他方，在此處——邊居、逃離與邊界記事》（*Elsewhere, Within Here: Immigration, Refugeeism and the Boundary Event*），臺北：田園城市，2013，頁133。

[30]　Gilles Deleuze & Felix Guattari, *A Thousand Plateaus*, trans, B. Massumi (Minneapolis: University of Minnesota Press, 1987), p.25.

己,因為它秩序不是父子親嗣關係,而是結盟。所以生成起碼牽涉到一個雙重運動,因為事物生成本身也是生成。」[31]

德勒茲與瓜達里提到塊莖由高原組成,鄭明河解釋為它是「『位於中間,介於事物之間,相即相入(interbeing)[32],是間奏曲』,沒有巔峰與終點,它運動方式是來來去去,而不是開始和結束。中間『不是平均值……介於事物之間,並不表示有一個定域化的關係(a localizable relation),可以從一物走到另一物,爾後再折返,而是……一條沒有起點或終點的溪流;起點和終點侵蝕兩岸,河道中段則水流湍急。』」[33]處於中,鄭明河以為事情可以往任何方向發展,人行其中,展現自由度,人時時醒察,權衡重心,繼而改變,將變動帶入自己身體運作裡,並且化解掉。

筆者說到以「身體」為「文本」的閱讀策略,當聖經說到「道成肉身」,早已經有了明示,以「身體」為「文本」的閱讀策略,也就是說明了「道成肉身」的可能性,換句話說,當讀者在閱讀經典「文本」時,透過閱讀。

行動轉化成為我內在生命的動力,以致於與存有接軌,讀者在閱讀經典「文本」時,那根源的力量如何以「身體」作為場域,以致於我透過我對「身體」的「文本」閱讀來呈現主體際性的溝通與交流,以「身體」為「文本」的實踐智慧是實踐的動態智慧,它說明著一個被書寫和被閱讀的「身體」就是一個「文本」。

所以接下來,我們要問的是以「身體」為「文本」的實踐智慧:「主體性的我如何以『身體』為『文本』,呈現出我與神聖者之間的溝通呢?」

這個問題是說明著,我如何透過理性辯證思維話語的可能性,到默觀以「身體」為「文本」場域現象,以致於呈現主體現象心理的轉變。

所以接下來我們先處理以「身體」為「文本的實踐智慧」乃是就「身體」感知現象,就感知現象部分處理「現象即本質」真諦,再更接著處理進行主體性的我如何以「身體」為「文本」,呈現出我與神聖者之間的溝通方法——我們將在之後以「身體默想」到「身體默觀」來說明我與神聖者之間溝通方法。

---

[31] [韓國]鄭明河(Trinh T.Minh-ha)著《他方,在此處——邊居、逃離與邊界記事》(*Elsewhere, Within Here: Immigration, Refugeeism and the Boundary Event*),臺北:田園城市,2013,頁134。

[32] 按鄭明河解釋這是華嚴宗的緣起說,「相即」意思為法不孤起,萬事萬物相依存。頁134。

[33] Gilles Deleuze & Felix Guattari, *A Thousand Plateaus*, trans, B. Massumi (Minneapolis: University of Minnesota Press, 1987), p.25.

貳、以「身體」為「文本」的實踐智慧乃是就「身體」現象來說明

一、「身體」體驗的現象本身，那是「身體」同一與差異辯證運動的現象學

　　以「身體」為「文本」的實踐智慧乃是說明以知性形上學的進路將形上知識體悟出來，體現真理在「身體」自身，它破除身心二元的割離斷裂，由主體我出發追尋真理體現，然去除對我的執著固執，採取「虛己」的樣貌，不斷消損自我。

　　在不同的文化烙印之中「身體」面向當中，不同現象、不同的意識流當中去直觀那顯現的「現象」本身，然後「即現象即本質」。

　　所以詮釋的對象就是「身體」體驗，詮釋者本身所做的事情即是觀察「身體」體驗的現象本身，那是詮釋者「身體」同一與差異辯證運動的現象學。這指出了以「身體」為「文本的實踐智慧」連結了「身體」與念頭（心念）的轉換，它也打破對單一面向的執著，訓練自己成為不斷「空己」的狀態去掌握那流變的身體」與意識現象本身，在「迷—悟」之間找到「身體」實存之處。

二、「身體」體驗觀察到的實然現象描述與解讀，揭露「現象就是本質顯現」＝「身體」本然面貌顯露

　　胡氏堅持依循笛卡兒（Rene Descartes, 1596-1650）的積極懷疑路徑，胡氏稱之為Epoche或稱「放入括弧」，又稱為「現象學的還原」（reduction）。[34]「身體」想像認識觀也希望將過去所有的知識與現有的想法全部括弧，使其完全自由而專注認識並描述所關心的對象，也就是現象學所說的「關注事物」（Zur Sache Selbst）本身透顯的意義。透過「身體」體驗觀察到的實然現象描述與解讀，揭露「現象就是本質顯現」，換句話說，「以『身體』為『文本』的實踐智慧」也是那「身體」現象本然面貌的顯露。

　　當然也有人批判胡塞爾追求純粹性的生活取向，如日本學者鷲田清一就在

---

[34]　見胡塞爾著，李幼蒸譯，《純粹現象學通論》，臺北：桂冠，1994，頁113。

他的《梅洛－龐蒂》一書前言中講到了一個故事，說到了胡塞曾經孤寂的心回憶自己幼年時期：別人給了他刀，但因刀不夠鋒利，所以反覆地磨，以致於對磨刀入迷，到回神時，刀已成了卷刃，切不了任何東西，以此故事等同於胡塞爾的一生縮影。[35]

　　胡塞爾對意識的意向性重視成了這故事縮影。胡塞爾一生對純粹性過份追求延誤了哲學的證立，奠基本身目的追求遠大於奠基實際意義。胡塞爾的「純粹」（rein）在《純粹現象學和現象學哲學的觀念》[36]中，就倪梁康《純粹與不純粹的現象學》一文解析中是相對於淨與染的概念，純粹與淨化過程相關，這「純化」（reinigung）或還原（reduktion），「純化」以兩方面進行，一是現象學──心理學的「純化」，一是先驗現象學的「純化」，筆者不過度瞭解胡塞爾的概念，但這概念可以說是究其身體意識的純化部分著，筆者以為「純化」其實就是回歸到「身體」現象本然面貌應該是什麼。

　　「身體」現象本然面貌應該是什麼？特別是在新舊交替、傳統與現代夾縫當中，「身體」現象本然面貌又是什麼呢？關於那終極價值的體悟又是什麼呢？在生與死當中，所引發的思考又是什麼呢？而在不同信仰體系之下，人們該如何去思考並且去面對「身體」現象本然面貌呢？

　　在後現代多元差異當中，又該如何穿透「身體」雜多去找尋「身體」現象本然面貌呢？不同文化體系，不同的思維邏輯所指向「身體」現象本然面貌又是如何呢？所有的問題都告知我們一個事實，那就是必須以真誠的「以身體」為「文本」的實踐智慧去說明「身體」現象本然面貌來，特別是在不同文化型態當中，透過以「身體」為「文本」的實踐智慧去說明「身體」現象本然面貌應該是如何形塑出來。

三、「身體」現象本然面貌可說是「身體」原型

　　「原型」（希臘文arch，喻初始、根源；typos指形式、模式）這概念出現在十九世紀下半葉，而榮格將「神話與原型」融合在一起，於是榮格提出了「集體潛意識」（Jung 1965:158-61）說明著每個人心理底層蘊含著人類史前以來所有

---

[35] 鷲田清一：《梅洛－龐蒂──認識論的割斷》，劉績生譯，河北教育出版社，2001年，頁1。

[36] 這本書第一卷第一句便是「我們在這裡探尋邁向純粹現象學之路」，如此他被稱為超越論（transcendental）

內容，[37]「集體潛意識」由各種「原型」構成（Jung 1968:504）。[38]

那個「身體」現象本然面貌，我們姑且說是「身體」原型，「身體」現象本然面貌的顯露就是「存有開顯」，也是「真理的顯露」，也就是「身體」原型可以在不同的「身體」情調中被看見，「原型」，它們融入文化中與他人或與靈性本身互動。它透過身體向世界開放。（Stein, 朱侃如譯, 2001:96）

筆者以為綜上所述，我們可以如此說明道或說是本體的道可以透過不同的人，不同的信仰，不同的經典，不同的領域範疇被看見，透過以「身體」為「文本」的實踐智慧說明了這件事：「身體」原型被看見──是有可能可以成就的。

我曾寫過不同文章說明讓「身體」原型呈現出來可能是可以成就的，以各種不同「身體」體驗詮釋來出現，透過不同的哲學家〈柏格森、胡塞爾、王陽明、梅露・龐蒂、聖十字若望、海德格、馬塞爾、莊子等人〉、不同文化思考〈東西方〉、不同的信仰〈禪宗、道家、基督教〉、不同的生死關懷〈《聖經》當中的死亡觀與西藏《度亡經》當中的死亡觀〉，不同的領域〈哲學、文學、神學、歷史、美學〉去說明「身體」現象本然面貌該是如何。

以「身體」為「文本」的實踐智慧是個趨近真理的方法，然方法本身變化萬千，但並不違真理的顯現，變化代表是多，而真理是一，「存有與思維」正是在「一與多」、「現象與本質」、「真理與方法」當中去透顯「此有如何走向存有開顯」。

筆者一直研究跨文化東西方對談，強調「以『身體』為『文本』的實踐智慧」是方法，也是進入真理之門，使得「身體」原型可以透過不同對談被看到的可能性。而這也是高達美「真理與方法」所揭櫫的問題：是真理也是方法，更是與境界玄同的神祕對話。

誠如奧托[39]所言：奧托認為人面對神聖有驚駭感及威嚴感，這神祕經驗呈現自己就宛若是全然的他者（wholly other），人感到深玄，覺得自己只是受造

---

[37] 榮格把潛意識分為兩種：一種是個人潛意識，另一種是集體潛意識，它是在人類祖先不斷重複的經驗上所產生的「原始意象」。所以集體潛意識的內容便是原型──「原始意象」。榮格解釋說：「原始意象即原型」──無論是神怪、或是人、還是一個過程──都總是在歷史進程中反覆出現同一個形象。

[38] 朱剛著，《20世紀西方文藝文化的批評理論》，臺北：揚智，民91，頁86-95。

[39] 魯道夫・奧托（Rudolf Otto, 1869-1937）是宗教現象學重要人物，他的《論「神聖」》（The Idea of Holy）被依利亞德在《聖與俗》（The Sacred and the Profane）稱許。依利亞德，《聖與俗：宗教的本質》，台北，桂冠，2001。

物，只是塵埃。

　　奧托書中談到「神聖」即「神聖者」（the Holy），它是一種全然殊異（suigeneris）且不可化歸其它的"das Numinose"，這是對神既敬怕畏懼卻又嚮往著迷的感情交織的心理狀態。[40]他說到：「令人畏懼的神祕，對它的感受，有如微波徐來，心中充盈著一種深深的敬仰的寧敬心情。它繼而轉化為一種為穩定與持久的心態，不斷輕輕振顫和迴盪，直到最後寂然逝去心靈又回到世俗的，非宗教的日常狀態，它能帶著痙攣與惊厥從靈魂深處突爆發出來，或者變為最奇特的激動，變成如醉如痴的狂亂，變為驚喜，變為迷狂。」

　　人與神會遇存在著「神祕、超自然」（numionous）的感覺，這是一種「全然不同於」日常生活體驗，這種經驗混著恐懼、戰慄、欣喜、和虔敬等感情的交織，令人目炫著迷且畏懼著，而這種夾雜交織複雜的情感是神聖吸引人地方。

　　其實不同哲學家、不同的東西方思考、不同信仰，不同的生死關懷及不同領域當中都讓我們看見真理被體現的可能性，無論是道學或是神學，實踐「身體」現象本然面貌，還原成「身體」的原型。

　　回到「身體」的原型，其實就是回到身體現象本然面貌，這曖昧混沌存有之源，這根源所是神聖者居所，事實上，奧托不是第一位講到神聖者概念。奧托在1910年採用「神聖感」，他的「神聖感」論述除了《論神聖》外，《史萊瑪哈如何重新發現神聖感》和《親岑道夫（Zinzendorf）發現聖秘感》兩文中。[41]

　　另外，瑟德布洛姆（Nathan Soderblom, 1866-1931）也被認為是最早提到「神聖」概念的學者之一，他認為：神聖是宗教中的主要概念。[42]詹姆士（William James, 1842-1910）也提到了神聖概念，他寫到：「宗教……是人在獨處時，與神聖對象關連所發生的感情、行為和體驗。」[43]而伊里亞德（Mircea Eliade），關心「神聖的整體狀態」（the sacred in itsentirety）[44]，並且說明神聖

---

[40] Rudolf Otto著，成窮、周邦實譯：《論神聖》（*The Idea of the Holy*，德文原著：*Das Heilige*），四川：人民出版社，1995年，頁6，1-48。

[41] 後來（1932）奧托又進一步將親岑道夫作為史萊瑪哈的先驅。親岑道夫曾於1745年發表的論文《對宗教本質的自然思考》。

[42] Nathan Soderblom, "Holiness (General and Primitive)", in Hastings, J.(ed.), Encyclopeadia of Religion and Ethics VI (1913), pp.731ff. Soderblom N.瑞典學者

[43] William James著，唐鉞譯：《宗教經驗之種種》（*The Varieties of Religious Experience*），臺北：萬年青，1947年，p.30。

[44] Mircea Eliade著，楊素娥譯：《聖與俗——宗教的本質》（*The Sacred & Profane: The Nature of Religion*），臺北：桂冠圖書公司，2000年，p.61。

與世俗對立，進一步說明神聖時間與空間。[45]

　　無論是聖經或道家的「道成肉身」，實踐「身體」現象本然面貌，還原成「身體」的原型，並且與神聖者會遇。

　　若用海德格語言來看實踐「身體」現象本然面貌，還原成「身體」的原型與神聖者會遇，那便是「存在一剎那間被彰顯開來」，海德格談到：「時間就是此在。此在是我的當下性，而且我的當下性在向確知而又不確定的先行中能夠是將來的東西中的當下性。此在始終以一種他的可能的時間性存在的方式存在。

　　此在就是時間，時間就是時間性。此在不是時間，而是時間性。因此「時間是時間性」這一基本陳述乃是本真的規定——它不是一個同詞反覆，因為時間性的存在意謂著不相同的現實性。此在就是他的消逝，是在向這種消逝先行中的可能性。[46]

　　海德格這句話意謂著，此在現象學當下呈現即是時間性，那是不斷迴返的本然狀態，每次本真揭露不是同樣的狀態，而是當下呈現的時間性現象，它是在先行流逝的可能性當中。

　　這讓我們想起老子的「逝曰遠，遠曰反，反者道的動」的說法，在動態參贊宇宙大化之流當，我們觀照無以名之之道，而呈現無現本源的現象時間性，那不斷消逝的此在現象，當下即是，所以海德格說到：「只有根據綻出視野的時間性，此在才能闖入空間。世界不現成存在空間中；空間卻只有在一個世界中才得以揭示。……此在存在建構的本質結構本身在生存論上必得被回收到時間性之中」[47]

　　按海德格說法所以存在者「在其存在的根據處是時間性的，所以它才歷史地生存著並能夠歷史性地生存」[48]。那真理「身體」實踐出來便是你我的共同的「身體」價值，也是「身體」終極關懷面向。實踐「身體」現象本然面貌，還原成「身體」的原型是一種復歸。「復歸」只是一種稱謂，不是時間的回歸，而是原型特質的回歸。而且，回歸是某種自然本性的重現，最主要的意義在於動態的生成。[49]觀察神話、巫術與宗教信仰瀰漫下的人類，就是以自己「身體」的原型

[45] Mircea Eliade著，楊素娥譯：《聖與俗——宗教的本質》（*The Sacred & Profane: The Nature of Religion*），臺北：桂冠圖書公司，2000年，頁73。

[46] 海德格：《時間概念》、《海德格爾選集》上卷，上海三聯書店，1996年，頁24。

[47] 海德格：《存在與時間》，（修訂譯本），北京三聯書店，1999年，頁419。

[48] 海德格：《存在與時間》，（修訂譯本），北京三聯書店，1999年，頁427。

[49] 維柯的《新科學》所認識的世界就是人類自身所創造出來的這個世界，亦即通過詩性智慧所真實

去構想宇宙的形態、社會的形態、乃至精神的形態，西方人卻到了十九世紀末、二十世紀才回頭重新開始注意到這種現象。

參、以「身體」為「文本」的實踐智慧乃是透過「身體想像」及「身體觀照」進行

以「身體」為「文本」的實踐智慧也是那「身體」現象本然面貌的顯露。以「身體」為「文本」的實踐智慧透過「身體」體驗觀察到的實然現象描述與解讀，揭露「現象就是本質顯現」，以「身體」為「文本」的實踐智慧，它說明著一個被書寫和被閱讀的「身體」就是一個「文本」。「身體」就是一個「文本」，當我在閱讀「身體」時，其實就是在閱讀「文本」

就後現代文本觀來說明，一個閱讀「文本」者，也是一個「參與創作者」，當你閱讀時，「作者已死」，而你是主觀創作者，也是閱讀者，閱讀材資為什麼呢，其實就是以「身體」看到「話語」之後，而「話語」透過「身體想像」到「身體觀照」之後所呈現出來的感知變化。

換句話說，話語不是單純學而已，話語透過你的閱讀，想像及觀照，話語有著神奇力量，指明著你與神聖他者溝的可能性，這好比是由《聖經》所啟示的「道成肉身」：說明著「道」落實在「身體」同一與差異辯證運動現象的「感知詮釋」裡。

如此詮釋者變成被詮釋者，「話語」透過「身體」這個空間場域而有所切換，呈現出「道」的境界在身上體現，換句話說，呈現出我與神聖者之間的溝通方法——我們將在之後以「身體想像」到「身體默觀」來說明我與神聖者之間溝通方法。羅蘭・巴特言：「不存在閱讀的客觀和主觀真理，而只有遊戰的真理，遊戰在此不能理解為消遣，必須看作為工作。閱讀就是使我們身體積極活動起來，處於文本之符號、一切語言的招引之下，語言來回穿越身體，形成句子之類的波光粼粼的深淵。」

掌握的世界（蔡瑞霖，1999）。筆者以為他要說明的是**詩性智慧**是每個人自然而生，詩性乃是創造動力引領人回歸。

一、「身體的想像」

人的「身體」是「實在象徵」（real symbol），不只在人外在的臨在方式，而且是人本身可以運用「身體的想像」來表達看不見，且內在的一面。人如果不藉著記號、符號、隱喻等，人無法認知和了解神聖自己，正如卡西勒（Ernst Cassirer）說：人是「象徵的動物」，筆者以為在真理的顯或顯中，「象徵」是宣稱真理最好方式。[50]

龔卓軍為文精闢的「身體的想像」同一與差異辯證分析，說明了我們透過「身體」原初「文本」對世界的描述，回到意識之前最原初的基本脈絡，來進行在概念思考和邏輯思考之前的「身體」圖像思考。[51]

筆者以為「身體的想像」（imagination）乃是去形構出對圖像思考，而產生某些中介物如「形象」（image）。[52]「身體的想像」藉由某些有形之物「形象」（image）去勾勒出某些意識與潛意識結合而成的「我對世界的知覺」為何，換句話說，「身體的想像」藉由中介「形象」，去揭露某些「存有」本身，那種不可言喻的「存有原初體驗」。

在概念思考與邏輯思考之前面的應是以「身體的想像」為基礎回歸到最原初存在經驗，最深核心奧祕中。[53]在概念思考步入圖像式思考中，「身體的想像」是處在語言模糊地帶，所以常使用不得已的語言資藉，如「隱喻」（metaphor）、「象徵」（symbol）、「神話」（myth）的使用一樣。

「身體的想像」不是停留在表面的話語和形象上，而是在行動中投入認識不同的「身體」語彙和形象，從而體現那不斷超越的永恆。我們經驗到的生命便是心靈的真實。從這個角度而言，即使是「虛幻」的經驗也是真實的。我們是以

---

[50] 卡西勒著，甘陽譯《人論——人類文化哲學導引》臺北：桂冠，民1997，頁39。

[51] 身體原初文本對世界的描述，是在本能推動和知覺作用之下形成「圖像思考」或「潛意識推理」，這統稱為「身體思考」，主要中介是「形象」（image），而生產形象的作用是想像（imagination）。這是對意識層面分析運作所採取的方法學上的對策與迂迴。

[52] 參龔卓軍的文章〈身體與想像的辯證：以尼采《悲劇的誕生》為例〉http://humanum.arts.cuhk.edu.hk/~hkshp/zhesi/zs7/gart1.htm

[53] 康德是停留在主體與客體中作概念局分，執著於知識上的懷疑論，然而身體想像的認識可以將此執著作超越。《登山》書中，十字若望針對己熟練靈修的人，而非像《登山》書中的初學中提出進一步的三個標記。十字若望提出相類似的三個特徵，人可由此知道何時由「身體的想像」進入「身體觀照」中。

意象來知覺內在與外在世界。

　　這也就是現今語言學為何著重視那那曖昧不明的語言，如「隱喻」（metaphor）、「象徵」（symbol）、「神話」（myth）等著手的原因。例如義大利人維柯（G.Vico）在《新科學》提出新的神話概念——「詩性智慧」。[54]

　　維柯揭示「認識真理憑創造」之觀點，而其創造的原動力則來自於人天生「詩性智慧」。《新科學》所倡議之人本創造，其核心均環繞在創造力的根源——「詩性智慧」。他說神話英雄都是「想像性的類概念」。然而神話並非隨意的創造，而是古代人類認識事物的「隱喻」方式，是一種「以部分代全體」的直觀經驗法則。

　　「身體的想像」乃是針對意識層面分析運作所採取的「方法學上的對策與迂迴」。這點我非常認同龔卓軍的見解，「身體原初文本」對「生活世界」的描述，透過「身體的想像」，依著本能或者潛意識而形構成的「形象」圖像思考，去揣想真理隱而未顯的「面容」。

二、「身體觀照」

　　「身體的想像」認識觀也希望將過去所有的知識與現有的想法全部括弧，使其完全自由而專注認識並描述所關心的對象，也就是現象學所說的「關注事物」（Zur Sache Selbst）本身透顯的意義。這樣的「關注」，成為「對話式對話」的開始透過「身體的想像」，「身體」可以「觀照」其圖像式的「經驗現象」，這圖像式「經驗現象」是由靈魂深處發出，可讓人體會某意義，它暗含著某種文化時空氛圍，夾帶傳統進入現在眼光裡，不斷澄清、理解與溝通，於是乎一種「爆炸性經驗之知」便出現了[55]。

　　然而不管是透過「身體的想像」認識觀以類比、想像轉化成有形信號、記號、符號、神話、儀式，最後都必須「身體觀照」當中，這是在語言去除，直接

---

[54]　維柯於1725年出版《新科學》（*The New Science*）一書當時並未受注意，其書題材很廣，涉及題材包括法律、宗教、歷史、語言學、社會學、政治學、人類學、神話學、社會心理學等領域，其書主旨為「人類歷史是由人類自己創造」、「認識真理憑創造」之觀點，強調人類創造對歷史發展的重要性，理想的歷史就是遵循永恆普遍規律向前發展的動態歷史，研究這種歷史的才是「新科學」。朱光潛譯，G.Vico著，《新科學》（上）（下），北京，商務印書館出版，1997年。

[55]　這裡關乎主體性「神祕經驗」的過程，也是呂格爾所言「自我宛若它者」的神祕交流知識的可能性。

面對「存在」的理解、詮釋與對話。

　　換言之，這「身體觀照」理解、詮釋與對話設法使我們與存在實然打照面的遭遇，這就是海德格所言「詩」乃是「存有之居」的真實說法。

　　然而進入深層「身體觀照」核心時，這些語言或方法（不管是類比、想像轉化成有形信號、記號、符號、神話、儀式）都必須丟棄。

　　換言之必須進行「去語言」、「去理性」思考方式，直接進行「身體」「文本」對話，以「身體」直接面對此有與生活生世界生發所產生場域對話來作為終極詮釋與對話，在存在脈動中的「身體」知覺是必須在「收斂凝定」的狀態之下，才能很敏銳地去看去聽，在行動中去找出原初經驗，透過「身體觀照」是傳達出「智的直覺」的（Body wisdom、Body knowing）。

　　在中國傳統思想中，所謂的「身體」是包含：感官、心知、百體在內的身心合一整體。所謂的「察身」，並不是把人從具體的生存情境中抽離，所掌握到的是人相應生存情境而產生的一種互涉的動態關聯，所以「以身觀身」（《老子》）不是從外部來觀察自己的「身體」，而是，「回返『身體』本身，從內部感受去觀察『身體』現象」。

　　「察身」不只是對「身體」作對象化的觀察，「察身」也可以指人們在自己的生存情境中，對自己「身體」活動的整體知覺，或稱之為「在存在脈動中『身體』的知覺」。去觀照不僅只是教人揭示性的和理性的去接近「身體」無意識的生活體驗；更要進一步的教人在生活情境中調整無意識的「身體」活動，使其能展現理想的活動狀態，構成理想的、整個「身體」藍圖；同時也教人開發「身體」的各種感知能力，向著存在本身的召喚開放。

　　「身體」與之詮釋與對話是直接的經驗，未經扭曲或變形的最原初經驗，迴返原初的現象本身，真理便此在此顯明。

　　筆者以高達美以「遊戲」方式來彰顯「身體觀照」經驗，所有的「觀者」與「被觀者」進入了這一場遊戲當中，而詮釋者進前這場「遊戲」之中，而分享了真理，此時「詮釋者」也等同於「被詮釋者」。所以這樣的經驗的本性乃是對「存有的開放」，或隱或顯都礙於這種經驗本身，並且指示人在「身體觀照」經驗需要成長，這樣的詮釋經驗要求與對象保持一種互相交流，亦即一種「你的經驗」。[56]

---

[56] 這是馬丁布伯所言對話哲學的真諦，他認為人有整全身體原理，在對話世界乃是藉以定立自身，

　　「身體觀照」代表言語止息，以「身體」為「場有」而與原初存有有著合一經驗接觸，一切在沉默中發生，此時「身體」知覺所展現的即是「最原初的發生經驗」，如今回到「身體觀照」，重建人原始的結合，「知覺即現象，現象即知覺」在人「存有」場域中達到「視域融合」，成為逃離「分裂」的反省理解、詮釋與對話。

　　透過「以『身體』為『文本』的實踐智慧」說明了這件事－「身體」原型被看見——是有可能可以成就的。「原型」它們融入文化中與他人或與靈性本身互動，它透過「身體」向生活世界開放。（Stein, 朱侃如譯, 2001:96）；透過不同的人，不同的信仰，不同的經典，不同的領域範疇被看見。

三、「身體想像」或「身體觀照」，其實都是建構在以「身體」為「文本」的實踐智慧上

　　「身體想像」到「身體觀照」都是在說明我與神聖者之間溝通，「身體想像」到「身體觀照」是落實在「身體」同一與差異辯證運動現象的「感知詮釋」裡，我是「創作者也是閱讀者」、「詮釋者變成被詮釋者」，「話語」透過「身體」這個空間場域而有所切換，呈現出「道」的境界在身上體現。然而「身體想像」與「身體觀照」還是有所不同。

　　「身體想像」著重於努力「圖像式」思考上，而「身體觀照」則是著重於「身體」、「圖像式」現象的呈現的把握上，「身體想像」乃是給予缺席之物的出席，而「身體觀照」則是不斷去觀看去把握已出席之物的呈現上。

　　換句話說，二者之間最大差別乃是「身體想像」還是需要用腦筋去設想那缺席之物的組合，而「身體觀照」則是不做努力而是不努力狀態之下去「看」。

　　「身體想像」好比是說電影當中的拍攝手法，將圖片拼湊起來呈現的狀態，是剪接會去做的技術層面工作，也就是我意念上努力表達我要表達的部分，「身體觀照」是說：然而我呈現出來的狀態，也許就與原先意念上脫了身，電影的欣賞者或說是再觀看時，都必須回溯整個的狀態。

　　因此就電影所呈現出來的部分，涉及到「身體觀照」，「身體觀照」使我

踏入與存有者之間係的存有學領域，從人踏入關係，與臨現的你之對話歷程作為線索，闡述人在關係世界的具體身體情境。更從決意對關係中採取態度開始，回應剝者之召喚，而進入對話，在生活中真實的片刻與他者相遇。

對電影整體，有了一番詮釋與解讀，而且是在不斷流動裡，去感受覺知在「身體」同一與差異辯證運動現象。所以「身體想像」好比是我不斷切換精彩片段，而「身體觀照」使我定格在某一個精彩片段，因著那個片段，某種超越及內在的全知觀點而昇華了。

　　「身體想像」與「身體觀照」可以進行與神聖者的溝通、交流與對話，兩者不可少，前者具力動力特色，後者則帶來爆炸性的全知覺醒。以下分別論述之。

肆、以「身體」為「文本」的實踐智慧為何可以進行我與神聖者的溝通

　　以「身體」為「文本」的實踐智慧說明著「身體」同一與差異辯證運動現象學，它是以「身體」為「文本」來進行與神聖者的溝通，它也是說明著「身體」本身是各種力量的發生及開展的基本「空間」場域，如同曖昧交織的各種鮮活意義，所以我們可以由「身體想像」所依循創造性想像和圖像思考來回歸「最原初的奧祕」為何，再由「身體觀照」去建構完形般的「身體」主體際性的交流。

一、「身體想像」動力論

　　榮格在《無意識心理學》（*On the Psychology of the Unconscious*）說到因人類心靈[57]本來就具有創造比喻的能力而發生人類具有用隱喻思考的能力與需要，（Stein, 朱侃如譯, 2001:84），他的分析心理學試圖揭露心靈的結構與動力，（Jung, 龔卓軍譯, 2001:6）人本具有天生創造比喻，或有隱喻思考能力及需求，讓我們不禁聯想「身體想像」與「身體觀照」的關係，顯然在兩者之間是不可偏廢，如下文所言：

> Hussurl在1925年的「現象學的心理學」講座中曾將「本質直觀」（或「觀念直觀」）的方法定義為透過「無限想像的變更」來把握無限觀念的方法（引自倪梁康，2007）。[58]

---

[57] 榮格所謂的心靈是指我們生命的全體，包括意識與無意識。
[58] 間引自高淑清所著《質性研究的18堂課──首航初探之旅》，臺北：麗文，2008，頁50。

　　「無限想像的變更」在胡塞爾來看，是透過此來把握無限的觀念，而這是「本質直觀」的方法，「無限想像的變更」乃是指透過「想像力」無限變更，可以把握住無限的觀念，此句話更進一步的意思：「身體想像」圖像思考最後會形成「動力或衝力」，也就是說「想像力」會超越悟性與理智限制，也鼓勵在悟性與理智在源源冒出之認知，不斷有自由未被開展過的主動動力，[59]因此形構出無限的變更，而我可以直觀到，因此而把握住，因此「無限想像的變更」便是筆者以為「身體想像」動力論。

　　前面我們提到「身體」原型，「身體」原型是在「集體潛意識」裡，它是先祖不斷重複的經驗上所產生的「原始意象」。榮格解釋說：「原始意象即原型」，共同的集體無意識便是一種原型，原型以象徵、隱喻的方式來進行，原型，它們融入文化中與他人或與靈性本身互動，它透過身體向世界開放。（Stein, 朱侃如譯, 2001:96）

　　「身體」原型是可以「無限想像的變更」，它可以是多種變形，「這種原始意象在最原始的時代就存在，並以多種不同的形式表現出來。」（Moacanin, 江亦麗等譯, 1999:50）這種「身體」原型，潛伏在集體無意識的原始意象，在很早期就已存在，它具有能量的概念，甚至榮格提出了：「能量與能量守恆觀念一定是某種潛伏在集體無意識中的原始意象。」（Jung, 1972:68）

　　榮格〈論心靈能量〉（*On Psyche Energy*）論文中，更進一步說明運用能量的觀點，能量從一個狀態到另一個狀態的分佈情形，「身體」原型是可以「無限想像的變更」，這無限想像變更好比是能量的抒發成為各式圖像，原型在很早期就已存在，它具有能量的概念，於是「身體想像」具有動力論。人的心靈具有創造的能力，我們可以回到「身體」原型，在不斷延異變形當中，掌握真理體現在「身體」文本的同一與差異辯證的觀看裏。

二、「身體觀照」帶來爆炸的知

　　每個人都在不同時空脈絡下存活著，當我們透過移異、置換及拼貼有如蒙太奇影片的人生腳本時，似乎是有個爆炸知覺當下敞開來，一種「知覺顯現」便

---

[59] 這裡接近康德所言想像是比悟性更廣闊的認識能力。Immanuel Kant, *Crtique of Judgement*, J.C. Meredith tran., Oxford: Oxford University pres, 1952.見宗白華、韋卓民譯，《判斷力批判》，臺北：滄浪，1986，上卷，〈審美判斷力的批判〉，第一部分，第49節，頁168。

將存有開顯顯明了。看看奧托對「努曼」經驗或者「內在、外在」神祕經驗的表述時，都會發現以「感受知覺」為出發點，而這「感受知覺」，用梅露·龐蒂的話語而言是「知覺的顯現」。這種「知覺的顯現」光景為何呢？

> 是突然的，爆炸，以致於難以化約，忘懷。這感受與外在現象十分不相稱，被形容成一種遭遇。這種經驗是從靈魂深處自然發出，有不同表現形式，之後又回復平常狀態。在此經驗中人會感受領會某種意義，唯然這些意義可能還是含糊不清、潛藏。所以這經驗可以是純感受，停留在人心中，不用對此經驗作更進一步的釐清。澄清這經驗所使用的語言或概念，則受到經驗者所處之時代、宗教、文化傳統之經驗。[60]

顯然地，梅氏所說的「知覺顯現」經驗超越觀念、心物對立危機，結合前面的說法，我們可以說：它乃是透過「身體想像」，「身體觀照」其「經驗現象」，於是乎一種「爆炸性經驗之知」便出現了，這裡關乎主體性「神祕經驗」的過程，也是呂格爾所言「自我宛若它者」的神祕交流知識的可能性。

「身體觀照」所達致的境界，是需要透過密契語言剔祕，在可道與不可道之間交換運作。這意謂著語言圍繞著「意指之意向」在摸索著，摸索著那環繞語言之下「沉默的內容」，我們必須在稱為「真理的模糊象徵語言」背後，去靜觀一切事物的發生。

三、透過「身體想像」及「身體觀照」進行我與神聖者主體際性的溝通與對話

其實胡塞爾在「現象學的心理學」講座中曾將「本質直觀」（或「觀念直觀」）的方法定義為透過「無限想像的變更」來把握無限觀念的方法就是筆者所

---

[60] 奧托用「先天神聖範疇」來解釋一切宗教現象，在努曼經驗之下，可以分為「一般性的努曼經驗」與「神祕經驗」兩大類。而「一般性努曼經驗」包含位格際性交流與結合性交流。而在「神祕經驗」中，則包括「外向型神祕經驗」與「內向型神祕經驗」。奧托認為「努曼經驗」是以「受造感」為主要，這是一種因為「努曼」所產生的「自我泯滅」以及「努曼才是唯一」的感受。其內含涵蓋：戰慄、著迷與神祕三大元素。「內向型神祕經驗」，是以個人感官的抑制為出發點，透過除去對感官與外物的依賴，而直接發現「自我」的真實本性。「外向型的神祕經驗」則是透過感官與外物，直接在雜多世界中體驗到萬物為一的整體性。

言「身體想像」到「身體默觀」來說明「我與神聖者」之間溝通方法，這也是呂格爾所言「自我宛若它者」的神祕交流知識的可能性。

透過「身體想像」圖像思考最後會形成「動力或衝力」，回到「身體」原型，在不斷延異變形當中找尋真理可能性，如同胡塞爾認為這「本質直觀」而這就是「身體觀照」。「身體觀照」就是透過「無限想像的變更」把握無限的觀念。「無限想像的變更」如何把握無限呢？其實就是透過一種爆炸性的知的開展而來。

它是柏拉圖講到「靈魂回溯」，「靈魂回溯」透過「無限想像的變更」現象的把握，進行「感受知覺」身體同一與差異辯證運動，最後達到「現象即是本質，本質即是現象的呈現」，達到光知覺顯現，這是一種神祕知識，而這早在柏拉圖在講到「靈魂回憶」裡即已說明，在回憶裡早已有「身體」原型存在，如今透過靈魂「辯證回溯」歸復到「身體原型」裡進行我與神聖者主體際性的溝通與對話。

這種以身體為文本的實踐智慧所進行同一與差異辯證，是介於見與不見，不斷復返回歸，而又駛離原型的狀態，其實如同《老子・二十一章》所言：

> 道之為物，唯恍唯惚。忽兮恍兮，其中有象；
> 恍兮忽兮，其中有物。窈兮冥兮，其中有精；
> 其精甚真，其中有信。

若按洛依德在〈文明及其不滿〉[61]一文中，以層層疊列羅馬古城廢墟為意象，來藉之說明每個不朽對身體原型殘痕記憶所留下「隱跡文稿」（palimpsestes），進行身體文本閱讀，不斷復返體驗真理實踐在吾人身體文本時，當下直覺到某種光亮的存有揭露，彷彿唯恍唯惚當，其中有精，其中有信，其中有物，似真非真的像彷彿被瞥見般。這種以身體為文本閱讀經驗，當其達到極致時，觀照吾人身體文本同一與差異，原型與非原型之間的辯證，觀賞者似乎如同羅蘭・巴特般體驗到「越過了非現實的代表事物，瘋狂的步入景中，進入像中」[62]。

---

[61] 西格蒙特・弗洛依德（楊韶剛譯），〈文明及其不滿〉，《一個幻覺的未來》（北京：華夏出版社，1999年），頁6-7。
[62] 羅蘭・巴特，《明室──攝影札記》（台北：台灣攝影工作室，1997年），頁133。

伍、透過「回憶」來說「身體想像」與「身體觀照」的文本如何進入到「詮釋循環」：以體現出「現象與本質」為同一說法以達到完形治療

　　以身體為文本的實踐智慧，是透過想像與觀照方式自我關懷話語文本與主體之間感知關係，這樣的閱讀方式將是劃破主客體之間的對立，不斷透過迴返本源的記憶本身，筆者以為這是靈魂回溯法。

　　梅露・龐蒂甚至談到完形心理學與現象學的結合來說明知覺經驗的結構，由現象出而又超越現象，自動成內在規律的結構整體，「在場」與不「在場」之間的同一與差異辯證，在模糊中成就不斷改變的意義，如梅露・龐蒂所言：「以結構方式描述心理過程，應該能夠滿足哲學對於意義秩序的要求。」[63]他的完形心理學（Gestalt Psycholgy）立基於現象學而重新思考，[64]完形的形成乃是藉由圖式（figure）與背景（ground）而形成結構的整體，這結構整體也許是模糊的，但慢慢浮現意義與價值出來，如梅露・龐蒂所言：「知覺結構並不時常將自身給予觀察者，它們有某個部分是模糊的。但是這更能有效顯示在我們當中有自發評價的顯現：因為它們巧妙的外形能向我們顯示不斷改變的意義。」[65]

一、以「回憶」來說明「詮釋循環」

　　筆者以為「回憶」它是一種「復歸身體同一與差異辯證運動」，它具有「來回往復」的意思。「回憶」就是「靈魂回溯」，「靈魂回溯」透過「無限想像的變更」現象的把握，這就是「身體想像」，透過「靈魂回溯」進行「感受知覺」身體同一與差異辯證運動，最後達到「現象即是本質，本質即是現象的呈現」，這就是「身體觀照」，「身體觀照」，可以達到光知覺顯現，這是一種神祕知識，而這早在柏拉圖在講到「靈魂回憶」裡即已說明，在回憶裡早已有「身

---

[63] Merleau-Ponty, Maurice, *Primacy of Perception*, trans. James M. Edie, Evanston: Northwestern University Press,1964. P76.

[64] Lester Embree, *"Merleau-Ponty's Examination of Gestalt Psycholgy" in Merleau-Ponty: Perception, Structure, Language*, ed. John Sallis, Atlantic: Humanities, 1981, p.89-121.

[65] Merleau-Ponty, Maurice, *Phenomenolgy of Perception*, trans, Colin Smith, London: Routledge & Kegan Paul, 1962, P.440

體」原型存在，如今透過靈魂「同一與差異辯證回溯」歸復到「身體原型」裡進行我與神聖者主體際性的溝通與對話。

「以『身體』為『文本』的實踐智慧」是實踐的動態智慧，透過「身體想像」與「身體觀照」，它說明著一個被書寫和被閱讀的「身體」就是一個「文本」，「文本」是多元不確定且差異的現象呈現，所以需要不斷進入「詮釋循環」裡，以致於我們慢慢有了近乎全知觀點去貼近真理。

所以以「身體」為「文本」說明著以「身體」為基本場域來進行「詮釋循環」，以回到「身體」原型裡去，「詮釋循環」意謂著回返往復的過程，或說是一種歷程，「身體」想像，玄想以中介「形象」，做為一種迂迴，來進行「詮釋循環」，「詮釋循環」說明歷程並非易事，而「身體」觀照到的現象，也是不斷在流逝的現象當中示現，就現象掌握本質，這樣過程也是一種「詮釋循環」。

所以「回憶」就是一種在「身體想像」與「身體觀照」當中所進行「詮釋循環」，它帶來全知的可能性，彷彿有如瀕死經驗般給予智性洞見，在那一剎那裡，剎那即是永恆。所以「回憶」乃是透過一種「詮釋循環」，進入生命底層。以「身體」為「文本」，乃是作為與世界接軌的根本迂迴詮釋之起點，透過「觀看」，來說明「身體」原初「文本」的脈絡迴返，我們不斷透過「回憶」來說明過去活生生體驗，活絡原初的「身體」體驗感知現象，而曾經活生生的那段經驗，將我們不斷帶入存有脈胳中，與之共舞。

「回憶」身體同一與差異辯證現象學當中說明著，所有的「觀者」與「被觀者」進入了這一場遊戲當中，而詮釋者進前這場「遊戲」之中，而分享了真理，此時「詮釋者」也等同於「被詮釋者」。

所以這樣的經驗的本性乃是對「存有的開放」，這往返之間就是一種「詮釋的迂迴」，觀看「回憶」說明著「身體」本身不是知識的來源，而是各種力量的發生及開展的基本空間場域，如同曖昧交織的各種鮮活意義，藉由文字咀嚼，來進行一場讀者與創作者主客觀、內在與外在、形上與形上、詮釋者與被詮釋者之間「遊戲」觀看整個「身體體驗」實質內涵，然後在觀看過程中，讓「身體」自然而然，接受真理的降臨，不帶著成見，給予現象完整觀察，還原本然的面貌。

二、由「回憶」進入到「身體」原型，一個完形的治療

「回憶」可以說是一種「詮釋循環」，「回憶」將不同「身體」「文本」的

碎片，拼湊成為一個完形的基模，「回憶」有如將一幕幕「身體」感受覺知到影像，也就是不同「身體」「文本」的碎片，拼湊在一起，成為一個完形的基模。

如拉岡書中講到了：「在這一階段，辯證的歷時經驗勾勒了個人融入歷史的圖景。演示內心戲劇的『鏡像階段』，由力不從心向完善主體之預期的發展，吻合了空間認同的誘惑，並且不斷地幻想著從「身體」碎片向其完整的形態擴展」（Jacques Lacan, 1977）。

「回憶」是一種凝視觀照自身，正如拉岡說「凝視觀察自身」，「回憶」是有關過去經驗的「喚回」，或者說是活過來的經驗，它涉及某事件的發生，時空中，好比是拍電影一樣，看著一幕幕，不斷切換拉回，重新回到「身體」原型。我們可以由柏拉圖的藉由「回憶」回返到神聖的理想世界來說明，神聖的理想的世界就是此有與生活互界之間達到神聖的「身體」原型當中互動與交流。

當然我們清楚知道柏拉圖肉體與靈魂是勢不兩立的狀態，但是柏拉圖以為靈魂可以在「回憶」中，清楚「觀照到理念」，柏氏的「理念」（idea）或者（eidos）（《斐多篇》出現）就是動詞idein（看），筆者以為也就是「用心靈的眼睛所看到的東西」，也就是神聖理想世界，最後進入驚喜的狂迷境界，所以靈魂就是一種「回憶」，使我們回到身體「原型」去。[66]

「回憶」彷彿是虛構的故事，它透過我們「身體想像」與「身體觀照」不斷去重說故事，使「身體」體驗再活過，以至於它穿透事物表象，而讓已呈現全知觀點，來理解各角色觀點，窺見全貌，窺見全貌，產生共鳴，「回憶」有如將一幕幕「身體」感受覺知到影像，也就是不同「身體」「文本」的碎片，拼湊在一起，成為一個完形的基模，面對「身體」低落及坎陷給予回饋性的諮商治療。

所謂治療"cure"來自於拉丁語詞源"cura"意思是關注，或者另一個中古英語詞根"cuuve"掩蓋、遮掩之意，米勒[67]以為，治療擺脫了單一文本限制，進入所謂互文，它不可能被組合成有邏輯辯證的結構，它把持著特異性，開拓著在閱讀與文字出現各種力與結構，如同接受美學或闡釋美學看成文本有召喚的力量，因為它有空白點，等著你填補它。

---

[66] 趙敦華譯，《中世紀哲學史》，臺北：七略，民1996，頁4-7。
[67] J.希利斯‧米勒：《重申解構主義》，中國社會科學出版社，1998年，頁156。

總結

　　當我在閱讀「身體」時，其實就是在閱讀「文本」，就後現代文本觀來說明，一個閱讀「文本」者，也是一個「參與創作者」，當你閱讀時，「作者已死」，而你是主觀創作者，也是閱讀者，閱讀材資為什麼呢，其實就是以「身體」看到「話語」之後，而「話語」透過「身體想像」到「身體觀照」之後所呈現出來的感知變化，這是身體同一與差異辯證現象學，它重視感知覺知的身體感，猶如舞蹈家林秀偉所言：

> 舞臺上每一次的演出，如同一次的生命體驗，舞者必須要有極高的能力，才能在出神狀態下仍能保持高度的清醒與自覺，才能以敏感的心靈掌握自己的身體狀態，探索身體內在透過舞蹈而展現的圖像，並且體驗與其他舞者對應接觸時發展出的互動關係與延伸的力量。林秀偉自己喜歡在黑暗中練舞，她也要舞者在黑暗中面對自己，面對自己體內氣流動，面對體內的光，而不要受到外在光線的干擾。林秀偉強調舞者必須解脫慣性的肢體語言，要求舞者冥想身體如同種子，慢慢的萌芽發生，或是如同毛細狀態，或是體內有氣穿流，或是在水中游行。林秀偉常說，生活經驗，身體記憶與夢，都會被收納在身體之內，所以她強調舞者需要有高度的知覺與對身體的覺醒，才能夠透過身體來思考生命，表演對身體感覺，傳達身體內的祕密。[68]

　　那段文字說明了是「以『身體』為『文本』的實踐智慧」是實踐的動態智慧，它預設了一個前提，那就是「道成肉身」的可能性，「身體」是人構成世界的「原型」這一事實（梅露‧龐蒂，2001）。梅露‧龐蒂說到：「佛洛伊德最有意思的洞見——不是第二個我思，能夠知道關於我們自身那些不知道的——而是象徵主義的觀念，是原初、原有的、封閉在『為我們的世界』的『非常規思想』，是夢境的來源，能夠更廣泛的解釋我們的生活。」[69]梅露‧龐蒂指出，現

---

[68] 本文出於《林秀偉訪談錄》，間引自劉紀蕙著，《孤兒、女神、負面書寫——文化符號的徵狀式閱讀》，臺北：土緒，民89，頁140-141。

[69] Merleau-Ponty, Maurice, *"The Problem of Passivity: Sleep, The Unconscious, Memory" in Praise of*

象學的任務是要揭示任何先於科學理論過濾的人類「原初生存經驗」。這說明著一個被書寫和被閱讀的「身體」就是一個「文本」，一個被書寫和被閱讀的「身體」就是一個「文本」，「文本」是多元不確定且差異的現象呈現，所以需要不斷進入「詮釋的循環」裡，以致於我們慢慢有了近乎全知觀點去貼近「真理」。梅露・龐蒂在後期哲學當中為重新體認主體與對象交纏（chiasm）關係結構，它稱呼超越主體二元架構的身體為「肉身」（chair;flesh），這樣的肉身具有本體論意涵，「身體與肉身——愛欲——佛洛伊德主義的哲學，不是存在的精神分析，而是本體論的精神分析⋯⋯佛洛依德的哲學不是身體的哲學，而是肉身的哲學——本我、潛意識和自我在肉身的基礎上了解。」[70]

　　所以身體文本的同一與差異辯證，在梅氏晚期已成了肉身文本的同一與差異辯證。張曉均教授談到：梅露・龐蒂已由「體驗」（Erlebnisse）轉向「原創建」（Urstiftung）哲學，「原創建」（Urstiftung）哲學是關於「肉身」本體論，這「肉身」相當於海德格的「存在」，為何要用「肉身」說「存在」，乃是它具有存在的「感性」（sensibility）和「生機」（vitality），「肉身」作為原始存在，就是「自然」，就是「大地」，就是「母親」，它是無規定的始力量，由它的運動而產生世界，它是無形形體（amorphism），而世界分化萬物是可見存在（Being-seen）。[71]

　　當然我們不說肉身，我們統一說成身體，然這身體是空間場域，是意識與生活世界的種種交纏之處，是主體與客體對話的空間之所在。如此以身體作為主客內外交換系統，衍生出一空間，形構出對話的可能性，如他說到：「活生生的身體較像是在世界中的『空洞』或『皺褶』，在這個地方發生意識與事物、主體與客體間的對話。」[72]

　　以「身體」為「文本」的書寫法，是「自然身體書寫」方式，由「身體」知覺到這個生活世間的種種「氛圍」或者說是「境遇感」，進行一場「主體際

　　Philosophy and other Essays, Evanston: Northwestern University Press, 1988, p.117.

[70] Merleau-Ponty, Maurice, *Visible and Invisible*, trans. Alphonso Lingis, Evanston: Northwestern University press, 1968, P.269

[71] 張曉均編《隱喻的身體—梅洛－龐蒂身體現象學研究》，杭州：中華美術學院出版社，2006年，頁96。

[72] Merleau-Ponty, Maurice, *Phenomenolgy of Perception*, trans, Colin Smith, London: Routledge & Kegan Paul, 1962, p.105.

性」溝通的書寫。誠如梅露龐蒂所言：「我是一個『場域』，一個經驗」[73]，根據梅露龐蒂的經驗來看，「人的在世存有」便是一個情境的存在，「身體」在世存有與環境是動態的同一與差異辯證關係，情境在此關係中形成，情境是「主體」亦是「客體」，是主動亦是被動，「身體」存有本身也是「場域」，而「身體」「場域」主客相互交涉，「身體」在「場域」中經驗，接到知覺的訊息及產生意義，而以「身體」為「文本」的自然「身體」的書寫方式，便是就其「場域」及情境或者說是「氛圍」之中，進行意義脈胳的現象反映書寫。[74]

梅露・龐蒂指出，身體是行動的核心，也是自覺意識的核心，是以身體為核心的「在場」時空聯繫，並非只是簡單「位置的空間性」，而是「情境的空間性」，[75]紀登斯指出「共同在場的社會特徵以身體的空間性為基礎，同時面向他人及經驗中的自我」[76]，女性通常以身體為媒介，在時空中進行共同場交流與互動，並傳達出身體的習語，這裡的習語代替著符號空間的身體的認同。

在〈詩語言的革命〉（La Révolution du language poétique）一文中，克莉絲蒂娃用兩個相互依存而共同構成指涉模式——符號界與象徵界（the semiotic and the symbolic）——說明說話主體的發言過程。符號界，根據克莉絲蒂娃的說法，類似佛洛伊德所謂的無意識原初過程，既是能量的釋放，也是造成精神銘刻痕跡的欲力，構成了如同柏拉圖所說的chora，一個有滋養孕育而尚未定型的前語言空間，它只能透過聲音、姿勢或運動節奏的方式呈現。這個節奏空間沒有任何固定或統一的身分，但只依循著一種規律的驅動過程而運作。這種符號欲力，永遠朝向「母親」的身體發動，立即具有吸納與摧毀的反向矛盾，而這個做為對象的「母親」便是占據著「他性」的空間（the place of alterity）（Kristeva 1986:101）。

以「身體」為「文本」說明著「身體」本身是各種力量，的發生及開展的基本「空間」場域，如同曖昧交織的各種鮮活意義，所以我們可以由「身體想

---

[73] Merleau-Ponty, M. (1962). *Phenomeology of Perception*, (C.Smith, Trans.) London and NY: Routledge. p.406.

[74] 陳明珠著，《身體傳播——一個女性身體論述的研究實踐》，臺北：五南，2006年10初版，頁110-113。

[75] 間引自李叔君著《身體、符號權力與秩序——對女性身體實踐的研究與解讀》，成都：四川，2016年6月出版，頁6。

[76] 吉登斯：《社會的構成——結構化理論大綱》，李康、李猛譯，王銘銘校，北京三聯書店，1998年，頁138。

像」所依循創造性想像和圖像思考來回歸「最原初的奧祕」為何，再由「身體觀照」去建完形般的「身體」主體際性的交流。

「道成肉身」意謂著不管是透過「身體的想像」認識觀以類比、想像轉化成有形信號、記號、符號、神話、儀式，最後都必須「身體觀照」當中，這是在語言去除，直接面對「存在」的理解、詮釋與對話。「以『身體』為『文本』的實踐智慧」說明著「身體」同一與差異辯證運動現象學，它是以「身體」為「文本」來進行與神聖者的溝通。「身體的想像」具有無限動力生發，它引領「身體觀照」達到一種爆炸性的知覺顯現，而使我與神聖者之間有著主體際性交流，柏氏以為靈魂可以在「回憶」中，清楚「觀照到理念」。

筆者以為「理念」可以說是一種「身體原型」[77]，所以最後我以「回憶」來說明「以『身體』為『文本』的實踐智慧」，筆者以為「回憶」就是一種在「身體想像」與「身體觀照」當中所進行「詮釋循環」，「回憶」將不同「身體」「文本」的碎片，拼湊成為一個完形的基模，「回憶」彷彿是虛構的故事，它透過我們「身體想像」與「身體觀照」不斷去重說故事，使「身體」體驗再活過，面對「身體」低落及坎陷給予回饋性的完形諮商治療。

「以『身體』為『文本』的實踐智慧」給予我們新的閱讀策略，要我們不斷回溯返回經典與我們之間的互動，透過「身體想像」與「身體觀照」的建構出的「詮釋循環」，讓我們反身而誠，得到一種智的直觀，完形般的智慧啟迪，就像柏拉圖所說的「回憶治療」。

而這正足以說明神學或道學必須轉化成為內在智慧或者被體現出來的聖神充滿或道的充滿，才能夠成為足以法式的道路，當我們在閱讀經典時，才能將經典讀進去生命本質，成為此有內在核心，與生活世界有所共融。不同生命情調得以整合為一，所有的歧出異路總會匯成河，所有生命情境修養本身，都告知我們意識中的現象不可執著，於是我們隨著生命體驗而有所詮釋，因著現象流變，而在觀者與所觀者之間、「能指」與所指之間產生微妙的變化。「身體體驗詮釋」就是身體同一與差異辯證運動現象描繪，它讓生命真理開花，讓生命是其所是，進而揭露了存有。這樣的動態同一與差異辯證所詮釋的身體文本，依緣文本本身閱讀與詮釋將生活世界納入成為不同主體際性的生命交流本身，這觀看本身

---

[77] 筆者以為其實柏氏以為身心是對立的，換句話說他貶抑「身體」部分，然而他在論及「回憶」時，的確由此進行神聖的世界裡，當然它說「回憶是靈魂回憶」，但是「靈魂回憶」的確是由「身體」來進行操作的。

就是個功夫，不同信仰、文化型態、經典裡都強調這樣的功夫，也是自我詮釋的功夫。

　　就傅柯而言，「工夫」乃是超越自我自我修養技術，透過此技術能夠達到新的自我，展現生命新動能，向著不斷躍進新的自我邁進。這並非呆板的練習就可以，而是按照自我特殊形式，去解讀自我這個文本，以符應自我特殊生命形式的表露出來的美或者藝術境界，也就是存有的開顯。當然傅柯區分了所謂基督「工夫」與哲學「工夫」兩者，中國人可以說也有所謂「為學」與「為道」路徑，我認為傅柯哲學工夫近於為道，哲學工夫看起來像是為學，但這個為學近乎為道，哲學工夫是為了自我形構轉化而存在，所以不是為學而已，而是將文本的閱讀轉化為自我形構，以身體為文本閱讀的實踐而存在，所以傅柯談損，不談益，它是損之又損的工夫，當老子言：「為學日益，為道日損。」

參考書目

海德格：《時間概念》、《海德格爾選集》上卷，上海三聯書店，1996年。

海德格：《存在與時間》，（修訂譯本），北京三聯書店，1999年。

張憲譯《笛卡兒的沉思》臺北：桂冠，1992。

J.希利斯・米勒：《重申解構主義》，中國社會科學出版社，1998。

甘陽編選，《中國當代文化意識》，臺北：風雲，民78。

蔡瑞霖著《宗教哲學與生死學──一種對比哲學觀點的嘗試》，嘉義：南華管理學院，
　　1999。

陸敬忠、曾慶豹編〈從對比到外推：沈清松教授祝壽論文集〉From Contrast to
　　Strangification，臺北：橄欖，2010出版。

[德]漢斯・格奧爾格・伽爾默爾：洪漢鼎譯，《真理與方法》上卷，上海：上海譯文
　　出版社，2004年洪漢鼎：《詮釋學──它的歷史和當代發展》，人民出版社，
　　2001年。

[韓國]鄭明河（Trinh T.Minh-ha）著《他方，在此處──遷居、逃離與邊界記事》
　　（*Elsewhere, Within Here: Immigration, Refugeeism and the Boundary Event*），臺
　　北：田園城市，2013。

卡西勒著，甘陽譯《人論──人類文化哲學導引》臺北：桂冠，民1997。

朱剛著，《20世紀西方文藝文化的批評理論》，臺北：揚智，民91。

高淑清所著《質性研究的18堂課──首航初探之旅》，臺北：麗文，2008。

胡塞爾著，李幼蒸譯，《純粹現象學通論》，臺北：桂冠，1994。

趙敦華譯，《中世紀哲學史》，臺北：七略，民1996。

間引自劉紀蕙著，《孤兒、女神、負面書寫──文化符號的徵狀式閱讀》，臺北：
　　土緒，民89。

朱光潛譯，G.Vico著，《新科學》（上）（下），北京，商務印書館出版，1997年。

J.希利斯・米勒：《重申解構主義》，中國社會科學出版社，1998年版。

胡塞爾著，李幼蒸譯，《純粹現象學通論》，臺北：桂冠，1994。

鷲田清一：《梅洛－龐蒂──認識論的割斷》，劉績生譯，河北教育出版社，2001年。

《林秀偉訪談錄》，間引自劉紀蕙著，《孤兒、女神、負面書寫──文化符號的徵狀
　　式閱讀》，臺北：土緒，民89。

趙敦華譯，《中世紀哲學史》，臺北：七略，民1996。

宗白華、韋卓民譯，《判斷力批判》，臺北：滄浪，1986。

劉紀蕙著，《孤兒、女神、負面書寫——文化符號的徵狀式閱讀》，臺北：土緒，民89。

陳明珠著，《身體傳播———個女性身體論述的研究實踐》，臺北：五南，2006年。

李叔君著《身體、符號權力與秩序——對女性身體實踐的研究與解讀》，成都：四川，2016年。

吉登斯：《社會的構成——結構化理論大綱》，李康、李猛譯，王銘銘校，北京三聯書店，1998年。

西格蒙特·弗洛依德（楊韶剛譯），〈文明及其不滿〉，《一個幻覺的未來》，北京：華夏出版社，1999年。

依利亞德，《聖與俗：宗教的本質》，台北，桂冠，2001。

[法]雅克·德里達著《聲音與現象》，杜小真譯，北京：商務印書館，2010出版。

漢娜·鄂蘭，《人的條件》，林宏濤譯，臺北：商周出版，2016。

Arendt, Hannah. *The Human Condition*, 2nd ed. Chicago: University of Chicago Press, 1958.

Nathan Soderblom, "Holiness (General and Primitive)", in Hastings, J. (ed.), Encyclopeadia of Religion and Ethics VI (1913)

Husserl, *Cartesian Meditation,* trans.by Dorion Cairns,Martinus Nijhoff, 1973.

Immanuel Kant, *Crtique of Judgement*, J.C. Meredith tran., Oxford: Oxford University pres, 1952.

Schleiermacher. *Hermeneutics: The Handwritten Manuscripts.* Heinz Kimmerle (ed.), James Duke and Jack Forstman (trans.)Atlanta: Scholars, 1986.

John B. Thompson, "A Response to Paul Ricoeur," in Paul Ricoeur Hermeneutics and th Human Sciences,ed. John B. Thompson, (Cambridge: Cambridge University Press, 1998.

Paul Ricoeur, From Text to Action: Essays in Hermeneutics, II, Translation of Du Text à l'action, Translated by K. Blamey and J.B. Thompson. London: Northwestern University Press, 1991.

Lester Embree, "Merleau-Ponty's Examination of Gestalt Psycholgy" in Merleau- Ponty: Perception, Structure, Language, ed. John Sallis, Atlantic: Humanities, 1981.

Merleau-Ponty, Maurice, Primacy of Perception, trans. James M. Edie, Evanston: Northwestern University Press, 1964.

Merleau-Ponty, Maurice, "The Problem of Passivity: Sleep, The Unconscious, Memory" in Praise of Philosophy and other Essays, Evanston: Northwestern University Press, 1988.

Merleau-Ponty, Maurice, Phenomenolgy of Perception, trans, Colin Smith, London: Routledge & Kegan Paul,1962.

Merleau-Ponty,Maurice,Visible and Invisible, trans.Alphonso Lingis, Evanston: Northwestern University press,1968

Gilles Deleuze & Felix Guattari, A Thousand Plateaus, trans, B. Massumi (Minneapolis: University of Minnesota Press, 1987.

第四章　身體文本的「同一性」與「非『同一性』」（「差異性」）的辯證
——寫在老子之前

前言

　　當代思想其實尋索著自己體系，而近代形上學瓦解，批判形上學，其實裡頭蘊含著一種形上學，實際上對「同一性」的反思其實就是擺脫形上學的桎梏，建立形上學的新契機。

　　當代思潮裡，針對「同一性」，有著深刻思考，「同一性」其實究其源就是思想與存有的「同一性」問題，筆者以為傳統形上學是存有神學，但此形上學使存有者陷入控制及無意義的解釋當中，比方以矛盾律排除虛無，再以充足理由律來解釋存有者的出現，以套套邏輯的方式來界定存有，它不會去問存有與存有者之間的「差異」，而事實上虛無即是存有與存有者之間「差異」，人若遺忘了「差異」，只想研究存有者，進而加以組織與控制，那就是不知存有，而遺忘了存有，這是最大的危機。[1]

　　「同一性」思考也是建立在此領域上而有所開展，這領域上已超越原有邏輯範疇，而與許多領域結合一起，換句說，在當代思維所謂「同一性」已將範疇打破，而做為一種對傳統形上學的反思，一種僵化固著的神學、哲學、美學、社會學等概念的反思，它甚至涉及一種身分認同與「暴力」之間的意識型態的抗爭。

　　當代可以說是一種反「同一性」運動的浪潮，而這浪潮順延著後現代、後結構甚至後殖民運動以來的思維方向是一致的，做為一個哲學工作者，我想這是需要將眼光拉回到所謂「同一性」是什麼？為何它引發無限熱情以致於對反這「同一性」概念會產生如此軒然大波呢？

　　在本章裡，我企圖去做基要的反省工夫，設法爬梳裡頭結構性問題，針對《老子·第一章》的配搭給予我們的啟迪，讓我們解放在無何有之鄉，以便

---

[1] 沈清松著《物理學之後／形上學的發展》臺北：牛頓出版社，民76，頁94-95。

爬上那不斷離異,而又回返的千高原[2]裡來重解當中的原型、話語及主體的解構歷程。

壹、由當代思潮探討「同一性」的思維

一、何謂「同一性」

思想與存有的「同一性」,來自於巴門尼德斯古老命題,「同一性」傳統也可追溯到柏拉圖對「同一性」的理解。他在《智者篇》(Sophistes)254d中說:「現在這兩者中的每一個都是另一個,但它本身對自身來說又是同一的。」[3]簡單來看:同一性分為兩層次來看待。

(一)形式邏輯的「同一性」:形式邏輯的「同一性」其實就是「同一律」,它指的是同一思維過程,每一個思想與自身保持「同一性」。

(二)辯證「同一性」:即矛盾的「同一性」,彼此對立連結吸引滲透,是多種事物當中的共同存在。

按上面來看,思想與存有的「同一性」是共同隸屬,「同一性」也是「差異」、辯證與時間性共同交錯。

在思維當中特別會談到已被思之物,就黑格爾而言,這是表象思考堅持[4];而針對尚未被思之物,海德格則是表象思考的「差異」,海德格以為作為一物與自身的統一性而言,絕對反思先驗中介統一性,無論如何黑格爾及海德格,兩者希望在批評對話中找非思處[5],在已思之物是表象思考的打破結構,在當未被思之物,在表象思考差異當中不斷趨近非思處,而非概念窄化或表象化存有自身。就「同一性」而言,「同一性」希望能夠找出表象化及概念窄化自身。

---

[2] 千高原(a Thousand plateaus)是德勒茲語言,是有種『居間』(in-between)狀態,是豐富變化萬千的平臺,猶如地理上的「原」,是平原,也是高原,它展示出一種充滿差異與互涵的大千世界,以供思想的駿馬馳騁或游牧。

[3] 馬丁‧海德格爾:《同一與「差異」》,北京:商務印書館,2011,第29頁。

[4] 黑格爾《小邏輯》一書中指出:「具體的同一,我們將會看見,最初〔在本質階段〕是真正的根據,然後在較高的真理裡〔在概念階段〕,即是概念。」(黑格爾(賀麟譯),《小邏輯》,臺灣商務:1998,p254。

[5] 海德格提出的所謂「科學不思」,意謂著按著科學自身的邏輯法則已建立一整套的真理觀念。其「不思」乃是上只針對其根源的表象化與同一律基礎而言。

「同一性」表象化及概念窄化自身，也就是以同一方式為同一事件「逼迫」著思想。這「同一性」為當代哲學家思維的事便是這樣「逼迫」本身應被檢討，以致於我們必須反思「同一性」的「暴力」問題。

「同一性」的「暴力」與傳統形上學的存有論述相關，或者與宗教中談到原型的「暴力」相關，甚至於話語「暴力」相關，或者說在當中所產生的權力「暴力」相關，而這都跟我們思維這生活世界有關，當我們面對在這現今生活世界，互融交涉已是不可免的狀態時，多元「差異」以及對談成了主旋律時，我們讓如何跨越這概念窄化及表象化思維，「同一性」是必談問題。

二、「同一性」與「同一律」之間

當我們看待存有，傳統是怎麼認為呢？傳統以為存有是我們認識的對象，某本質是能夠存在，其反面是虛無，存有與虛無在傳統形上學來看是絕對不相容，是互斥的，表現在理想界，也在實體界，在是實有就絕不能是虛無，是虛無就不能是實有，「有不能是無」、「是不能是不是」，這時同時並且是同一觀點，所以我們說「同一律」是建立於矛盾律上，故「矛盾原理表現出實際存在的事物所有的實有本質，對於虛無性有必然的排斥態度」。

換句話，在任何情況下，在任何時間裡都不可能同時及從同一觀點上看與虛無或非有並存，此不可能性是絕對，不能有任何例外，所以「同一律」公式：「同一律」的邏輯公式A＝A或者是~A＝~A，也就是「有是有」（whatever is, is, or being is being）或者「非有是非有」（whatever is not, is not, or not-being is not-being），如此一來「同一律」之基本意義是任何物不能與自身分開，與已有別，每一物「就是」及「必是」其自身。

「同一律」乃是以存有的「單一性」與「不可分性」為基礎，所以我們不可能想到同一物是「有」同時又可以是「非有」，故物的「同一性」從本體觀來看乃是建立於「矛盾律」及建立於「有與非有」之間超越關係上，「同一律」是以「矛盾律」為基礎。[6]

海德格在1957年舉行的「同一律」講演中，說到了支撐整個科學知識體系的邏輯法則是「同一律」：A＝A。「同一律」的目的是要說明「同一性」，這

---

[6] 曾仰如著《形上學》，臺北：商務印書局，民七十六年，頁51-58。

是一個表達「同一性」的思想律則。

海氏指出「同一性」在希臘語中表述為τò αύτó[，即德語das Selbe，乃同一、自身的意思，它是同義反覆（Tautologie──套套邏輯），表明著某事物是同一的。[7]

「同一律」說的是：「同一性」本質所要求的一種跳躍，因人與存在的共屬應進入「本有」的本質之光中，人與存在以相互促逼的共屬使我們思維存在如何賦本給人類，而人類如何歸本於存在，人與存在如何被相互具有（Eeignis），即轉入我們所謂「本有」之中，「本有」（Er-eignis）源於發育好的語言，而「本──有」原初意義是（Eräugen），即看見，在觀看中喚起自己，人處在澄明中。

「本有」乃是於自身中顫動與飄蕩的領域，「本有」像希臘語的λóγoς，英語：Logos，不可譯，它應作為思想服務的主導詞語來說話。作為一個關於同一性的陳述的定律，到作為進入同一性本質來源處的跳越的跳越，思想在途中發生變化，本有使人與存在進入它們本真狀態中，敞開了一條人以原初地經驗存在，它是種「先思」（Vordenden），也就是直接面對面觀看那種人與存在的「同一性」之本召喚而來到面前的東西。[8]

西方巴門尼德斯指出了思想與存有的「同一性」，這是追問共屬問題，對這種同一者的意義的追問就是對「同一性」的本質的追問，也就是存有與思想歸屬於「同一性」，這「同一性」本質源於那種「讓共屬」（Gehörenlassen），這「讓共屬」叫做「本有」，此給予「同一律」奠基，特別是與自身與認知物件的統一，也讓物件擁有獨立性。但這陳述意義的定律（Satz）必須變成一個具有跳越特性的跳越，如此才能擺脫存在者之根據的存在，因而跳入本──有的深淵（Abgrund）中。[9]

而在整個西方思維裡，思想與存在的關係在發展歷程中逐漸被窄化與單一化。如此正如海德格所言存在被遺忘，忘了存在可直接體驗，而只能依賴思維與存在的「同一性」來表徵存在者，如此存在者呈現表像化和概念化的進路，此並無法揭示根源的存在境域。[10]

---

[7] 馬丁・海德格爾：《同一與差異》，北京：商務印書館，2011，第10頁。

[8] 馬丁・海德格爾：《同一與差異》，北京：商務印書館，2011，第40-44頁。

[9] 馬丁・海德格爾：《同一與差異》，北京：商務印書館，2011，第44-45頁。

[10] 換言之，人是被確立為存在者來理解。人的存在與人的思想被歸屬於同一性當中，意味著人是可以通過思想來完全揭示人的存在特性，此一問題說法，筆者以為思想是很大問題，當你用理性的思維去揭露人存有特性時，一樣會掉入存有遺忘裡，與其說是思維，倒不如說是在意識流的現象

貳、當代探討「非『同一性』」思維

一、「非『同一性』」思考

當我們省思「同一性」其實是要推到〈「非『同一性』」〉，「非『同一性』」思考其實就是拋棄固著「同一性」思維，回到「差異」本身。

就像德勒茲所言，思考「差異」思想，必自我「差異」化，「差異」地思考「差異」，前面「差異」地是副詞，後面的「差異」是思考的及物動詞部分，這「非『同一性』」思考的運動，其實就是「同一性」思考，「差異」地思考「差異」，本身在思維運動的掌握，呈現出同一與差異辯證生命現象的無限可能性，它可以是「有」，它可以是「無」，它也可以是「有無」當中的合一，它可以是「有無」當中的非合一性，是辯證式的運動存在歷程。

它不拘執任一埠，它在無數否定、否定的否定、否定的否定的否定等蔓延開來，這「非『同一性』」思考，是要打破主體、語言、原型的框架，重新還原生之可能性，也就是回到柏格森（Henri Bergson, 1859-1941）[11]所講的「生命衝力」（elan vital）的面向。

柏格森「生命衝力」不是將本質與現象呈現對立狀態，他們都是意識直接材料，在出神中進入的，出神是擴大的直覺，也是無意識狀態，彼此不是算計，而是感應生命，出神是停滯而又延伸的瞬間，是直覺的想，綿延中的想，出神是生命本真狀態，也是創造狀態，訴諸一種直覺領會，拒絕語言的滲入，去沉浸或說是痴迷，這是身——感覺是同一。[12]

而這面向解讀，大抵在意識流的部分纏繞，就也就是為何我們看到當代小說為何對此有所發抒。

裡掌握身體對存有的感受。

[11] 柏格森不僅是法國當代著名的形上學家，也在1927年獲得諾貝爾文學獎，柏格森的生命哲學從批判實證科學開始，強調智者應洞察到物質變化的成因、過程與發展，這是「直觀」，將已放到客體之中，與無法描述的對象合而為一，這是訴諸內心的體驗，直接把握存在的本質與真相。柏格森把永不停歇的變化稱之為「綿延」（duration）時間不只是現在到未來的過程，而是連續不斷、互相滲透互相交融的狀態。而意識是一種整合、交互作用與互相滲透的「流」，於是他稱意識狀態為意識流。

[12] 尚杰著《沉醉之路——變異的柏格森》，北京：人民出版社，2013，頁106-107。

二、思考「非『同一性』」其實就是思考「差異」，而思考「差異」其實 就是思考「重複」

　　「差異」是當代思維的主軸反省，像德希達談到"différance"，而李歐塔談到"différend"，傅柯談到"hétérotopologie"[13]，「同一性」詞語相近的有類似，類比與再現的意思。

　　當代以為「做哲學」，其實就是從「差異」開始，而「差異」其實就是「非『同一性』」思考，「非『同一性』」思考就是對反「同一性」思考，它是希望擺脫理性為中心的邏輯思維，而能夠由自我封閉的內在「同一性」走出，非教條式去思考「非『同一性』」在己「差異」問題。

　　所以在思考最後轉向以「身體為文本」的同一與差異現象默觀，如此思考成了實踐智慧，哲學成了實踐，思考與被思考之物決定方法與目的，理論與實踐，思考沒有另外於其自身，它是思考「差異」於它自身，「差異」必返自身，它是「差異」的「差異」，「差異」在「差異」，「差異」以「差異」，「差異」為「差異」，「差異」再「差異」[14]，自我奠定，為己「重複」再確認。

　　也就是說思考「同一性」與思考「非『同一性』」是一體兩面，思考「同一性」與思考「差異」也是一體兩面，它是自我摧毀，也是自我不斷再建構，是意義的消融，意義總是在無意義當中，意義的建構中，再解構，再重建構，而這也是意義的催生狀態，它是重複的再確認。

三、關於我所思維的「同一性」「非『同一性』」

　　誠如我所言，當代思維「同一性」，就是在思維「非『同一性』」，「同一性」與「非『同一性』」是有異曲同工之妙，正如「同一律」與非「同一律」之間也是存在著微妙的關係，「同一性」與「非『同一性』」，可以應用「重複」與「差異」來看待，「差異」自身思考「差異」，「差異」思考來建構「差

---

[13] 楊凱麟著〈起源與重複：德勒茲的「差異」問題性〉，《國立政治大學學報》，第三十一期，2014年1月，頁107-140。

[14] 楊凱麟著〈起源與重覆：德勒茲的「差異」問題性〉，《國立政治大學學報》，第三十一期，2014年1月，頁107-140。

異」自身，而這思考「差異」，就是思考「重複」，「重複」是概念成為概念的
條件，概念構成起源，「差異」是已「重複」的真正開始，德勒茲方式可以釐清
「差異」地思考「差異」這件事就是思考「重複」[15]。

　　這思考其實就是「非『同一性』」思考「非『同一性』」這件事，這「否
定否定」其實就是重思「同一性」的這件事，以矛盾方式來進行思考，並以概念
換置方式來進行創造概念的實踐，思維變成「差異」的主體思維主體「差異」本
身，思維由符號起動，由「符徵」與「符旨」始，能思及的「同一性」其實就是
「非『同一性』」，「非『同一性』」由「差異」的論述開始，而論述「差異」
其實就是論述「重複」，「重複」就是「同一性」的不斷迴返。

　　我是「能思」的主體，「所思」的「同一性」，其實不應在「所思」的範
疇內，「同一性」總是逃離此範疇，在範疇之外游離，這是無何有之鄉，但我們
弔詭的是又受到無何有之鄉的吸引，我們將之劃約於「同一性」的範疇，好讓其
符應於理性的追求，但它是又是非理性的追求的方式，它甚至不是「所思」，而
我能確定的「能思」，已不盡然在思維裡去掌握，而是游離於起心動念（「能
思」的現象）的觀照裡，每一吋的觀照中掌握自我，也建構屬己的意義，縱然是
意義是在逃離的狀態中，我們也希望是不斷永恆回歸中搜尋，是由「差異」的主
體去默觀「差異」本身身體覺知到的現象本身。

　　誠如海德格所言，存在者之覺知屬於存在，存在者是湧現與自行開啟者，
人自身不斷湧現，也不斷分裂著，不斷遮蔽，也不斷敞開。現代的表象意義卻
是：「把現存之物當作某種對立之物帶到自身面前，使之關涉於自身，並且將
其強行納入到這種與作為決定性領域的自身的關連中。」因此，人將自身設置
為一個場景（die Szene），在此處擺設自身（sichvor-stellen），呈現自身（sich
präsentieren），也必然成為一幅圖像。[16]

　　這樣的對立呈現自身形成圖像，也許也會拉岡所講的最終是精神分裂的幻像。

　　拉岡堅決反對傳統主體，而區分了想像界、符號界與實在界。拉岡認為主
體生成過程就是不斷自我異化與自我分裂的過程。而接續對拉岡主體過程分析的

---

[15] 楊凱麟著〈起源與重覆：德勒茲的「差異」問題性〉，《國立政治大學學報》，第三十一期，
　　2014年1月，頁107-140。

[16] 〈世界圖像的時代〉海德格爾選集，頁900-901。Heidegger, Martin.〈世界圖像的時代〉"Age of
　　the World Picture"（1938），〈技術的追問〉"The Question Concerning Technology"（1950），〈科
　　學與沉思〉"Science and Reflection"（1953）。孫周興譯《海德格爾選集》，上海三聯書店，1996.

是齊澤克，齊澤克以為主體如同支配性的「能指」，他的豐富內容被符號秩序倒空，成了分裂的主體，而主體獲得符號網路外內容，是由意識型態製造的幻象客體，這幻象客體是意識型態的崇高客體（sublime object），主體由此客體重獲自身完滿性的幻象。[17]

　　以身體為文本的同一與差異辯證閱讀方式，就是主體化的生程過程，這過程是走向差異化，而差異地復返到原型的同一性思維，當然拉岡與齊澤克是不著重於「所指」，而是著重於「能指」，齊澤克以為維持「同一性」是「能指」，而不是「所指」，因為齊澤克認任何物命名是偶然的，訴諸沒有「所指」的「能指」，在所有情況下都維護客體的同一性。[18]

　　當然以身體為文本的同一與差異閱讀強調即便是恍惚當中仍有精、有物，並非空無一物，只是空符號而已，我們可以以這樣來理解，語言全然無法掌握實存自身，然實存自身確實存在著，有賴我們體驗之，這體驗就是進行身體文本的同一與差異辯證閱讀。身體文本的同一與差異辯證閱讀就是去思，或者說就是行動中的思。

　　思維與存有的「同一性」，我以為重點在於「思維」，我願意以海德格的「思」來解釋，海德格的思，超越了形上學理性證明，進入了詩意非概念無體系的「無」的領域，似乎看起來，海德格進入了更高層的「思」的境界，這「思」有著超越，挺拔的力量，使我們由理性進入非理性中，然而非理性背後永遠隱藏著理性，這也是現象詮釋的困擾，當我們進入理解時，其實仍是就呈現於意識前的現象來做解讀，雖然我嘗試用現象學方法「存而不論」、「放入括號」，但仍有可能陷入獨我的現象偏執中，讓「思」與「不思」呈現對立狀態。[19]

參、當代哲學家關於「同一性」、「非『同一性』」的考量

　　當代不講「同一性」，但講「非『同一性』」，「非『同一性』」講成「差異」也是挺自然的一件事，於是當代由過去「同一性」講到「差異」，「差

---

[17] 莫雷著《穿越意識型態的幻象—齊澤克意識型態理論研究》，北京：中國社會科學出版社，2012年，頁101-102。

[18] 莫雷著《穿越意識型態的幻象—齊澤克意識型態理論研究》，北京：中國社會科學出版社，2012年，頁88-89。

[19] 柳東林著《哲思黯退 禪意盎然——現代西方文學的禪化述要》，北京：中國社會科學出版社，2011年，頁24。

異」會由文本書寫進入，在閱讀中看出「差異」，在聽聞中看見「差異」，在感知中覺知「差異」，當代是種「差異」現象學的大本營，從阿多諾的《否定辯證法》批判「同一性」的問題，再到德希達的《書寫與「差異」》，再到德勒茲的《「差異」與「重複」》，再到傅柯的《詞與物》，這些都是「同一性」當中的「非『同一性』」思考。

一、由阿多諾來看「同一性」、「非『同一性』」

阿多諾《否定辯證法》基本上指出了「非『同一性』」的語言是什麼，為了摧毀「同一性」思想的知識模式，阿多諾將西方近代哲學中的「同一性」區分為四的類型：（一）個人意識的統一性；（二）在所有有理性的本質中的同一者；（三）思維對象與自身的等同，即A＝A；（四）知識論上的主體客體的「同一性」。[20]

「同一性」是思維的形式面向，「矛盾」是在「同一性」面向下的非同一者。但「非『同一性』」者卻被強制整合於「同一性」的思維形式下，如此辯證思維缺乏在統一性的思考中對異質者的省察。

阿多諾的「非『同一性』」在於揭露概念與事物的無法跨越的「差異」，「事實上一切概念，哲學的概念亦然，都涉及到非概念之物，因為概念本身是實在環節，對於實在的構成是必要的。」這本書由概念認識面，揭開「同一性」的思想的知識模式。

它指出概念及其「同一性」的單義性及分類方式，偏離了客體原有的複雜性，因此唯有「滿天星斗」（「星叢」）的方式，能從外部體現概念於內部所刪除的部分，因此他為「同一性」哲學立遺言，一方面指出了概念與其「同一性」所忽略的客體與主體之間無法掌控的地新天地地帶，[21]這新天地不可馴化，它涉及了一種對質、揭發、繁多，拆解與否定的「同一性」與「非『同一性』」的雙向操作策略，否定辯證法在起點時，便聯結於「同一性」哲學上，在如此不可能性裡，「非『同一性』」發生了。[22]

---

[20] 黃聖哲〈阿多諾的非同一性思維及其與後結構主義的關係〉，收錄於黃瑞祺主編《後學新論——後現代／後結構構／後殖民》，臺北：左岸，2002。頁221-237。

[21] 陳瑞文著《阿多諾美學論》，臺北：五南，2010，頁-291。

[22] 陳瑞文著《阿多諾美學論》，臺北：五南，2010，頁291。

阿多諾談到「滿天星斗」（Konstellation），這是反體系，原先這是班雅明的術語[23]，原先德文是「並列」，可以說是「圍繞著一個特定主題，將所有可能構成論述，以一種共同並列方式組合在一起」。[24]

「滿天星斗」是點狀，非固定停滯在那裡，它是概念運動，概念滿天星斗避開對對象物行使思想暴力的分類邏輯，語言以概念的滿天星斗方式進行，它不是清晰分類的概念體系，而是藉圍繞著某一事物的眾多概念所形成的滿天星斗關係，「語言運動就是思想運動，思想亦是以滿天星斗方式在運作」。[25]

「滿天星斗」就是跨主體的說明，阿多諾由否定辯證方式進入美學的說明，強調「同一性」的否定帶來美學的開展，否定美學，由否定開始，而不是由肯定開始，否定「同一性」，就是非肯定「同一性」，「非『同一性』」其實就是前衛美學重要的根基所在，「滿天星斗」所呈現美學標準的打破，重新開啟一頁美學進展史。這也是阿多諾前衛藝術的目標：在於創造新的論述，並且修正概念思維邏輯，並重建非主客體的認識論。[26]

阿多諾的否定辯證，跳脫形式邏輯的「同一性」前提，保持辯證否定動力，黃聖哲提出了阿多諾面對西方哲學的「同一性」區分為四種：

（一）個人意識的統一性

（二）在所有有理性的本質中同一者

（三）思維對象與自身的等同

（四）知識論上的主體客體的「同一性」。

第四部分是阿多諾要批判的部分，這是阿多諾不同於黑格爾的地方，黑格爾的辯證裡，主客體絕對同一，對象物與概念的合一，對對象同一化運作在於將對象轉化為一個概念，阿多諾稱「概念的拜物教」，他提出了「非『同一性』」。

他以為「非『同一性』」的知識想說某物是什麼；而「同一性」思維則說某物歸於什麼之中，它是什麼範例或代表者，或他本身不是什麼。「同一性」思

---

[23] 出於班雅明的《德國悲劇的起源》，Walter Benjamin, *Ursprung des deutschen Trauerspiels*. in: GS Bd, I. 1, Frankfurt/m.: Suhrkamp, 1974, S.215.

[24] 黃聖哲〈阿多諾的非同一性思維及其與後結構主義的關係〉，收錄於黃瑞祺主編《後學新論——後現代／後結構／後殖民》，臺北：左岸，2002。頁224-227。

[25] 黃聖哲〈阿多諾的非同一性思維及其與後結構主義的關係〉，收錄於黃瑞祺主編《後學新論——後現代／後結構／後殖民》，臺北：左岸，2002。頁225。

[26] 陳瑞文著《阿多諾美學論》，臺北：五南，2010，頁288。

維慣常使用範疇分類邏輯，分類體系摧毀著個別事物具體性，這是李歐塔所言的「大敘事」[27]。

如此「同一性」運作反而指向「非『同一性』」。

「非『同一性』」也就是「同一性」形式翻轉。否定辯證邏輯是「崩解的邏輯」，阿多諾以為「崩解的邏輯」是指非同一的事物必然導致認識主體概念體系的崩解。

黃聖哲以為[28]阿多諾充分意識到辯證邏輯中的主客對立抹殺了「非『同一性』」，主客對立後來被阿多諾修正為主客差異，主客對立否認了個體差異，主客辯證形式事實上是主體結構，主體性思維將客體視為異己的、待支配之物，認識任務乃是以概念去占有這個異己之物，以黑格爾話語來講就是：認識的主體以概念掌握對象，將對象帶至普遍形式，這是反身形式結構，立基於主體的化約，主客辯證，永遠是向主體傾斜的，阿多諾以為黑格爾辯證永遠缺乏差異，黑格爾哲學無法容許異己之物、差異之物，他所言的「異化」（Entfremdung）是併吞及迫害。[29]在思維循環中，「同一化」代表無法容忍異質的外在他物。

二、由德希達來看「同一性」、「非『同一性』」

德希達寫了《論文字學》、《書寫與「差異」》，他是由書寫文本做為出發，書寫必留痕跡，痕跡作為「差異」的起源，痕跡絕不可能盡完作者中心主旨，而閱讀者在閱讀當中，也會不斷產生閱讀的「差異」問題，好比是我們使用前一個模子去印模，在無盡數的模子當中，也不斷有著「差異」的模子是一樣的道理，模子不一定是那原初模子，更何況原初模子，絕非那原型的思維解讀。作者與讀者有「差異」，讀者閱讀作者文本也有「差異」，作為閱讀二手的為道者本身與道之間的書寫也有「差異」，由文本的書寫說到「身體體驗詮釋」也有無數的「差異」成了順理成章的一件事。

德里達談到：「這種書寫真的就像一個『迷宮』，因為它既沒有起點也沒有終點。我們永遠在移動。時間與空間、言說的時間與廟堂或住家空間之間的對

---

[27] Jean-Francois Loytard, *The Postmodern Condition*, Manchester: Manchester UP, 1986.

[28] 黃聖哲〈阿多諾的非同一性思維及其與後結構主義的關係〉，收錄於黃瑞祺主編《後學新論——後現代／後結構構／後殖民》，臺北：左岸，2002。頁232。

[29] 馬克思的異化是勞動脫離主體性，反過來壓迫勞動者，而黑格爾是精神必然走出自己，外化為他者。

立，再也沒有意義。我們活在書寫之中。書寫是一種生活方式。」（德希達，1992：46）。

　　呂格爾要講生命本身是行動中的文本，當我在自我詮釋反省時，也代表著「文本的身體體驗詮釋」，它是透過此有不斷去重說故事，經由重說當中，找尋生命價值意義（Thompson, 1998, p. 320）[30]，於是對文本「身體體驗詮釋」，使得形上生命價值與文本本身有了連結，它生命文本史的重述。這樣呂格爾的「文本」「身體體驗詮釋」，延續著狄爾泰對於「人同此心，心同此理」、「身體體驗詮釋」而來，它是「生命學問」。

　　純粹心理對於原初領域的先驗意識依附是絕對特殊的，這種先驗經驗的完全遍及是具有某種的「差異」，這「差異」是不區分任何東西的「差異」，這「差異」在不使其他變質的狀態下，使符號產生了改變，而在自由狀態之下，先驗問題在差異地堅持著，這是根本「差異」，若無它則「差異」不會有意義，也不會將原本的呈現出來。[31]

　　「同一性」好比是巴別塔的建築般，將宰製世界的多元語言鎖定既定模式裡，聖經說到有人提議要建立巴別塔，巴別塔是使用同一語言，教勢得以開展，這是人們的驕傲，自以為是要建溝通天之塔，然而上帝並不喜歡這想法，因為它代表一種人類自以為可以宰制世界的語言文化出現，以致於它的失敗與侷限，

　　以Babel這個字，宣判了人類使用不同語言。因此，透過一個可能是世界性的語言，他們必須放棄他們的宰制計畫。事實上這個建築的干預，以一個建構——同時也意謂著解構——表徵著強求一個世界語言以打垮這個世界的政治、語言支配計畫的失敗與侷限，一種主宰語言多樣性的不可能性，一種普遍翻譯的不可能性。這也意謂著建築的建構將永遠是一個「迷宮」（德希達，1992：48）。[32]

　　「迷宮」代表著非宰制的多元發展痕跡，絕非絕對為中心主旨權威開展，裡頭蘊含著無數差異的可能性。

---

[30] John B. Thompson, "A Response to Paul Ricoeur," in Paul Ricoeur Hermeneutics and th Human Sciences, ed. John B. Thompson, (Cambridge: Cambridge University Press, 1998)

[31] 雅克‧德里達（Derrida, J）著，杜小真譯《聲音與現象——胡塞爾現象學中的符號問題導論》（La Voix Et Le Phénomène），北京：商務印書館，2001年，頁11-12。

[32] 根據《創世紀》第十一章說到人們想要建設巴別塔，那是同音同聲，可以壯大自己的塔，是個單一語言，但為何上帝不喜歡而又破壞呢？乃是這塔若建立起來，將產生生強大的破壞及毀滅力量，因此上帝不允許人們依自己喜好建立這塔，有趣的是在九到十一章當中所描述的原始語言是一樣的。

　　德希達由柏拉圖的真理觀和模仿論來談到一種西方根深蒂固的思想即關於真理的思想，批評貶文學而揚真理的邏輯為中心主義的文學觀，他提出文學與真理都是人類話語文本，不是一方決定一方等級觀，而是替補的平等差異系統，所謂邏各斯及真理只是人類敘述的一種敘述話語。[33]

　　在吉姆・鮑爾（Jim Powel）所寫的《德希達入門》[34]談到了「模仿不能沒有模仿對象」，就像「能指不能沒有所指」，當中既相同又不同，所以外在物質及精神實體是被符號化過的，是符號和文本本身，「能指」與所指，模仿與模仿對象都是符號文本，之間有同有異，有重複，也有流變，所以德希達說到，保留模仿（mimesis）的差異結構，摒棄了柏拉圖式的或形上學的解釋，甚至它說到了作為摹本的摹本的摹本，不再有原型，不再有元摹本。[35]

三、由傅柯來看「同一性」、「非『同一性』」

　　以傅柯來看這樣的以身體為文本的閱讀經驗其實就是處在「迷宮」當中的寫作方式，以此認知並且在不斷的差異與重複當中尋找一種根源的可能性，如他所言：

> 總而言之，你們想像我在寫作時經受了多少艱辛，感受到多少樂趣，如果我——用一只微微顫動的手——布置了這樣一座「迷宮」的話，你們還認識我會執著地埋頭於這項研究，而我卻要在這座「迷宮」中冒險，更改意圖，為「迷宮」開鑿地道，使「迷宮」遠離它自身，找出它突出的部分，而這些突出部分又簡化和扭曲著它的通道，我迷失在「迷宮」中，而當我終於出現時所遇到的目光，卻是我永遠不想再見到的。無疑，像我這樣寫作是為了丟臉的遠不只是我一人。敬請你們不要問我是誰，更不要希求我保持不變，從一而終：因為這是一種身分的道義，它支配我們的身分證件。但願它能在我們寫作時給我們以自由。[36]

---

[33]　肖錦龍著《德里達的解構理論思想性質論》北京：中國社會科學出版社，2004年，頁164到169。

[34]　Jim Powel, *Derrida For Beginner* (Writers and Readers, 1997). p.89.

[35]　在肖錦龍著《德里達的解構理論思想性質論》第165頁說到了，柏拉圖的說法是西方哲學史直接縮影，文學如此是真理的摹本的摹本的模仿思想，永恆的邏各斯或說是理型而派生的派生物：藝文部分，便是邏輯為中心主義思想。

[36]　杜小真編選《福柯集》（Fuke Ji），謝強譯《知識考古——引言》上海：上海遠東出版社，2002

　　傅柯透過文學、性、死亡與瘋狂等極限經驗重寫了巴門尼德（parménide）的「存有與思想同一」。這當中，存有成為擺脫自身的存有，思想是另類思考旳思想，這存有與思想的同一，是它們都逼顯只逼顯「差異」力量。[37]

　　傅柯想要呈現不可見性是如何的不可見，並且對「差異」不斷「重複」力量，這隱藏在表面斷裂之後的謎面力量，可能是同一塊思想平面的拓樸[38]皺褶或翻轉。[39]

　　傅柯「同一性」[40]（Foucalut, 1994:668）可能性條件，由一種純粹「差異」所深深浸潤，也可以說思想與存有的同一，就是純粹「差異」，而兩者的同一，都是「差異」絕對「重複」。[41]

　　傅柯針對西方文化提出了知識的考古學，而這衝擊了傳統的知識史，作為理性主體發現自己置身於被有限皺褶的思想所規定的種種限制、以及在歷史話語母體與規則之下形成的潛規則裡，在文藝復興時期，所有存有者依著一種相似性的確定體系與它的複本展開祕密溝通，如此事物內在結構化符應了認識的形式，而在古典時代裡，人們談論再現表象。

　　它是存有的直接再現表象，這時符號包含了進行表象的事物及被表象的事物《形態一種類的邏輯》（*Logique de Port-Royal*, p.78），如此符號有表象再現性質，也是被再現的存有者，它是某符號複本。到十九世紀時，事物將在再現表象之外，與其真理重新結合，這樣知識透過有限開口才得以宣示，有限性將知識對象標舉為識主體，這開口也成了破碎性，如此人的有限性成了知識皺褶，這是知識人類學裝置（disposition anthropologique）[42]。

年出版，頁144-145。

[37] 楊凱麟〈自我去作品化：主體性與問題化場域的傅柯難題〉，出於黃瑞棋主編的《再見傅柯：福柯晚期思想研究》，杭洲：浙江大學出版，2008，頁57。

[38] 拓樸學或意譯位相幾何學是近代發展起來的一個研究連續性現象的數學分支。中文名稱起源於希臘語「Τοπολογία」的音譯。Topology原意為地貌，於19世紀中期由科學家引入，當時主要研究的是出於數學分析的需要而產生的一些幾何問題。它也是分子生物當中研究超螺旋結構的一種工具，探討的是在連續性變化中的變形現象。

[39] 楊凱麟〈自我去作品化：主體性與問題化場域的傅柯難題〉，出於黃瑞棋主編的《再見傅柯：福柯晚期思想研究》，杭洲：浙江大學出版，2008，頁57-58。

[40] 楊凱麟〈自我去作品化：主體性與問題化場域的傅柯難題〉，出於黃瑞棋主編的《再見傅柯：福柯晚期思想研究》，杭洲：浙江大學出版，2008，頁62。

[41] 楊凱麟〈自我去作品化：主體性與問題化場域的傅柯難題〉，出於黃瑞棋主編的《再見傅柯：福柯晚期思想研究》，杭洲：浙江大學出版，2008，頁62。

[42] 費德希克·格霍（Frédéric Gros）著，《傅柯考》臺北：麥田出版社，2006，頁70-78。

　　傅柯強調話語背後的話語詮釋掌控，眾所皆知話語背後有一股意識型態成型，這意識型態根植於人心，操縱是非對錯的標準，而在主流社會之下，一條鞭式的教令宣講，很容易潛存「暴力」詮釋是非對錯問題，費德希克‧格霍（Frédéric Gros）[43]說到：「『知識的意志』這個主題使傅柯得以將真理遊戲思考為排除系統，呈現其暴力面孔。這種作為支配的專制事業的真理觀念從不曾被哲學思考。」

　　傅柯強調邊緣人物其行徑並非是錯的，只不過不符合主流話語的訓誡之下，所以傅柯希望能夠回到不同主體所看待的問題點為何，傅柯所講述的尼采，也談到這樣的說法，尼采甚至談到「主體（subject）：我們認為最高現實感（feeling of reality）的一切不同衝動底層存在某種統一性，主體就是用以稱謂這一信仰的術語。因為，我們以為這種信仰乃是一種原因的效應（effect）。也就是我們十分相信我們的信仰，以致我們為了它而想像（imagine）了『真理』、『現實性』、『實體性』（substantiality）等。──「主體」就是虛構（fiction），把我們具有的許多相似狀態視為同一個根基（substratum）的效應。」[44]

　　上述這段話語意謂著我們虛構了主體，以致於它成為我們的信仰，依此建立虛構「真理」、「現實」與「實體性」，而這就是「同一性」的效應，主體應不是活在全景監視之下的「同一性」思維，這宰製人的「暴力」，其實不亞於身體「暴力」。

　　傅柯的「差異」概念乃是指向一種擺脫自我的實踐行動，這寓涵存有論的「差異」又拓撲指向一種自我關係強化，不斷引域外作為主體性建構，又與域外交會、推移、或甚至被毀滅與崩潰，也就是說擺脫自我意味著自我擲入域外的混沌與不可思考中。它意味著域外自我皺摺，如何將不可思考與對大寫外在摺入，成為一種「差異」所標誌的域內。[45]

　　傅柯以為我們對詞意的確定，我們已經徒勞地等了幾個世紀，它注定給予我們無法完結任務。從上帝之詞，它永遠隱密，永遠超越自身，但若想要在人文

[43] 費德希克‧格霍（Frédéric Gros）著，《傅柯考》臺北：麥田出版社，2006，頁97。

[44] F. Nietzsche, *The Will to Power*, Walter Kaufmann and R.J. Hollingdale trans., New York: Vintage Books, 1967, §485, p.268.

[45] 楊凱麟〈自我去作品化：主體性與問題化場域的傅柯難題〉，出於黃瑞棋主編的《再見傅柯：傅柯晚期思想研究》，杭洲：浙江大學出版，2008，頁62。德勒茲曾到了主體性與皺褶關係，可以參考Deleuze, 1968, 101-130, 169-208

斷裂引發的懸案理解人類，這又是無可免的。[46]

　　這日常實踐背後深層真理，是存有方式懸而未決的無根性，而去抓住這整體存有，不管它如何遮蔽自身，這種抓住或發現在保羅・呂格爾（Paul Ricoeur）來講是「懸疑的詮釋學」（hermeneutics of suspicion）。

　　馬克思可以藉由階級鬥爭來發現偽裝起來的真理，同樣地，也可以由佛洛依德的力比多（libido）的迂迴縈繞看出這壓抑下的真理，無論如何這深層詮釋，傅柯並不感興趣，傅柯設法把人文科學一切所說當成「言說——客體」（discourse-object），他考古方法不是關於詞與物關係理論，它是一個關於「言說」的理論。[47]言說不是指單一的「詞」與「物」對應關係，而是無限延異的說法。

四、由德勒茲來看「同一性」、「非『同一性』」

　　德勒茲的《差異與重複》，是自柏拉圖以降的哲學史當中，為揭示「同一性」哲學的面紗而進行的努力，為了找尋被遮蔽及替代的「差異」，特別是為喚醒在「同一性」專制下被囚禁的單一性，而進入哲學創造的歷程。[48]

　　德勒茲的「差異」思想概括為「碎片化組裝邏輯」，也就是消解了「同一性」、「整體性」之後，透過柏格森的時間旳「流」的解說，而說明主體被構性是意識透過「斷裂」重新形成「存在」，這「存在」是異質性、差異性及多樣性的感覺內容而構成的，哲學就是將這些碎組裝構成的過程。[49]

　　德勒茲曾著書研討「感覺邏輯」，這是某一事物折疊於另一事物之內，這清晰地貫穿在《普魯斯特與符號》中，不同符號類型呈現不同的世界中、思想與存在模式之中，每一種呼應著多元時間和維度。[50]

---

[46] 德雷福斯／拉比諾著，錢俊譯，《傅柯——超越結構主義與詮釋學》，臺北：桂冠，1995，引言中出現這些。

[47] 德雷福斯／拉比諾著，錢俊譯，《傅柯——超越結構主義與詮釋學》，臺北：桂冠，1995，引言中出現這些。

[48] 潘于旭著《斷裂的時間與異質性的存在——德勒茲《差異與重覆》的文本解讀》，杭州：浙江大學出版社，2007，頁59。黑格爾哲學的辯證法的否定性模糊了差異及界限，把哲學差異引向了概念的同一性，把差異置身概念之中，但事實上這只是概念區分，德勒茲想為哲學建立一個真實的無壓抑的卻是一個破碎的出發點，逃離柏氏同一性對哲學的控制，用自己方式言說哲學。

[49] 潘于旭著《斷裂的時間與異質性的存在——德勒茲《差異與重覆》的文本解讀》，杭州：浙江大學出版社，2007，頁55-56。

[50] 麥永雄著《德勒茲哲性詩學——跨語境理論意義》，桂林：廣西師範大學出版，2013，頁64。

　　擺脫自我與另類思考的共同描繪主體，德勒茲談到「越界」，「越界」是置身於知識與無知的極點（Deleuze, 1968:4），「越界」指的是「所思」與不可思考所浮動交織無定限極限，彷彿主體性不斷由已知與未知，思想與不可思考的虛擬線所標誌。「差異」與「重複」是種拓撲關係，「重複」因而是種「差異」；只是這是一種：總在自身之外的「差異」，一種「差異」於自身的「差異」。

　　反之，至於「差異」則是一種「重複」（Deleuze, 1956:104）並且透過特異性展開此拓撲關係，每個特異性都是權力意志要表達的，說的都是同一回事，藉由絕對的「差異」與重複，才可以理解永恆的回歸，也就是指明了迴返即是存有，是流變存有，迴返是流變自身的流變，就迴返而言是相同的「同一性」。[51]

　　德勒茲以為最深刻的「差異」就是一般結構及極端結構的「差異」，在尼采思想裡，極端不是對立的「同一性」，超越性結構是「永恆回歸」自身的非形式化，貫穿了變形及轉化中，所以「永恆回歸」製了「差異」，它創造了高一級的結構，延伸了否定並且對於否定的否定發明了一種新的形式：能被否定的任何事是並且必須被否認，「永恆回歸」是個循環，永恆的去中心化，持續曲折的捲入只是環繞不對等的循環。[52]

　　從「永恆回歸」視角審視世界萬象，宇宙是充滿差異多元性的混沌。德勒茲對尼采的「永恆回歸」做了深刻闡釋，它意謂著回歸一個流動、嬗變和生成的世界，他以「差異」自身，將西方傳統的「同一性」藩籬中解放，以「生成」（becoming）挑戰「存在」（Being），破除了之前將「差異的重複」說成是「同一性模仿與變異」，「重複」是經由「差異」生成的，這「重複」不是「同一性」的回歸，唯一重複或回歸是「差異」本身，純粹的「差異」被表述為虛擬性或無器官的身體。[53]

　　筆者以為德勒茲寫了《「差異」與「重複」》，或者我們看德希達的《書寫與「差異」》，兩者都談論到了「差異」，而「差異」是由書寫的痕跡開始，從文本的閱讀「差異」談到文化處境理解詮釋的「差異」，再談到「重複」問題，我們可以由德勒茲寫的尼采的「永恆回歸」窺見「重複」的意涵。

---

[51]　楊凱麟〈自我去作品化：主體性與問題化場域的傅柯難題〉，出於黃瑞棋主編的《再見傅柯：福柯晚期思想研究》，杭洲：浙江大學出版，2008，頁57。

[52]　Gilles Deleuze: *Difference and Repetition*, 1994, by Columbia University Press, p54-56.

[53]　麥永雄著《德勒茲哲性詩學──跨語境理論意義》，桂林：廣西師範大學出版，2013，頁35-36。

肆、不同面向談「同一性」、「非『同一性』」思維

一、宗教與神話當中談到「同一性」、「非『同一性』」思維

「同一性」思維展現在宗教與神話的共同元素：原型思考上頭，「同一性」思維，用宗教現象學專家伊利亞德來看就是「原型」，那是永遠的鄉愁，回到伊甸園的樂園，永遠召喚著我們異鄉的遊子回到那家鄉裡去[54]。

事實上，熟悉伊利亞德的《聖與俗》，會清楚知道宗教根源經歷乃在於不斷重現這神聖經驗[55]，而神聖經驗乃在於一次次重現節慶洗禮當中的神聖性重現，神聖經驗歷程是在歷程中，它不是結果論，不是同一原因導致同一結果，它不是限定在因果循環中，它是非因果的，是「非『同一性』」的思維。

所以迴返樂園是透過不斷周而復始的節慶禮儀而重返那時刻，這是「同一性」，然而不是回到刻版印象的「同一性」意識型態裡。

若只是某類型的「同一性」，那這是「同一性」是原型的「暴力」，我們拒絕原型「暴力」，但我們不斷重返這原型的可能，裡頭有原型的詮釋的差異，差異藉由不斷迴返而彰顯原型的無限可能性，裡頭展現原型的動力學。它是宗教與神話當中對抗原型「暴力」詮釋的「非『同一性』」思維，它展現在宗教現象的解讀上是個無限回返的非原型或說是「非『同一性』」思維。

宗教與神話「非『同一性』」乃是面對傳統形上學的失落，希望由遺忘存有展現出存有的回憶，當我們透過節慶洗禮時，彷彿會帶回到神聖時間再一度回到此空間展現中，讓當中的此有回味無窮，而這是不斷回返，也是不斷拆解神話後，由世俗缺口重返神聖世界。

---

[54] 伊利亞德著（Eliade,M.），楊素娥譯《聖與俗——宗教的本質》（*The Sacred & The Profane:The Nature of Religion*），苗栗：冠桂，頁56。當中提到非宗教人有著伊甸園鄉愁痕跡，渴望重未墮落前樂園狀態。

[55] 伊利亞德著（Eliade,M.），楊素娥譯《聖與俗——宗教的本質》（*The Sacred & The Profane: The Nature of Religion*），苗栗：冠桂，頁60-64。奧托在《論神聖》強調人面對神聖，有神聖經驗，這些經驗是由神聖力在某方面顯現而引發的，神聖經驗呈現自己就像是全然他者（wholly other），人感到是種深玄感，人沒有能力可精確表達出全然他者，事實上，聖顯（hierophany），是神聖向我們顯示他自己，古代人都盡可能活在神聖中，或密切接近祝聖過的東西，神聖相當是一種力量，神聖被存在所滲透。

　　宗教與神話終極價值不會只有在那個民族或那個宗教裡呈現一種崇拜的思維，「非『同一性』」告知我們宗教與神話展現出在歷程當中「非『同一性』」思維，每一次展現都在此時此地的此人身上不同覺知的對話，這是「非『同一性』」思維再造意義。

　　我相信德勒茲裡頭是肯定樂園的存在的，樂園代表「原型」存在，也代表「同一性」思維本身存在，一種迴返本身其實就是「同一性」，德勒茲不講「同一性」的框架，他的「重複」不是「同一性」，「永恆回歸」不是「同一性」的回歸，而是「差異重複」的回歸。

　　筆者以為回到永恆鄉愁的伊甸園，那是薛西佛斯的命運之石催迫著我們周而復始，不斷在永劫中尋找生的意義的可能性建構，整個動作突顯無目的性的荒謬感，但在荒謬的「重複」的當中，卻知悉了人的內在目的性，不斷往生的超越前行。

　　「重複」是「重複」這樣的歷程周而復始，它也代表「身體體驗詮釋」同一與差異辯證的循環，更代表著一種修行，是不斷損之又損的主體消解歷程，是達到無主體，游離主體，以致於生命只剩事件的完成及不斷復歸歷程。

　　我以為德勒茲反對「同一性」乃是因為德勒茲也讀到了「原型」的無用感，封閉迴路無限迴轉「重複」，但德勒茲並未提出解決之道，他提出的是對「差異」與「重複」現象的描述，並且解讀了生命表徵。

二、文本與文化談到談到「同一性」、「非『同一性』」思維

　　「非『同一性』」思維在文本當中呈現出多元、差異及延異特點，關於文本的解讀，「作者已死」的概念早已說明作品非絕對的標準，後現代認為誤讀也是一種閱讀是非常清楚的事。

　　假設我們說文本泛在世界裡，世界文本的閱讀絕非單一面向，單一對應關係，世界所展現的文化現象觀也絕非只有「同一性」思維，且看後殖民時代對殖民帝國文化的反省即可明白，優越「同一性」思維始終為建構自身殖民方式而貶抑他者，文本與文化當中藉由話語反省在於話語的權力運作方式必須被審視，話語涉及溝通，而溝通的平臺絕非站在「同一性」思維談論的，這在莊子的《齊物論》早已看出。

　　莊子言：「物無非彼，物無非是……以聖人不由，而照之於天，亦因是

也。是亦彼也，彼亦是也。彼亦一是非，此亦一是非。果且有彼是乎哉？果且無彼是乎哉？彼是莫得其偶，謂之道樞。樞始得其環中，以應無窮。是亦一無窮，非亦一無窮也。故曰『莫若以明』。」

　　文本及文化當中強調話語，話語本身必須不斷還原本真，不斷「非『同一性』」才能趨進等同於道。文化本身的話語反省，裡頭涉及政治、社會及教育的菁英話語這塊，誰是菁英？菁英依何而說了什麼話？或者菁英的崛起因何勢力，這裡都涉及權力與話語之間的互動影響，甚至涉及了文化交涉問題。

　　當中有身分認同，這「同一性」與身分的認同的「暴力」也會隨之而產生問題，人生存面向是多元角度開展，然同一性容易建構出單一幻象，單一身分的幻象符合衝突對抗策者的「暴力」目的，對於那些煽動「暴力」的人，他們竭力尋求這種簡化主義的思維模式，而滋生「暴力」的藝術依著這些，去擠掉思考自由及冷靜推理的可能，它依著一種邏輯，一種片斷邏輯，忽略其他歸屬的重要，並且以咄咄逼人的形式重新界這唯一身分，並且透過片的強調和煽動來抹殺人們的其他各種歸屬和關係，[56]我想這些都不容小覷。

三、哲學與方法當中談到「同一性」、「非『同一性』」思維

　　傳統哲學論述上，針對「非『同一性』」思維會偏重對「同一性」的反省，由邏輯出發考察「同一性」源頭，再針對「同一性」的否定層面所帶來辯證法的優點，進一步說明，我想這是偏現象學及詮釋面向，它甚至是非邏輯為中心或說是非語音為中心的思考，它打算去除工具理性的危害，重新思維真理與方法問題，真理是意義未明的歷程，因之哲學面對真理只能採取方法的說明，就好比是「能知」與「所知」、「能指」與「所指」、「能思」與「所思」當中，「所知」的那物，「所指」的那物，「所思」的那物是不可言明的不可思議對象，關於對象曖昧不明，有如一片混沌，當然就只能以「能指」、「能思」與「能知」那部分來做為探討，而這探討的方式成了一場知識與語言的轉向。

　　吳明[57]以為西方傳統哲學的主要問題，先是柏拉圖的「理型論」，之後乃是「為存在而奮鬥」，到近代笛卡兒之「認識論轉向」（epistemological turn），

---

[56] 印度的阿馬蒂亞・森（Amartya Sen）著，李風華，陳昌升，袁德良譯，《身分與「暴力」——命運的幻象》，北京：中國人民大學出版，2012年出版，頁144-151。

[57] 吳明寫在《當代新儒學國際學術會議》〈「語言轉向」與中西哲學會通——從哲學語言看語言哲

從「什麼是最後存在」轉為「何以知有存在」──：「我的理性，包括思辨理性與實踐理性，所關心的可概括在下述三個問題：1.我能（kann）認識什麼？2.我應（son）做什麼？3.我可（darf）期望什麼？」，最後為「人是什麼？」。[58]

西方哲學發生的「語言轉向」（linguistic turn），維特根斯坦是這次轉向的肇始人，面對傳統認為意義更為基本，甚至比存在或知識更為基本，[59]維特根斯坦之「語言轉向」是回應康德的第一問「我能（kann）認識什麼？」，是「為知存有而奮鬥」，也就是由「存在」而「知存在」而「說存在」，在人能「知有存在」之中，「語言是世界的量度。」、「語言（我所理解的那個語言〔暗指圖像語言〕）的界限，意味著我的世界的界限。」[60]

> 「能以最本己的本真的方式成為有罪責的。此在有所領會地讓自己被喚前去，喚向上面這種可能性，其中包含有此在對呼聲成為自由的情況：準備著能被召喚。此在以領會呼聲的方式聽命於它最本己的生存可能性。此在選擇了它自己。」[61]

所以語言的轉向必傾向使意義活過來，或說使形上學活過來，或使神學活過來，這意義不再虛無化自身。

筆者以為這語言轉向導致於無何有之鄉的現象詮釋探討，它是一種形上學的企求不得已的變身，這變向使得主體成為跨越主體，符號成了游離的記號本身，最後是不斷「越界」，在張力當中呈現方法無法拘執的無限創發歷程的可能性，而我們生命就是那創作品，體驗成為哲學與方法當中「非『同一性』」思維的體現。

四、美學與修養當中談到「非『同一性』」思維

「非『同一性』」思維擺放在生命層級來看，就是自我「修養工夫」境界

學兼為牟先生之語言觀進一解〉，頁141-167，共27頁。

[58] 康德《純粹理性批判》A805-B833及《邏輯講義‧導論Ⅲ》。

[59] H. L. R. Finch《後期維特根斯坦哲學》英文版，頁246。

[60] 維特根斯坦《名理論》T5.62。參閱牟宗三譯本。

[61] 馬丁‧海德格爾（Martin Heidegger）《存在與時間》（陳嘉映、王慶節譯）北京：三聯書店，頁343。

論，也就是傅柯所言的境界美學，這境界的說法，中國哲學講的很深，中國哲學都是一種「身體體驗詮釋」的美學，它是生存美學，是此有在生活世界在動態辯證詮釋當中，所呈顯出來的境地美學，它也是一種空間美學，以人作為當體，呈現出身體為空間美學的展現，它是身體詮釋現象學，以主體的參與者為中心呈現，而參與道的運行，「為道者同於道」是非常特別在詮釋「非「同一性」思維的說法。

當代裡論及差異往往放在美學上有所著墨，我們可以由劉千美《差異與實踐看到——當代藝術哲學研究》[62]，美感是種全面感知，不同於邏輯思維表象思，將整體生命提升於日常經驗之上，將在在整合於整體觀照裡，不再是言語，而且試圖在差異及混沌中找秩序。

當代前衛藝術以存在困境呈現出神聖者缺席，並且重返真實存有的光輝，並且試圖避免在既取的形式內，由於重複而導致僵化，它不斷突破找尋差異存在的發展動力，它以藝術作為重立差異的言語，作為走出自己，超越自己的傾向及要求，它是朝向無限超升，不再自我封閉，而為掙脫封閉於自我存有，在偏離存有中朝向他人，關注本質外事物，使主體超越成為他者（列維納斯），因此強調不「在場」臨現的崇高感，如此存有者才不會是消逝中的存有差異的蹤跡，藝術成了追求超越者蹤跡的寄望。

總結

當代可以說是一種反「同一性」運動的浪潮，而這浪潮順延著後現代、後結構甚至後殖民運動以來的思維方向是一致的，做為一個哲學工作者，我想這是需要將眼光拉回到所謂「同一性」是什麼當代可以說是一種反「同一性」運動的浪潮，而這浪潮順延著後現代、後結構甚至後殖民運動以來的思維方向是一致的，做為一個哲學工作者，我想這是需要將眼光拉回到所謂「同一性」是什麼，「同一性」的問題，它甚至超越思維本身，而是體證思維存有的真確性問題。

德希達也深深的陷入這個「失落伊甸園」的寓言。德希達在解構西方形上學過程中，運用了索緒爾（Ferdinand de Saussure）符徵／符旨系統設計，說明意

---

[62] 劉千美《差異與實踐看到——當代藝術哲學研究》，臺北：土緒，2001，頁71-81。

義因在「不是什麼，所以可能是什麼」的無窮差異和及推衍中延宕，符旨義像是無法投遞的明信片，只能在不斷的延異中播撒無窮的意義。[63]

那「符旨」通常是那物（傅柯語言），「符徵」與「符旨」通常有斷裂部分，必須層層堆疊才能趨近那可能揭露本體，這是千高原（德勒茲語言），[64]通常當代裡會不斷談到「差異」或延異問題，就是在講符號當中「能指」涉到本體部分，其實充滿無力感，但是我們又只能在黑森林的迷宮裡匍匐前進，話語是支藉，更是障礙，是助力，也是阻力。

在當代思維所謂「同一性」已將範疇打破，而做為一種對傳統形上學的反思，「同一性」思考也是建立在此領域上而有所開展，這領域上已超越原有邏輯範疇，而與許多領域結合一起，當代思想其實尋索著自己體系，而近代形上學瓦解，批判形上學，其實裡頭蘊含著一種形上學，實際上對「同一性」的反思其實就是擺脫形上學的桎梏，建立形上學的新契機。

總體而言，「非『同一性』」就是「同一性」，他們所言乃是同一件事不同面向，當代今日所言乃是由一個極點到另一個極點。

「非『同一性』」乃在為了去除「暴力」的意識型態，爾後回歸意識型態的「滌除玄覽」方式來要求「同一性」勿成為「暴力」詮釋自身的打手。

「非『同一性』」著重意識每一階段真實顯現自身，所以我們可以看到意識流的講法在量充斥在這些哲學家的寫作身上，對意識流感受的描寫，成為現象學「非『同一性』」思維實踐方法。我們可以舉普魯斯特的《追憶似水年華》為例。

德勒茲說到在《追憶似水年華》當中，所追尋的不是過去，而是未來，從過去的經驗與事件記敘中，走向未來，學習符號，將之解碼，或許是世俗、或許是愛情，或許是印象感官的符號，它顯示了一剎的時間或某種事物本質，這些所有符號會匯流成為藝術符號，而藝術是邁向真理與本質的媒介，德勒茲在《普魯

---

[63]　參見Saussure（1966）. Course in General Linguistics, New York: McGraw-Hill, p.65-78.

[64]　德勒茲（Gilles Deleuze）和瓜塔里（Félix Guattari）在《反伊底帕斯》（Anti-Oedipus）和《千高原》（A Thousand Plateaus:Capitalism and Schizophrenia）裡談到「千高原」，這個是指千高原中的「原」（plateau）一詞，最早是喬治・巴特森最初與性高潮有關，「某種持續的強度之『原』取代了（性）高潮到來。」到了德勒茲和加塔利後結構主義思想中，變成了『居間』（in-betwwwn）是丰姿多彩、變化生成的平臺；猶如地理上的「原」，既可指平原，也可指高原，有參差不齊、氣象萬千之意趣。它是指千高原展示一個充滿差異與聯繫的大千世界，以供思想的駿馬馳騁或游牧。此解釋出於汪民安《文化研究關鍵詞》，江蘇人民出版，2007年出版。

斯特與符號》中說到藝術作品透露的本質就是「差異」、最終及絕對「差異」，這絕對「差異」是內在自主獨立的「差異」。[65]

---

[65]　羅貴祥著《德勒茲》，臺北：東大，2008年，頁116-119。

參考書目

馬丁‧海德格爾：《同一與「差異」》，北京：商務印書館，2011。

黑格爾（賀麟譯），《小邏輯》，臺灣商務：1998。

沈清松著《物理學之後/形上學的發展》臺北：牛頓出版社，民76。

曾仰如著《形上學》，臺北：商務印書局，民七十六年。

尚杰著《沉醉之路──變異的柏格森》，北京：人民出版社，2013。

楊凱麟著〈起源與重複：德勒茲的「差異」問題性〉，《國立政治大學學報》，第三十一期，2014年1月。

柳東林著《哲思黯退 禪意盎然──現代西方文學的禪化述要》，北京：中國社會科學出版社，2011年。

海德格著，〈世界圖像的時代〉孫周興譯《海德格爾選集》，上海三聯書店，1996年。

汪民安《文化研究關鍵詞》，江蘇人民出版，2007年出版。

羅貴祥著《德勒茲》，臺北：東大，2008年。

麥永雄著《德勒茲哲性詩學──跨語境理論意義》，桂林：廣西師範大學出版，2013。

潘于旭著《斷裂的時間與異質性的存在──德勒茲《差異與重複》的文本解讀》，杭州：浙江大學出版社，2007。

楊凱麟〈自我去作品化：主體性與問題化場域的傅柯難題〉，出於黃瑞棋主編的《再見傅柯：傅柯晚期思想研究》，杭洲：浙江大學出版，2008。

德雷福斯／拉比諾著，錢俊譯，《傅柯──超越結構主義與詮釋學》，臺北：桂冠，1995。

費德希克‧格霍（Frédéric Gros）著，《傅柯考》臺北：麥田出版社，2006。

杜小真編選《福柯集》（Fuke Ji），謝強譯《知識考古──引言》上海：上海遠東出版社，2002年出版。

肖錦龍著《德里達的解構理論思想性質論》北京：中國社會科學出版社，2004年。

雅克‧德里達（Derrida,J）著，杜小真譯《聲音與現象──胡塞爾現象學中的符號問題導論》（La Voix Et Le Phénomène），北京：商務印書館，2001年。

馬丁‧海德格爾（Martin Heidegger）《存在與時間》（陳嘉映、王慶節譯）北京：三聯書店。

黃聖哲〈阿多諾的非同一性思維及其與後結構主義的關係〉，收錄於黃瑞祺主編《後

　　學新論——後現代／後結構構／後殖民》，臺北：左岸，2002。

劉千美《差異與實踐看到——當代藝術哲學研究》，臺北：土緒，2001。

陳瑞文著《阿多諾美學論》，臺北：五南，2010。

吳明寫在《當代新儒學國際學術會議》〈「語言轉向」與中西哲學會通——從哲學語
　　言看語言哲學兼為牟先生之語言觀進一解〉。

印度的阿馬蒂亞・森（Amartya Sen）著，李風華，陳昌升，袁德良譯，《身分與「暴
　　力」——命運的幻象》，北京：中國人民大學出版，2012年出版。

伊利亞德著（Eliade,M.），楊素娥譯《聖與俗——宗教的本質》（The Sacred & The
　　Profane:The Nature of Religion），苗栗：冠桂。

班雅明的《德國悲劇的起源》，Walter Benjamin, *Ursprung des deutschen Trauerspiels*. in:
　　GS Bd, I. 1, Frankfurt/m.: Suhrkamp, 1974.

Gilles Deleuze: *Difference and Repetition*, 1994, by Columbia University Press.

F. Nietzsche, *The Will to Power*, Walter Kaufmann and R.J. Hollingdale trans., New York:
　　Vintage Books, 1967.

Jim Powel, *Derrida For Beginner* (Writers and Readers, 1997)

John B. Thompson, "A Response to Paul Ricoeur," in Paul Ricoeur Hermeneutics and th Human
　　Sciences,ed. John B. Thompson, (Cambridge: Cambridge University Press, 1998)

Jean-Francois Loytard, *The Postmodern Condition*, Manchester: Manchester UP, 1986.

Saussure (1966). Course in General Linguistics, New York: McGraw-Hill

第五章　由老子來進行身體的同一與差異進行辯證思考

前言

　　當代可以說是一種反「同一性」運動的浪潮，而這浪潮順延著後現代、後結構甚至後殖民運動以來的思維方向是一致的，做為一個哲學工作者，我想這是需要將眼光拉回到所謂「同一性」是什麼？為何它引發無限熱情以致於對反這「同一性」概念會產生如此軒然大波呢？我企圖去做基要的反省工夫，設法爬梳裡頭結構性問題，針對《老子‧第一章》的配搭給予我們的啟迪，讓我們解放在無何有之鄉，以便爬上那不斷離異，而又回返的千高原裡來重解當中的原型、話語及主體的解構歷程。

　　作為一個東西方文化交流的對談者而言，我們看到老子當中的超文字或者互為主體文本的概念出現，特別是在〈第一章〉所顯示出來的生命文本現象的詮釋學，作為一個為道者現身說法，在開始即已告知你符號的無能為力，他很清楚解構符號的蒼白感，絕不會是單一對應關係的解讀，而是無限開展的塊莖可能性。

　　它說明的是道體無限的解讀的可能性，因緣著為道者體道本身的差異的詮釋經驗，它不是神聖形上幻影，不是單一根源宰制，它來自於你對原型——道的不同生命情境的體悟，它是無限差異生命現象學，當我們不斷返之又返時，它所展現的生命精神追求，已不再受限於「同一性」單一原型詮釋，而是在非「同一性」的差異地思考差異本身覺知到身體體道之之所有流變存有現象呈現在吾人身上，它是無限延展的生命境界，至此「同一性」與非「同一性」已消弭其疆域，而呈現和解的天均狀態，它是「越界」後又永恆回歸的人類命運交響曲。

　　因此我們重新分析《老子‧第一章》，第一章是這樣寫的：

> 道可道，非常道。名可名，非常名。無，名天地之始。有，名萬物之母。故常無，欲以觀其妙。常有，欲以觀其徼。此兩者，同出而異名，同謂之玄。玄之又玄，眾妙之門。

從第一章，我們進行更進一步的分析。

壹、是種知性形上學文本閱讀方式

　　道家著重的是更內在生命冥合的本體論與工夫論的合一，所以在老子〈第一章〉已然揭示了道體本身為何？以及言詮的限制性，老子不只是在一個地方不斷提及了身體部分，老子的用意在於本體與工夫合一乃是透過操作的修養身體經驗做起，以此有詮釋學來說明生命的創造詮釋，此乃是生命的超升。[1]

　　可以說道家是最著重生命的觀點，所以我們可以看到由貴生、保生以致於全，所謂生生大義，乃是放在「涵蘊依存關係及綜攝系統的真實的界域中，而進一步予以深化、廣化，並賦予相當的形上高度」，這種涵蘊依存關係與綜攝系統的真實界域，乃是建構在知性形上學的進程裡，將其所知實踐出來，而這實踐知識乃是順著存有的脈絡而律動起來，這就是老子的自然之道，[2]道家所講工夫修養乃是努力將這個自然之道給體現出來，而這個就是身體體驗同一與差異詮釋。

一、是種實踐的知性形上學

　　當代中國哲學經典詮釋所講「身體體驗詮釋」其實就是在差異、多元對比文化當中，體現出形上本體的妙境來，而這就是一種實踐智慧，我在生命妙境中將自己在面對多元、差異思維當中，穿透出一種氛圍，這種氛圍使我不斷追尋、探究，去省察自我生命世界是如何。

　　這種互為主體際性交流的身體文本閱讀經驗本身說明著對比哲學在「身體體驗詮釋」當中乃是找出動態座標軸，去勾勒出生命藍圖所在在過去、現在與未來當中有所切換，在傳統與現在、異時空當中，去達成「身體體驗詮釋」，而這是知性形上學面向，去說明出在差異與互補，延續與斷裂之間的一種相互的同一與差異辯證。老子第一章開章明義就是告訴我們確實有道的存在，而且也分析了道的獨特解析及閱讀方式。

---

[1] 葉海煙著《莊子的生命哲學》，臺北：東大，民79年，頁43。葉老師間引鄔昆如老師《莊子與古希臘哲學中的道》，臺北：國立編譯館，民61初版，頁72。說到：「莊子致力於『超升』的運用，這種『超升』概念在《莊子》書中，就是『遊』概念。」

[2] 「人法地，地法天，天法道，道法自然」《老子‧第二十五章》。

二、是互為文本的身體實踐智慧

　　作為一個東西方文化交流的對談者而言，我們看到老子當中的超文字或者互為主體文本的概念出現，特別是在〈第一章〉所顯示出來的生命文本現象的詮釋學，作為一個為道者現身說法，在開始即已告知你符號的無能為力，他很清楚解構符號的蒼白感，絕不會是單一對應關係的解讀，而是無限開展的塊莖可能性，它說明的是道體無限的解讀的可能性，因緣著為道者體道本身的差異的詮釋經驗，它不是神聖形上幻影，不是單一根源宰制。

　　身體經驗與生存環境之間的互動，互為詮釋的文本成了當中涵容依攝的關係脈動，糾結出複雜宇宙論、知識論及形上學及倫理學交錯的奇景，而我們就是以「身體為文本的閱讀經驗」來進行生存意義的建構。誠如筆者所言：[3]

> 人最初基本體驗是發生在我們身體內構成的經驗，身體是構成經驗歷程場域，也是所有流逝現象得以呈現場域，自我的覺知即在身體場域發生，也就是身體是建構意義最初場域，意義總在關係脈絡中開展，向世界訴說著一切，向存有訴說一切，一切即在一的源頭發生，在意義源頭動力場中，由此生發。而我的身體是最初的他者，他者與我之間互為辯證的動力交流生發出意義，意義在現象與本質當中擺盪，在擺盪中，拋開目的及工具性枷鎖，朝向無目的價值貞立，身體知覺只是放開，用心靈之眼去觀看，去聽聞生生的節奏。我的身體總是向著世界開展，指向他者，並啟動自我建構意義的循環。

貳、形上學伏藏的霸權與暴力

一、針對「同一性」宰制的反動

　　針對老子〈第一章〉所指的道本身，它其實要指出的不容許「同一性」僵化與宰制來體會所謂道本身。

---

[3]　參拙著《由東西方來看生命體驗的詮釋對話》，發表於真理大學《博雅教育學報》第二刊。

　　這與西方批評的邏輯為中心的語言思想如出一轍，眾所皆知，「同一性」的思維是當代西方思維的反省，它與知識論的轉向與語言學的轉向有關，「同一性」思維更與當代科技發展、全球化思潮、跨領域的研究有關，「同一性」也可以說是全面反省在科技之下形上學的走向脫胎換骨，它由遺忘存有開始反省，走向存有的開顯，透過存有體驗，默觀生命現象學，以去除獨斷傳統形上學霸權。或許老子會說請革老子的道，讓你的道存活也不定。邏輯為中心思考方式專斷不拘執形上本體的道，道是應是眾妙之門。以德希達的話來說就是使用語言符號對原始意義掌握是不可能的，不可能只有一種專斷形上學本體說法。

二、不能產生專斷的形上學

　　不可能存在著專斷的形上學，思維與存有的「同一性」最大的問題，在〈第一章〉首先要破除的便是要告訴你去除框架，去除僵化封閉體制內去看「同一性」問題，因為當我們一必追求「同一性」，要求「同一性」復原時，這「同一性」會產生一種體制的「暴力」問題，然與不然、可與不可、說與不說、意識與潛意識之間的張力即在「身體體驗詮釋」動力詮釋場域中彰顯，是有待，亦是無待，無待於外、無待於內，而在自由自在遊戲中詮釋彰顯出來。此種說法有如以後現代來說明禪學精神，如下所言：

> 「一種從所有形上學中心的固著中，跳脫開來的無邊開放性……（藉著）文本的能指而徹底裂決地自由遊戲……」[4]

三、暴力的幻影

　　筆者寫的有關「身體體驗詮釋」其實某個角度來看就是在說明這樣生命現象詮釋，它放在身體層面感知，甚至與生命的時間、空間、回憶與原型的呼喚有關。

　　而這生命現象的詮釋，西方還會進一步去探討傳統形上學的弊病問題，在海德格稱為存有遺忘，在神話學是遺忘原型，在文化裡是忘根的說法，傳統形上

---

[4] Steve Odin, Derrida and the Decentered University of Chun/Zen Buddhism, Journal of Chineds Philosophy 17 (1990), p84.

學還會進階去談到關於形上學論述的荒謬性問題，也就是形上學文本當中，存有論述所產生的「暴力」問題，這「暴力」與我們追求的形上價值有關，假使我們執著某一烏托邦形上的幻想的話，這裡可能會產生一種「暴力」的詮釋問題，或者是原型的「暴力」問題，或者是形上的「暴力」問題，假使終極價值為形上學最重要的建構問題，那如果終極價值可能走偏了，而我們仍然執是而說非，這是形上學的遺忘，也可能建構出形上學的空中樓閣。

當你認同自我是自我，存有是存有，道是道時，道的宰製性油然而生，「同一性」所欲達到的道的原初，會進一步形成道的原初的虛假性來控訴自己，這是主體可能產生的「同一性」執著幻像，這幻像會是將他人的「面容」加以討伐，而忘了原始天真的面容，一個全然「他者」會被迫消亡在「同一性」的追求上，所以在思維上面。

四、主體的越界及游牧狀態

〈第一章〉裡藉由對立與矛盾的概念，要你消解主體的城牆，讓城牆倒塌，以致於我們無主體，或者是游牧主體，游離在邊界之上，不斷使己身參與其中，呈現跨主體的「越界」狀態，使主體與客體消失，使主觀與客觀消失，使原型與非原型消失，它是不斷復返狀態，不斷馳緣「越界」的挑戰邊線，所呈現是跨主體游離狀態的噴發創作能量。

老莊思想的之道就是要破除對立，達到天人合一想法，所以鄭明河（Trinh T.Minh-ha）以德勒茲與瓜達里來說明這樣的「天人合一」想法，據聞兩人著迷於神祕「天人合一」想法，他們提出了塊莖（rhizome）來說明各式各樣的生成（all manner of "becoming"）[5]。

鄭明河以為這是東方塊莖模式，它無法簡化成為唯一（the one），更不是由「一」衍生出來的「多」（the multiple），誠如德勒茲及瓜達里說到塊莖是「是由……各種處於運動狀態的方向所構成。」[6]

鄭明河解釋了這是「生成創造了自己，因為它秩序不是父子親嗣關係，而

---

[5] [韓國]鄭明河（Trinh T.Minh-ha）著《他方，在此處——遷居、逃離與邊界記事》（*Elsewhere, Within Here: Immigration, Refugeeism and the Boundary Event*），臺北：田園城市，2013，頁133。

[6] Gilles Deleuze & Felix Guattari, A Thousand Plateaus, trans, B. Massumi (Minneapolis: University of Minnesota Press, 1987), p.25.

是結盟。所以生成起碼牽涉到一個雙重運動，因為事物生成本身也是生成。」[7]

德勒茲與瓜達里提到塊莖由高原組成，鄭明河解釋為它是「『位於中間，介於事物之間，相即相入（interbeing）[8]，是間奏曲』，沒有巔峰與終點，它運動方式是來來去去，而不是開始和結束。中間『不是平均值……介於事物之間，並不表示有一個定域化的關係（a localizable relation），可以從一物走到另一物，爾後再折返，而是……一條沒有起點或終點的溪流；起點和終點侵蝕兩岸，河道中段則水流湍急』。」[9]

處於中，居間概念鄭明河以為事情可以往任何方向發展，人行其中，展現自由度，人時時醒察，權衡重心，繼而改變，將變動帶入自己身體運作裡，並且化解掉，誠如蘇伊（Sui）說到「『中』通常搭配『和』這個字。同樣的，『和』並不表示一致、劃一，『和』是『紛然、多元的意義與運動……』，『和』不只與差異共存，甚至與之共生，因為沒有差異，就沒有和。」[10]

參、針對文本霸權反省

既是實踐知性形上學，那麼就是以身體為文本的實踐智慧，以身體為文本的實踐智慧，得要去除掉文本霸權。文本霸權展現在存有根源的始基探討，文本霸權展現在「有是有、非有是非有」，「同一律」，是就其物自身而言有所開展，這種物如一方面框限了所有發展存有本身的概念

一、話語的無能為力：強說之

面對道，話語是無力的，也很蒼白說明瞭話語的無能為力，但是他還是要嘗試要去說它，「強說之」。如老子所言「有物混成，先天地生。寂兮寥兮，獨立而不改，周行而不殆，可以為天下母。吾不知其名，字之曰道，強為之名，曰大。大曰逝，逝曰遠，遠曰反。」

---

[7]　[韓國]鄭明河（Trinh T.Minh-ha）著《他方，在此處——邊居、逃離與邊界記事》（*Elsewhere, Within Here: Immigration, Refugeeism and the Boundary Event*），臺北：田園城市，2013，頁134。

[8]　按鄭明河解釋這是華嚴宗的緣起說，「相即」意思為法不孤起，萬事萬物相依存。頁134。

[9]　Gilles Deleuze & Felix Guattari, *AThousand Plateaus*, trans, B. Massumi (Minneapolis: University of Minnesota Press, 1987), p.25.

[10]　R.G.H. Siu,*The Tao of Science* (Cambridge, Massachusetts: The M.I.T. Press, 1957), p.178.

　　換句話說，是不得不用一種貼近語言的方式來去說明講述它。我們可以說「道」勉強說它，它應是這樣的表述方式「存有」是「存有」或者「是」是「是」，這是「同一性」，也是「同一律」語言的陳述，但是這樣說法並沒有增益我們對其本身內涵的了解，甚至會框架住我們對它的理解，這也是為什麼當代會批評過去對「同一性」的解讀問題。

　　後現代德勒茲（Gilles Deleuze）《差異與重複》導言：同一性的無上優先性，曾確定了表象世界的建立，而在同一表象之下，已難找到激發的行動的力量，剩下只是僵化與宰制而已，因此思考差異變成後現代哲學很重要一環。[11]

二、以否定方式勉強說之：正言若反

　　當我們使用邏輯語言來看待道時，肯定句的表述是直接陳述是：「道是什麼」，但我們很少看到這種肯定出現老子的語言裡，大部分我們看到是形容道的現象，這是道的現象學，它展現出來是道的流變，不一不異狀態。

　　它形容道的存在狀態，勝過於道是什麼的表述肯定句，它由一個「泛在」現象描寫來說明「道是什麼」，換句話說：它不是由直接肯定陳述句去說明它是什麼，而是間接觀察描述句去說明它是什麼，再進一步去肯定它在。

　　「有與無」或者「有名與無名」當中呈現出矛盾對立說明瞭語言的蒼白無力，面對「那東西」，只能是失語狀態，蒼白自己以呈顯自己，這裡的拉拔說明著思維本身的體證與存有之間有著一條鴻溝與斷裂，若我們說存有的道要設法被思維完全了解，那是不可能的事，因為主體常是話語所構成，我們說話常是在體系當中藉由習語去說話，這習語並不能彰顯存有，習語出現在我們所處社會體制，它是一套語言系統的架構，而道總是逃離體制與架構，它不是一套習語的應用方式，它是幽魂的語言，游離在文字符號邊緣之外，是「強」為之名。

三、所謂傳統文本弊病意謂著文本的霸權

　　文本霸權[12]意謂著，單一文本的荒謬，文本霸權現象，文本意識型態的強姦

---

[11] 間引自劉千美所著《差異與實踐看到──當代藝術哲學研究》，臺北：土緒，頁15。

[12] 這點和葛蘭西的「文化霸權」可以說明，『文化霸權』說的是：「霸權意味著資產階級〔即布爾喬亞階級〕的價值和規範對附屬階級享有意識上的優勢，強調上層結構〔即智識與文化的影響〕

是最令人詬病的，它代表主流意識的控制，所以在老子文本當中，確切說明二元對立強勢觀念都不應該太執著，當這些主客二元對立的符號砌起人心恐懼與欲求時，就以框死人的所有想像力與創造力了。

文本要有動力必先突破二元對主客框架。所以老子說到：

> 道可道，非常道，名可名，非常名。無，名天地之始；有，名萬物之母。故常無，欲以觀其妙；常有，欲以觀其徼，此兩者，同出而異名，同謂之玄。玄之又玄，眾妙之門。《老子·第一章》

當代多元文本的解讀，就文本而言，任何人對它的理解詮釋，的確在某種程度上，有著不斷產生差異的驅力，而這確定是人類精神的動力與靈魂，所以意義的模糊、歧異、與誤讀都不礙於意義的呈現多元差異中差異。[13]

老子與莊子對道的解讀，一如對文本解讀一樣，他是「在場」形上學的解讀，在文本的痕跡中，不斷理解產生延異的遊戲活動。[14]

換句話說，文本不是絕對，在對道的理解體悟中，應有如編織物般多元交統，呈現出道的開放性。

「身體文本同一與差異」的辯證方式最後朝一物體前進般，而在這不斷往返的過程中難免遭遇到挫折，於是有了「失落伊甸園」說法，當我們以「身體為文本的閱讀經驗」開啟了存有可能性時，對「物」（指道）的無力感正突顯出以文字符號掌握的無力感，誠如老子第一章所言：「道可道，非常道；名可名，非常名」一般，向著物前進或者說向著道前進的修道鍛煉者，以術來掌握的無確定性，誠如後現代的特色一般，是無確定意義掌握，是「能指」與「所指」之間的斷裂。

誠如德希達所說：

在使階級永久化和阻止階級意識發展上所扮演的角色而非經濟影響。」Robert W. Cox, *Gramsci, Hegemony, and International Relations,* (UK: Cambridge University Press, 2000) 頁80。
文本其實背後隱含著文化教育、政治、經濟或者說是意識型態影響，換言之，被這社會『文化霸權』所影響。文本得要剗除霸權本身，給予更開放的價值。

[13] 後現代是語言學的轉向，沒有先於且獨立於語言的客觀實在世界，沒有獨立於語言的客觀意義，所以「文本之外無一物」。見於王岳川，《後現代主義文化研究》，北京：北京大學出版社，1995年。

[14] 德里德著，楊恆達等譯，《立場》，臺北：桂冠，1998，頁29。

中心並不存在，中心也不能以在場者的形式被思考，中心並無自然的場
所，而且在這個非場所中符號替換無止盡地相互遊戰著。……在中心或始
源缺席的時候一切變成了話語……也就是說一切變成了系統，在此系統
中，處於中心所指，無論它是始源或先驗的，絕對不會在一個差異系統之
外呈現。先驗所指的缺席無限地伸向意謂的場域和遊戰。[15]

肆、針對話語暴力反省

一、話語的暴力

　　作為道的文本語言，開章明義〈第一章〉，首先針對道的不可解釋性給予
明確說明，這裡說到有與無、有名與無名或者有關始源的說法，其實就是說語言
與道之間弔詭性。

　　話語其實當代反省起來，話語具有集體社會意識型態的架構，當你嘗試說
出時，很容易陷入結構的「暴力」之中，或者是「同一性」的「暴力」之中，你
無法真正說出「所指」的部分，因為意義本來就不清楚，但你以為清楚，而帶有
話語「暴力」去詮釋這東西。

　　所以文化當中意識型態的詮釋往往可能夾帶「暴力」的話語部分，不是單
一對應關係，它是千層萬層堆疊出意義的本身，不再拘執單一呈現的意義，或者
說不再以某原型的或者某存有的概念拘執，以致於以幻為真，走偏方向，還予以
「暴力」詮釋，而忘了存有體驗到本身的千萬變化的無限開展的可能性。

二、話語必須差異思考

　　「同出而異名」，已然告知，「同」意謂著有與無出於某根源，這根源可
能名之為有，也可能名之為無，有與無同出，然而卻產生差異名號，也就是如德
希達說：

---

[15]　德里達：《結構、符號，與人文科學話語中的嬉戲》，見王逢振等編《最新西方文論選》，漓江
　　出版社，1991年，頁149。

意義的意義在於無限地暗示，能指不限定地指向所指，……能指的力量在於某種純粹性、無限的模擬性，無休無止地賦予符號意義……能指總是一再地指向差異、製造差異。[16]

話語是群體政治面向，話語難以扶正，話語本身就有偏執，所以必須不斷地「差異」地思考，以致於呈現無主體或者游離於各主體間或者說是游牧的主體來思考。

話語或者說文字符號與道之間關係充滿無限張力的可能，誠如梅露‧龐蒂所言：

符號不意指任何東西，各個符號與其說是表達一種意義，不如說是標誌自身與其他符號之間意義的偏離。因此，可以適用在有其他的符號上，總結出語言是由差異組成，或者更確切的說，語言的界限只有透過它們當中出現的區別才能形成[17]。

三、去除巴別塔，開放話語

定型的語言產生破裂，成於有對，行於執持之途，而逐之愈出。以有涯逐無涯，殆矣！因此語言本身必須解放開來，不能只是「『同一性』」巴別塔的語言建構，必須有五湖四海的開放性話語交流。

聖經說到有人提議要建立巴別塔，巴別塔是使用同一語言，教勢得以開展，這是人們的驕傲，自以為是要建構通天之塔，然而上帝並不喜歡這想法，因為它代表一種人類自以為可以宰制世界的語言文化出現，以致於它的失敗與侷限，德希達談到：

以Babel這個字，宣判了人類使用不同語言。因此，透過一個可能是世界性的語言，他們必須放棄他們的宰制計畫。事實上這個建築的干預，以一

---

[16] Jacque Derrida,Speech and Phenomena, Evanston: Northwestern University Press, 1973, p.58.

[17] Merleau-Ponty, Maurice, "Indirect Language and the Voices of Silence" *in the Merleau-Ponty Aesthetics Reader: Philosophy and Painting*, ed. Galen A. Johnson & Michael B.Smith, Evanston: Northwestern Universiyty Press, 1993, p.76.

個建構——同時也意謂著解構——表徵著強求一個世界語言以打垮這個世界的政治、語言支配計畫的失敗與侷限，一種主宰語言多樣性的不可能性，一種普遍翻譯的不可能性。這也意謂著建築的建構將永遠是一個「迷宮」（德希達，1992：48）。[18]

若只是「同一性」的語系裡，那語言的話語必須是「非『同一性』」符號，「非『同一性』」符號放在「同一性」的歷程中是種同一與差異辯證的歷程，經由「非『同一性』」符號而達到「同一性」，為避免「同一性」而又逃離「同一性」，所以是種「返之又返」的反覆歷程，它是不斷「非『同一性』」符號，又非「非『同一性』」符號，又非非「非『同一性』」符號，它是意識型態的束縛的不斷打破。

四、非石化的語言遊戲

老莊語言型態多是恢詭譎怪，最後以言去言，歸於無言，如老子曰「無名天地之始」、「聖人無名」、「名與身孰親？」，莊子也言「謬悠之說，荒唐之言，無端崖之辭」，從這些說法看來，語言不應為御用，不應被擁有，話語本身應去除集體意識型態的固著，而呈現出一種打開狀態，語言不應是石化或異化狀態。

語言應由封閉當中打開存有根源力量，主體為道參與了道本身的詮釋循環時，主體應消解自身，以遙而遠之，遊於無何有之鄉，而這是去除「同一性」存有固著思維所呈現的存有開顯。

為道者作為一個參與道的運作狀態的存有者，以話語痕跡迎向存有體驗，不拘執於痕跡，是不斷在延異當中，逃離原有模型的箝制，試圖以背返而又貼近方式，遊走真實意涵，設法使道彰顯，這歷程是個拋出又拋入的狀態，它是一種語言遊戲。

詞從來就不等於物自身，詞指向物，但它絕非就是物，詞本身的理解就其性質而言永遠是固著在某些框架之上，而道是在域外之境，不會被詞所宰製，這詞代表某時空的凝結物，而這物是要逃離這凝結的規則之外，它是屬於「非『同

---

[18] 根據〈創世紀〉第十一章說到人們想要建設巴別塔，那是同音同聲，可以壯大自己的塔，是個單一語言，但為何上帝不喜歡而又破壞呢？乃是這塔若建立起來，將產生強大的破壞及毀滅力量，因此上帝不允許人們依自己喜好建立這塔，有趣的是在九到十一章當中所描述的原始語言是一樣的。

一性』」符號，非固化或異化的那物。

　　所以我們看到了「道可道，非常道」的部分，「有名、無名」始與母旳思考方式，語言的無限推衍，不固著於永恆石化或異化語言方式，才是老子希望我們可以把握的，透過道與言，它結合了存有生命體驗方式來實踐概念的落實。

伍、針對符徵與符旨思考

一、道與可道部分

　　老子〈第一章〉是試圖由符號結構路徑來講起，假使我們使用索緒爾來看道與名之間，道被名所號，這名號其實就是索緒爾所講的符號問題，既然是符號就有「能思」與「所思」部分，或者說是「符徵」與「符旨」部分，也可以換成「能指」與「所指」的部分，「符徵」可以說是文字符號或聲音本身，它是痕跡，藉此可以嘗試去理解到「符旨」部分。

　　道與可道部分，誠如〈第一章〉的裡頭其實在講的就是符號結構問題，當羅蘭巴特講到「形式」與「意義」時，其實比對「能指」與「所指」也是彼此對應的。[19]

　　〈第一章〉要問當中的道與名號（符號）之間的關係，它由對舉兩概念來說明，這概念本身的困難性，這是意識心的打破，它是「是與不是」，「否與非否」當中不斷同一與差異辯證。

　　關於「道」，它是什麼，它是動態的辯證詮釋問題，找出動態座標軸，去勾勒出生命藍圖所在，也就是生命意義及我們對它理解如何？如何在過去、現在與未來當中有所切換，在傳統與現在、異時空當中，去達成「身體體驗詮釋」，而這是知性形上學面向，去說明出在差異與互補，延續與斷裂之間的一種相互的同一與差異辯證，在現象浮現動態狀態當中找出生命本質，此即現象學最重要的一件事，詮釋即在此，生命詮釋乃是生命現象的掌握，我說的動態的座標軸即在於此，生命圖像理解即在現前當中達到不斷的理解，以致趨於整體意義的掌握。

---

[19] 羅蘭巴特（Roland Barthes, 1915-1980）是當代法國著名文學理論家與評論家，亦為法國結構主義思潮之代表性人物。羅蘭巴特著作，如《符號學原理》、《時裝系統》、《神話學》與《記號的帝國》等。羅蘭巴特最主要的成果在於打破傳統語言學和符號論關於「所指」與「能指」的二元對立關係，批判西方傳統思考模式和方法論，並超越了李維史陀的結構主義，進入後結構主義觀點。

二、由德勒茲的符徵與符指解釋談起

「符徵」是能指，「符旨」是所指，德希達在解構西方形上學過程中，運用了索緒爾（Ferdinand de Saussure）符徵／符旨系統設計，說明意義因在「不是什麼，所以可能是什麼」的無窮差異和及推衍中延宕，「符旨義像是無法投遞的明信片，只能在不斷的延異中播撒無窮的意義。如同拉岡所言：

> 這是因為能指是獨特存有，它真實的本性是某物的象徵，但也是缺席。這是為什麼我們在討論被竊的信的時候，不能像講其他東西那樣，說它一定在某處或一定不在某處，相反的，我們要說它將在和不在它所要去的地方。[20]

那「符旨」通常是那物（傅柯語言），「符徵」與「符旨」通常有斷裂部分，必須層層堆疊才能趨近那可能揭露本體，這是千高原（德勒茲語言），道指向思維與存有的「同一性」，然當中會產生符號的「差異」問題。

差異其實就是「非『同一性』」，而「同一性」就是重複，由某些視角來看差異就是重複，重複就是差異，而「非『同一性』」就是「同一性」，「非『同一性』」就是「同一性」，為何會有這樣的混同的說法呢？因為思維表述出來即是書寫或是文字符號，這些都是思維痕跡，而對存有的思維，其實也是痕跡，書寫或是文字符號也就是痕跡中的痕跡，絕對不是原先思維與存有的「同一性」問題，「同一性」轉成「非『同一性』」符號，強調書寫與文字符號當中的「差異」問題，並且「差異」地來思考「差異」。

老子〈第一章〉探討主題就是道，那論及道的思想與道本身的屬已存有其實就是「同一性」的問題，它甚至超越思維本身，而是體證思維存有的真確性問題，當我們說到「思想與存有的「同一性」這些書寫或文字符號「差異」非常傳神符合了思維與存有的「非『同一性』」符號思考。

也就是說如果無意識的結構類同於語言結構，那麼，那麼它是一種在對立差異中不斷延異的過程，意義也必然會不斷的被要求離開它位置，並且有所轉動

---

[20] J.Lacan, *Écrits: The First Complete Edition in English*, trans. Bruce Fink, New York: W.W. Norton, 2006, p.17.

（alternating operation requiring it to leave its place）（Lacan, 1988: 28-53）。

　　周所皆知的「道」其實是「不知道」的狀態，這在人間世的論證上常是康德的「物自身」，也就是「物如」狀態，物能如其所是，那是「那物」呈顯，那物絕非詞所能拘執，當代「差異」思維比較是放在文字符號或聲音所產生的「差異」問題來做思考，「差異」地思考「差異」（德勒茲語言）成為一個必經路徑。

三、回到能指與所指來看思維與存有的同一性問題

　　老子〈第一章〉當中的符徵與符指其實就是指示出回到「能指」與「所指」來看思維與存有的「同一性」問題，思維與存有的「同一性」在當代思維之下成為一個荒謬結合體，思維著存有，不等於存有自身，我是我，存有是存有，不等於說明「同一性」該是如何，更多時候是給予無限不可思議的空間，思維概念表徵的語言到達不了彼境，而彼境卻常使用「能指」或者「符徵」或者是形式來表述之，這是不可能的事，所以面臨這種窘境。

　　精神分析學派的大師拉岡[21]直接說明瞭，「能指」與「「所指」」，我們所能掌握就是「「所指」」的可能性路徑，也就是「可道」或者「可言」部分，而這「能指」在老子看法中是指不向「所指」的，這「所指」的部分，老子側重宇宙論的描寫很多，而莊子則側重人生哲學的描寫，這是有趣的立場，老子的道好比是西方傳統形上學的表述，而莊子的體道人生則是為了不遺忘存有，是存有能為吾人所體驗到，換句話說，參道者或體道者遠遠比知道「道是什麼」來得重要。這道是什麼就是符旨的可能性，這代表意義無法被定義，意義充滿許多不確定性。

四、能指與所指在差異的思考當中指涉難以說明東西

　　「不確定性」攻擊了「同一性」，與整體生的傳統形上學思維，道的「可道」或名的「可名」部分，可以說存有與思維之間同一與差異辯證，思維藉由

---

[21] 拉岡的精神分析理論著重於語言符號與潛意識的關連，他使用了索緒爾語言學的方法中藉「所指」、「能指」結合了「隱喻」和「換喻」，將之與佛洛伊德學說中潛意識－「凝縮」、「移置」之語言意涵的關連性做連結，若依拉岡的觀點，語言與潛意識有關，因之精神分析，必須由夢、象徵與神話了解病患心理深層話語意涵。

符號來表達，符號分為「能指」與「所指」，然「能指」不一定能夠指向「所指」，「所指」的意義永遠不可能藉由痕跡而被說完成或者陳述完畢，這是語言的界限，它總是逃離語言框架之外，所以「可道」、「可名」部分都不是「常道」、「常名」，拉岡甚至認為「能指」與「所指」，只剩「能指」部分，「能指」是「符徵」，通常是指形式部分，指向「所指」。

　　「所指」涉及到不可言喻的部分，是不可見的那東西，那東西與詞常有斷裂處，因此在老子的語詞使用上常也是曖昧隱晦的方式來指涉那難懂的部分：那東西。

陸、身體同一與差異辯證修養論

一、思維與存有辯證修養論

　　思維與存有的同一與差異辯證的身體文本閱讀方式乃可以這樣的說明一個真正體道者，知道「道」是如何，也清楚知道「可道」或者「可言」部分並非真正「常道」、「常名」，這裡說明著「道與名」之間是有斷裂處的，無論是否定辯證或者是「滿天星斗」或者是書寫與「差異」或者「差異」與「重複」或者詞與物之間的敘寫，我們都可以學者對此的共同感受為何？當然是不斷否定「能指」與「所指」相對應的關係，老子是很清楚講到必須要從「修養論」著手進行，而西方則是放入不同範疇裡去討論這個問題。

二、為道者同一與差異身體文本修養論

　　一個為道者參與道的生化歷程，它是「同一性」，亦是「非同一性」，它是一又是二，二與一又是三，它是「同一」，它是「差異」，它又是差異地差異」，它是「道生一，一生二，二生三」《老子・四十二章》的差異歷程，它是生命現象詮釋歷程，不斷迴反的「同一性」，不斷在「重複」當中產生「差異」，在「差異」當中又不斷覺知感思到「差異」本身。

　　（差異）地思考「差異」本身，透過主體所命的名（「差異」地）所召喚道的本體（「差異」）以致於反之又反，無限回歸於宇宙大化之流，呈顯出動態的道的歷程詮釋，它是在主體身上，但也是不斷消解主體，是「吾喪我」的天機

顯明。也就是說為道者同於道，這道是一，也是二，也是三，在無限延異過程中，我不斷消解主體，到達最後喪我的階段。

我們可以由莊子來看這樣的以身體為文本的差異與重複辯證，如莊子言：「天地與我並生，而萬物與我為一。既已為之一矣，且得有言乎？既已謂之一矣，且得無言乎？一與言為二，二與一為三。自此而往，巧歷不能得，而況其凡乎！」（〈齊物論〉）

「非『同一性』」爾後又進入「同一性」，爾後又由「同一性」進入「非『同一性』」，最後「同一性」與「非『同一性』」界限泯除，以達為道者同於道，就身體文本的同一與差異辯證而言，差異就是重複，而重複就是差異。「非『同一性』」就是「同一性」，而「同一性」就是「非『同一性』」。

三、在差異與重複千高原裡進行身體文本的閱讀

德勒茲所講《千高原》本身就是延異的「地下莖」文本（Landow, 1997: 38-39），「地下莖」（rhizome）則是由二元對立邏輯的主體挺出、去線性目的因果關係，解除疆域化，在開放空間上完去符碼，去中心的解放（Deleuze & Guattari, 1987）。而這就是《千高原》要講的，也是《老子‧第一章》要講的。

身體文本的閱讀，是「地下莖」文本的說讀，它是不斷延異以及解疆域化的過程中去閱讀所讀的一切，是不斷在堆疊中閱讀，又是差異與重複當中讀出那「同一性」與「非『同一性』」。並且設法不讓文本成為拙劣的文字遊戰。

如德勒茲所言：「一條生成之線則既沒有開端，也沒有終結，既沒有起點，也沒有終點，既沒有起源，也沒有目的：談論起源的不「在場」，將某種起源的不「在場」當作起源，這是拙劣的文字遊戰。」[22]

讓我們再一次回顧《老子‧第一章》所言：

> 道可道，非常道，名可名，非常名。無，名天地之始；有，名萬物之母。故常無，欲以觀其妙；常有，欲以觀其徼，此兩者，同出而異名，同謂之玄。玄之又玄，眾妙之門。

---

[22] [法]德勒茲（G.Deleuze）、加塔利（F.Guattari）《資本主義與精神分裂卷二：千高原》，上海：上水海書店出版社，2010年出版，頁416。

參考書目

葉海煙著《莊子的生命哲學》，臺北：東大，民79年，頁43。

鄔昆如老師《莊子與古希臘哲學中的道》，臺北：國立編譯館，民61初版。

劉千美所著《差異與實踐看到──當代藝術哲學研究》，臺北：土緒，頁15。

王岳川，《後現代主義文化研究》，北京：北京大學出版社，1995年。

德里德著，楊恆達等譯，《立場》，臺北：桂冠，1998。

德里達：《結構、符號，與人文科學話語中的嬉戲》，見王逢振等編《最新西方文論選》，漓江出版社，1991年。

[法]德勒茲（G.Deleuze）、加塔利（F.Guattari）《資本主義與精神分裂卷二：千高原》，上海：上水海書店出版社，2010年出版。

聶雅婷著《由東西方來看生命體驗的詮釋對話》，發表於真理大學《博雅教育學報》第二刊。

Jacque Derrida, *Speech and Phenomena*, Evanston: Northwestern University Press, 1973

Robert W. Cox, *Gramsci, Hegemony, and International Relations,* (UK: Cambridge University Press, 2000)

Merleau-Ponty,Maurice, "Indirect Language and the Voices of Silence" *in the Merleau-Ponty Aesthetics Reader: Philosophy and Painting*, ed. Galen A. Johnson & Michael B. Smith, Evanston: Northwestern Universiyty Press, 1993

J.Lacan, *Écrits: The First Complete Edition in English*, trans. Bruce Fink, New York: W.W. Norton, 2006

Steve Odin, *Derrida and the Decentered University of Chun/Zen Buddhism*, Journal of Chineds Philosophy 17 (1990)

第六章　東方修養工夫論
──乃是以身體為文本閱讀策略 以致境界呈顯

前言

　　整個「修養工夫」論其實就是在闡釋思維與存有之間關係，它是存有詮釋學，屬於知性形上學，「修養工夫」其實就是透過工夫修養之後使道體現在身體的證悟上。

　　道家著重的是更內在生命冥合的本體論與工夫論的合一「修養工夫」可以說是「回溯於道」的活動，這樣的回溯方式乃是知性形上學的落實，也是以「身體為文本」的道的實踐落實，這樣的內在葆光，真君靈光可治療生命史之創傷，屬己本真的歷史性，正是老子要強調的。

　　整個道家思想其實就是藝術存有差異蹤跡的展現，當為道者呈現出超越而又內在的思維方式體現在人間世時，其實就是美感展現，這美感已不再僵化，它來自於你對原型文本體悟。回到歷史性就是回到本真存在的時間性，這時間性呈現出一種當下此在現象學，是生命史學的每個當下即是。

　　存在生命創生歷程，互為主體際性的當下即是，即是在以「身體為文本」的體悟參贊下達標，無執著於生命流逝對比當中呈現出真實的內心的歷史，這樣的歷史性，類似禪學裡的遮撥立顯之道，當下即是悟。

　　當代以「身體為文本」的詮釋閱讀經驗也猶如靈修或神操的「迷宮」之旅。「迷宮」與主體詮釋學有關，主體詮釋是以身體知覺現象學為主來凝視自我，這觀看的迴反自身。

　　「身體文本同一與差異」閱讀時，我們會陷入某種詮釋的循環，或者說是漩渦式的閱讀，在原型與反原型的差異閱讀歷程，或者「同一性」與非「同一性」當中進行辯詰性的閱讀。

　　「身體為文本的閱讀經驗」其實就是處在「迷宮」當中的寫作方式，以此認知並且在不斷的差異與重複當中尋找一種根源的可能性。

　　此類似損之又損工夫，阻止那成為相同的，讓我們反思若同謂之玄，這玄

便是同一與差異辯證，知覺到某物在而走向它，這裡其實已進身體與世界、「他者」與自我的思考，或說是思維與存在之間的思考路徑。

　　天地物我合一的神聖美境，這是透過剝損工夫的「界限經驗」轉化而成，也可以說是透過心靈黑夜的不可明言的共同體經歷轉化而成。

　　道德經言：「美之為美，斯惡矣」，其實就是對「同一性」的批判本身，所以修養論就是進行「非『同一性』」符號反省。

　　「修養工夫」乃是以人作為當體，呈現出身體同一與差異的辯證，這辯證無限遞延呈現澄明思維不可思議之境，一種無限自由空間展現。為空間美學的展現，它是身體詮釋現象學，筆者以傅柯為例來說明東方美學觀，以身體為文本的實踐智慧，他將自身生活展現出美學的可能性，也將自身活出境界美學的可能性，它是不斷解消，去我執的逍遙境界，在充滿虛擬的幻境當中，尤能莊周夢蝶達成主體際性的交流，這也是傅柯思維這世代的重點，莊子美學，它是不斷剝損的過程，是「非『同一性』」符號思維，去除單一邏輯架構的宰制，也就是若將此去單一符號歷程擺放在生命層級來看，就是自我「修養工夫」境界論，也就是傅柯所言的境界美學，也就是如傅柯所言：人如何活成藝術作品來。

　　由此我們來看東方哲學「修養工夫」論其實就是將人活出境界美學的樣貌，這樣貌不是同一宰制下的僵化美學而已，它不存活於形式內，而是不斷動而愈出的生發狀態，具有無限潛能的動力狀態，它是不斷延異過程，是差異的差異，無限差異的游牧狀態，它尋求走出自我，並且達到「莊周夢蝶」主體際性交融，它是玄之又玄的狀態，「修養工夫」就是以「身體為文本」的閱讀方式，在方法中找尋道體，最後不再有方法，達到無方之方的道體本身，六經即我註，我注註六經，是讀入又讀出的實踐智慧，也是重返存有之光真切存在於身，如此人即活出了自我風格，人就是自己的完成的藝術作品。

壹、修養工夫

一、思維與存有之間

　　筆者曾經寫到「身體體驗詮釋」，東西方的「差異」問題，其實思考「差異」已不在「差異」思考本身，然弔詭的是西方體系反省「差異」的語詞仍然不逃離一種思考，這其實仍掉入邏輯為中心工具理性，雖然他們亟欲擺脫邏輯為中

心的思考，這思考所帶來是一種「本體」的問題反省。

　　老子語言來看就是道自身，西方語言來看就是存有自身，不管是「道」或「存有」自身，都指向「思維與存有」之間的關係，整個「修養工夫」論其實就是在闡釋思維與存有之間關係，它是存有詮釋學，屬於知性形上學，也是以「身體為文本」的實踐智慧，換句話說，如何透過身體讀出文本間的感通之道成了整個東亞哲學最重要的一環，我認為這是如何以「道、意、象、形、言」當中，穿越可道之道與可言之言去了解不可道之道與不可言之言，如同林安梧先生所言：「你如何經由『言以成物』、『名以定形』活動，去了解『物之為物』是與人們的認知活動密切相關，進而往回溯，去理解『道』、『即器而言道』，『由言而溯其無言』。」[1]

二、本體與工夫合一

　　整體而言，東方哲學就是證悟或者說體證之道，如同陸象山提到：「六經皆我註解」，「我註六經，六經註我」[2]，這樣的生命體證之道是將思維與存有化歸於一，於身體文本當中進行深度閱讀，而進行閱讀當中，閱讀即是創作，創作即是閱讀，這樣的文本現象的身體觀照閱讀乃是進一步將所言之道與己本身進行主體際性的結合。

　　誠如林安梧老師提到：「這時候『道』和『六經』自然合而為一，六經皆是道之顯現也。所以『六經註我』這個註，是做為道的『註解』。『我註六經』，就這個道『貫注』到六經裡面。這兩個，意思不太一樣，就以心學來講的話，『吾心即宇宙，宇宙即吾心』、『我註六經，六經註我』，就在這個『道』的層次，就是我們講的『見道』。」[3]，如此本體與工夫是合一的，「修養工夫」其實就是透過工夫修養之後使道體現在身體的證悟上。

　　道家著重的是更內在生命冥合的本體論與工夫論的合一，所以在《老子・第一章》已然揭示了道體本身為何？以及言詮的限制性，老子不只是在一個地方不斷提及了身體部分，老子的用意在於本體與工夫合一乃是透過操作的修養身體

---

[1]　林安梧著《人文學方法論：詮釋的存有學探》，新店：讀冊文化，2003年出版，頁128-129。

[2]　《象山全集》，卷三四，《語錄》：「或問先生何不著書？對曰：『我註六經，六經註我』。」

[3]　林安梧著《人文學方法論：詮釋的存有學探》，新店：讀冊文化，2003年出版，頁160。

經驗做起，以此有詮釋學來說明生命的創造詮釋「生命的超升」。[4]這樣的身體經驗操練其實以「身體為文本」的閱讀策略。

三、知性形上學

　　道家是最著重生命的觀點，所以我們可以看到由貴生、保生以致於全，所謂生生大義，乃是放在「涵蘊依存關係及綜攝系統的真實的界域中，而進一步予以深化、廣化，並賦予相當的形上高度」，這種涵蘊依存關係與綜攝系統的真實界域，乃是建構在知性形上學的進程裡，將其所知實踐出來，而這實踐知識乃是順著存有的脈絡而律動起來，這就是老子的自然之道。[5]

　　道家所講工夫修養乃是努力將這個自然之道給體現出來，而這個就是「修養工夫」。「修養工夫」可以說是「回溯於道」的活動，這樣的回溯方式乃是知性形上學的落實，也是以「身體為文本」的道的實踐落實，這樣的內在葆光，真君靈光可治療生命史之創傷。

貳、生命史學的存有開顯

　　任何話語的理解或閱讀都可能產生出離自己內在心聲，而產生異化的狀態，而回溯於道，乃是回溯內在本真自己，這樣的自然呈現自己狀態將拒絕大歷史的侵蝕與傷害，而進入到實在的真切的生命歷史當中，讓己處於歷史中，也歷史地生存著，而不是隨波逐波成為虛無自己。

一、拒絕大歷史的敘事

　　屬己本真的歷史性，正是老子要強調的，身為知曉歷史的人物，鑑往知來的史學家，老子身分定然對戰亂，人心飄蕩存有者深感不捨與同情，於是他以道體為召喚，呼喚所有受戰亂流離失所所苦的存有者，重新回到一個存有的詮

---

[4]　葉海煙著《莊子的生命哲學》，臺北：東大，民79年，頁43。葉老師間引鄔昆如老師《莊子與古希臘哲學中的道》，臺北：國立編譯館，民61初版，頁72。說到：「莊子致力於『超升』的運用，這種『超升』概念在《莊子》書中，就是『遊』概念。」

[5]　「人法地，地法天，天法道，道法自然」《老子‧第二十五章》。

釋，回復到生命創發的可能性來深究其意涵何在，這是生命史學的詮釋，屬於每個人以及當中的生命共同體所必須理解及詮釋的方式，當然它絕不是單一敘事而已。

伊格爾頓在《後現代主義幻象》分析後現代歷史為大寫歷史，以為這世界是有目的地朝著某種預定目標運動，是固有的，不可抗拒同化成單一敘事，所以他說到：

> 後現代主義的一種傾向是把歷史視為一件具有持續變動性、極為多樣和開放的事物，一系列事態或者不連續體，有使用某種理論暴力才能將其錘打成為一個單一的敘事的整體。[6]

單一敘事的整體是此在詮釋學所避免進入的陷阱，以「身體為文本」的同一與差異辯證詮釋，不是以偏狹的生活世界觀看待此有生命展，而呈現無限變動、多樣開放的空間，讓屬己生命真實體現。這樣的生命史學詮釋，放在東方哲學裡便是如何以「道、意、象、形、言」當中，穿越「可道之道」與「可言之言」去了解「不可道之道」與「不可言之言」，這是徹底的「遮撥」、「遣除」活動，可以說是一種回溯於道的活動，這樣的回溯不是整體歷史的宰制，而是回到存有之所以存有的每個存有者身體文本的詮釋策略來進行。

二、重視此有的歷史性，即當下時間性

生命史學回溯無有拘執，那麼會呈現出別有一番天地的綻出視野，這樣的此在才能真正呈現天大地闊的空間，這樣的生命現象所呈現的歷史性是長遠久生之貌，而所有的空間描述可以見《莊子・逍遙遊》。這樣呈現的境界即是空間美學，所謂空間美學展現於屬己本真敞開的視野，它意謂著向宇宙根源回歸，當下即是，它是一種「綻出的視野的時間性，此在才能此時闖入空間，空間在世界中才得以被標示」。

所以海德格說到：「只有根據綻出視野的時間性，此在才能闖入空間。世界不現成存在空間中；空間卻只有在一個世界中才得以揭示。……此在存在建構

6　特里・伊格爾頓：《後現代主義幻象》，商務印書館，2000年版，頁55-56。

的本質結構本身在生存論上必得被回收到時間性之中。」[7]

所以存在者「在其存在的根據處是時間性的，所以它才歷史地生存著並能夠歷史性地生存」。[8]

回到歷史性就是回到本真存在的時間性，這時間性呈現出一種當下此在現象學，是生命史學的每個當下即是，看似是「他者」，然而在默觀當中，這個「他者」時間性又同步地如實地向我呈現出來，每個當下即下，它不是同詞反覆，或者說它是千變萬化，必須要凝神定睛在每個此的時間性觀入。所以海德格談到：

> 時間就是此在。此在是我的當下性，而且我的當下性在向確知而又不確定的先行中能夠是將來的東西中的當下性。此在始終以一種他的可能的時間性存在的方式存在。此在就是時間，時間就是時間性。此在不是時間，而是時間性。因此，『時間是時間性』這一基本陳述乃是本真的規定——它不是一個同詞反覆，因為時間性的存在意謂著不相同的現實性。此在就是他的消逝，是在向這種消逝先行中的可能性。[9]

海德格這句話意謂著，此在現象學當下呈現即是時間性，那是不斷迴返的本然狀態，每次本真揭露不是同樣的狀態，而是當下呈現的時間性現象，它是在先行流逝的可能性當中。歷史性的時間存有不斷於流逝的時間中當下即是，這時間性的屬己本真，不是同詞反覆，而是以觀照當下身體文本所呈現的同一與差異的辯證現象。

三、回到生命史學中意義建構

生命是有歷史的，藉由體驗中，能不斷使意義現前更新，更在同一與差異辯證意義言詮當中使得存有自身開顯出來。沈清松有名對比哲學就是要我們在文化對比當中去思考，就是非固著在定態的座軸裡去發現生命為何？而是在動態座標軸裡去體現生命來。

---

[7] 海德格：《存在與時間》，（修訂譯本），北京三聯書店，1999年，頁419。

[8] 海德格：《存在與時間》，（修訂譯本），北京三聯書店，1999年，頁427。

[9] 海德格：《時間概念》、《海德格爾選集》上卷，上海三聯書店，1996年，頁24。

　　這讓我們想起老子的「逝曰遠，遠曰反，反者道的動」的說法，在動態參贊宇宙大化之流當，我們觀照無以名之之道，而呈現無現本源的現象時間性，那不斷消逝的此在現象，知覺主動所建構的意義乃在於當下即是的整體，這樣的生命體悟乃在生活世界之中，在生命大化之流的體驗詮釋當中建構主客、內外交參的互為主體的時間性，在生命史當中覺知到完形的意義建構整體。

　　老子及莊子道論是宇宙及人生的合奏曲，道家哲學意謂著由人內心修養以達天聽，順天應人，故「修養工夫」論長養生命本身最後呈現出圓滿境界，鏡智合一可謂是最佳的安身立命法則，這樣的道是方法的依恃所在，也指示生命根源所在，更說明了化育參贊的歷程。所以可以說：「中國哲學的道論來說，最後一定要涉及到整體宇宙生發問題，而這宇的生發問題其實就是你內在的本心的體悟的問題。……就中國來講的話，它重點在於：存在的、生命的創生歷程，這可以說是一安身立命的問題。」[10]存在生命創生歷程，互為主體際性的當下即是，即是在以「身體為文本」的體悟參贊下達標，無執著於生命流逝對比當中呈現出真實的內心的歷史，這樣的歷史性，類似禪學裡的遮撥立顯之道，當下即是悟，再也無思維與存有的割裂。

參、以身體為文本的迷宮之旅

一、身體迷宮之旅

　　當代以「身體為文本」的詮釋閱讀經驗也猶如靈修或神操的「迷宮」之旅。在靈修或神操歷程之中常有「迷宮」的探險，「迷宮」其實是朝聖之旅的必經設計。「迷宮」中的皺摺宛如生命迂迴循環，每歷經一道皺摺，生命便有所蛻變，這些「迷宮」的設計無非是要我們在彎曲起伏的荒原死亡境遇尋找生之可能性。「迷宮」是由迷走向悟的生命設計，正如宗教所啟迪我們一般，然而當中有可能走入歧路花園，產生生命的枷鎖，凝視自我當中會遇見皺摺，而皺摺正足以讓「迷宮」成為「迷宮」的可能性。

---

[10]　林安梧著《人文學方法論：詮釋的存有學探》，新店：讀冊文化，2003年出版，頁138。

二、迷宮的主體詮釋學

「迷宮」與主體詮釋學有關，主體詮釋是以身體知覺現象學為主來凝視自我，這觀看的迴反自身乃在虛擬距離中由自我到自我，當中可能會產生分裂主體遊魂，我們試圖以身體中時間、空間、記憶及身分認同來進行召喚，以便進行存有技術深層探索，使得一場神聖之旅能抗拒暴力的同一壓抑，而不致於進入荒原、廢墟，最後進入原型的母胎中，既非此亦非彼，是在地且現前的無何有之鄉，以便安身立命。如此由域內到域外不可指、不可定位或不可思考的擺脫所是、所說及所思，到達一種解疆域的越界可能性，而這正是走出迷離著魔狀態，以進入悟的可能性啟迪。

意義不是在文字符號或語詞上完全把握，意義是實踐的意義，它是透過身體體證之後，將意義的空靈呈現出來，它甚或不能表達為概念或觀念而已，它不侷限自身，它不是「同一性」意義顯明，意義是不斷建構中，不斷解構又不斷結構以及再結構化，從來沒有人宣稱它已登峰造極。

三、能指的黑森林迷宮

德希達也深深的陷入這個「失落伊甸園」的寓言。通常當代裡會不斷談到「差異」或延異問題，就是在講符號當中「能指」涉到本體部分，其實充滿無力感，但是我們又只能在黑森林的「迷宮」裡匍匐前進，話語是支藉，更是障礙，是助力，也是阻力，所以老子的語言當中常是一團謎霧，是隱喻，寓言方式，甚至是「正言若反」方式來進行道的論述。任何認真嚴重道的文本的人，會覺得這本書的所有文字符號充滿著跳躍與斷裂，彷彿按圖索驥，永遠將是一種不可理解的謎，這謎像「迷宮」一般，有無限出路與指涉，裡頭會有出路，但更多時候是不可理解的「迷宮」，而話語就像這「迷宮」般，彷彿進入黑森林裡，無法有更多光亮指引，它就像黑夜來臨。

四、老子的迷宮詮釋

老子〈第一章〉特別說到「同出而異名，同謂之玄。玄之又玄，眾妙之

門」，這句話就是在談到「身體文本同一與差異」閱讀時，我們會陷入某種詮釋的循環，或者說是漩渦式的閱讀，在原型與反原型的差異閱讀歷程，或者「同一性」與非「同一性」當中進行辯詰性的閱讀。

　　意義的不確定性當中，使我們面臨深淵式的閱讀，如同對道的詮釋般，在道的本體閱讀中，如何不以存有的遺忘方式，以參與化育的方式進行玄之又玄的深淵式閱讀，以眾聲喧嘩的方式，進入神聖的門檻閱讀，然而這樣的無限延異與同一辯證將會使從事於道之人陷入無底黑洞「迷宮」中。

　　所以老子言：玄之又玄，眾妙之門。這玄牝的大海般閱讀方式，將無所拘執進行開放文本閱讀。以「身體為文本」的閱讀其實就是一種生命敘事的創作，我觀看著這生命敘事，萬般迷離，或隱或顯，猶如在意識與潛意識之間，在可見與不可見之間，不斷歧出，也不斷在找尋之中迷路。

　　我很願意使用波赫斯的〈歧路花園〉（*The Garden of Forking Paths*）（波赫斯，1993：35），來說明著這詮釋老子〈第一章〉的歷程狀態。這好比是說到〈歧路花園〉是無限小說的方式進行，它總是首尾銜接無盡循環，小說自身是「迷宮」，每一個歧出，時間上拉出不相交維度，不同於前的情節發展，版本無限，故事也無限。

　　當我在進行深度身體文本的生命敘事閱讀時，彷彿經歷了靈修當中的精神黑夜，那是跳入深淵之中的閱讀，當我在閱讀時，我也在進行創作。

肆、以傅柯來看身體文本的詮釋

　　對比老子，西方也講身體文本的詮釋。

　　以「身體為文本」的詮釋，我們可以說是一場「迷宮」的追尋之旅，誠如在普魯斯特的《追憶似水年華》說到，此書它呈現出無序，不可交流形態，圍繞著「追憶」，德勒茲談到這是一個碎片化的宇宙，無法用邏各斯凝聚起所有碎片，在記憶的追憶中，這蛛網式或星座式的構造隨時可辨，德勒茲在《普魯斯特與符號》當中說到蜘蛛敘事理論，他說，蜘蛛看不見任何東西，它只是在蛛網邊緣接收到最輕微震動，這輕微震動的「符號」傳導到體內，卻成為最強烈的波濤，促使它搜尋獵物，這些蜘蛛與蛛網是同一個機器，他的小說是碎片中包含另外世界，這些世界中又充滿碎片。[11]

---

[11]　麥永雄著《德勒茲哲性詩學——跨語境理論意義》，桂林：廣西師範大學出版，2013，頁65-68。

　　德勒茲以為普魯斯特作品風格對意識流的掌握甚至已超越了意識所能接受的層面，而到達所謂無意識或者神祕主義所言的超越意識層面，因為無法表達，所以形象以及符號掌握，變成當代重要的一環，這猶如「迷宮」的一場追尋之旅。

　　身體文本當中同一與差異的辯證閱讀，猶如詮釋迂迴，對於無法掌握的符號，我們永遠在進行一場「迷宮」的追尋之旅。老子作品也是充滿一場「迷宮」的追尋之旅，無限想像的投注在神祕對象的揭露，它是同一與差異，同謂之玄，玄又玄的精神黑夜淬勵成神祕大海般的追尋，引發所有人的進入。

　　以傅柯來看這樣的身體文本的詮釋又是如何呢？

一、迷宮的寫作

　　閱讀即是一種創作而言，我們可以看看傅柯的說法。以傅柯來看這樣的以「身體為文本的閱讀經驗」其實就是處在「迷宮」當中的寫作方式，以此認知並且在不斷的差異與重複當中尋找一種根源的可能性，如傅柯所言：

> 總而言之，你們想像我在寫作時經受了多少艱辛，感受到多少樂趣，如果我──用一只微微顫動的手──布置了這樣一座迷宮的話，你們還認識我會執著地埋頭於這項研究，而我卻要在這座迷宮中冒險，更改意圖，為迷宮開鑿地道，使迷宮遠離它自身，找出它突出的部分，而這些突出部分又簡化和扭曲著它的通道，我迷失在迷宮中，而當我終於出現時所遇到的目光，卻是我永遠不想再見到的。無疑，像我這樣寫作是為了丟臉的還不只是我一人。敬請你們不要問我是誰，更不要希求我保持不變，從一而終：因為這是一種身分的道義，它支配我們的身分證件。但願它能在我們寫作時給我們以自由。[12]

　　所有的身體文本的閱讀都必須經歷一場不斷修剪開鑿的迷宮之旅，當然「迷宮」的寫作或者閱讀本身會有迷失感，而這是寫作時艱辛與愉悅，傅柯親手佈置了這場「迷宮」，不陷入限制閱讀陷阱，而只是保持不斷變異中追尋可能的身份。

---

[12] 杜小真編選《福柯集》（Fuke Ji），謝強譯《知識考古──引言》上海：上海遠東出版社，2002年出版，頁144-145。

二、主體進入真理的自我詮釋

　　傅柯談到自我詮釋學，這是「關懷自我」（epimeleia heatou），他舉了《申辯篇》談到蘇格拉底希望同胞關懷品德與靈魂，因為這是神賦予使命。關注自我不只是原則，且應不斷實踐，如此哲學被等同於關注靈魂，epimeleia不只是意識狀態，它指的是一種規律性活動、一項工作及其方法及目標。關注自我是種生活形式，是種靈魂自我回歸運動。

　　他舉了《阿克拜第篇》中為例，靈魂回歸自我的運動是目光朝向神聖高處，引向可以看見本質天堂世界的運動，它是實踐自我的永恆戰鬥，培養自我成為有價值的人，而這種培養有治療功能，自我培養包含一系的實踐活動，它們通常用askêsis來表達，他不贊同柏拉圖的回憶，而強調透過是不斷迂迴往反深入領會才能將所接受的真理內在化，這是主體進入真理方式。[13]

三、主體化歷程

　　主體性未必是同一個主體的主體性會在歷史中發生，這歷史是主體轉化的歷史，也就是「人類存有者如何自行轉化為主體的方式」（1982:208），傅柯以為這是主體化。主體化意著轉化，而轉化（transformation）乃是對形構（formation）的轉變與位移。[14]這是筆者仍想到「鯤化為鵬」其中便有轉變與位移的可能性。道家「修養工夫」說法，或說明傅柯所言的自我治理，其實就是一種「身體體驗詮釋」，最重要是轉化個體平常意識成為神祕體驗，在神祕體驗當中身體成為合一場域，而使生命回復原型。

四、將主體由自身剝落

　　筆者以為傅柯講到兩種工夫，一種是基督工夫，一種是哲學工夫。

---

[13]　杜小真編選《福柯集》，楊國政譯《主體解釋學》上海：上海遠東出版社，2002年出版，頁471-483。

[14]　間引自黃瑞祺主編《再見福柯——福柯晚期思想研究》浙江：浙江大學出版社，2008年出版，頁81。

　　傅柯講到哲學工夫看起來像是為學，但這個為學近乎為道，哲學工夫是為了自我形構轉化而存在，所以不是為學而已，而是將文本的閱讀轉化為自我形構，以「身體為文本」閱讀的實踐而存在，比較類似為道工夫，為學工夫轉化為道工夫。

　　依筆者來看所以傅柯談損，不談益，它是損之又損的工夫，當老子言：「為學日益，為道日損。」，傅柯也不約而同談類似的概念「將主體從自身剝落」[15]，這是傅柯由尼采、布朗肖及巴塔耶的閱讀中得到一種「界限經驗」，若按楊凱麟教授所詮釋的文章，他深刻剖析了何謂「界限經驗」。他說到：「在傅柯的作品中，生命或思想都是一種界限經驗，這種思維與存有的同一經驗，就是一種異托邦的閱讀身體文本經驗，我們是要設法讀出，那介於有與無、生與死等之間中所言的「物」來，傅柯談到：『界線之皺褶作用（一種關於有限性的無限或無定限異質拓樸學）。』」[16]

　　這種「有限性的無限或無定限異質拓樸學」，就是所謂「界限經驗」，筆者以為就是一種思維與存有綜整的經驗，這綜整經驗就是此有生命詮釋，也是身體文本的同一與差異的詮釋，這種經驗可以說是一種臨「深淵」的身體詮釋經驗感受，它似思且非思，它總存在於皺摺裏，它逼顯了某些不「在場」的「在場」經驗本身，然說它是，便不是了的狀態，彷彿使人身陷迷宮當中，所以它必須不斷遮撥顯真來達到實存朗現狀態。

　　因之，這「界限經驗」描述「將主體從自身剝落」進人歷史中。老子哲學損之又損以致於無我，這便是進入了徹底剝落工夫，而這剝落工夫的「界限經驗」討論常是進入生死議題當中的討論，這樣的談死亡問題即是追問去問如何去生的議題，生死一如在老子而言是種界線經驗的討論。

　　傅柯說到「從我自身剝落，阻止我成為相同的。」（Foucault, 1966: MC, 395）[17]，從自身剝落下來，類似損之又損工夫，以致於如同道家的無為而無不為也，阻止那成為相同的讓我們反思若同謂之玄，玄之又玄，這玄便是同一與差異辯證，一個為道者參與道的生化歷程，它是「同一性」，亦是「非同一性」，

---

[15]　這概念是1978年傅柯接受托姆巴多禮（Trombadori）旳訪談談到。間引自黃瑞祺主編《再見福柯——福柯晚期思想研究》浙江：浙江大學出版社，2008年出版，頁80。

[16]　http://lawdata.com.tw/tw/detail.aspx?no=264206此為楊凱麟教授文章〈分裂分析傅柯（4）：界限存有論與邊界——事件系譜學〉。

[17]　這句間引自黃瑞祺主編《再見福柯——福柯晚期思想研究》浙江：浙江大學出版社，2008年出版，頁80。

它是一又是二，二與一又是三，它是「同一」，它是「差異」，它又是差異地差異，它是「道生一，一生二，二生三」《老子・四十二章》的差異歷程，它是生命現象詮釋歷程，不斷迴反的「同一性」，不斷在「重複」當中產生「差異」，在「差異」當中又不斷覺知感思到「差異」本身。這是由自身剝落，避免為相同的，為何要避免成為相同的，那是因為不受追求這「同一性」可能會產生一種體制形上學的「暴力」控制問題。如此然與不然、可與不可、說與不說、意識與潛意識之間的張力即在「身體體驗詮釋」動力詮釋場域中彰顯。

　　阻止那成為相同的，意謂著不限於同一主體形式的控制，在同一與差異的辯證之下走向自我的轉化，這是透過精神黑夜的鍛煉，最後物我一體，生死一如呈現出主體的「界限經驗」來。

伍、非同一性的剝落主體化歷程

一、「非『同一性』」符號思維自我修養工夫

　　道的不同生命情境的體悟，它是無限差異生命現象學，當我們不斷返之又返時，它所展現的生命精神追求，已不再受限於「同一性」單一原型詮釋，而是在非「同一性」的差異地思考差異本身覺知到身體體道之的所有流變存有現象呈現在吾人身上，它是無限延展的生命境界，至此「同一性」與非「同一性」已消弭其疆域，而呈現和解的天均狀態，它是「越界」後又永恆回歸的人類命運交響曲。

　　在莊子的說法是指向道解的無限可能性，道解之後所呈現的無限的主體的交融是可以考量的方向，它不是單面向使道的原型回復而已，也不是藉由話語使存有根源回復，它是「非『同一性』」符號的歷程，是拋出又迴返的歷程，是不道解的歷程，話語解放帶來不可思議的意識型態的解放力量，它所呈現的是原型的動力來源，在反及解消「原型」當中呈現「原型的動力」呈現。道的原型回復，使存有根源回復，以致於復其初的能量產生。道家的生命情調當中說明著道的生命是在復返回溯當中達到主體際性的溝通與交流，它是在詮釋的循環當中達到初始生命的理解，或說是生命的原型的理解，這是由動而靜，即體顯用的復歸，由主體此有（存有者）回到存有之源，那被稱為大海，也是玄牝之門的場域。[18]

---

[18]　丁原植在說明老子有與無時，特別提及了『復歸』原理，參丁原植著〈老莊哲學中的「有」「無」

以「身體為文本」的閱讀策略如同對道的詮釋般，在「道」的本體閱讀中，以參與化育的方式進行玄之又玄的深淵式閱讀，以眾聲喧嘩的方式，進入神聖的門檻閱讀，然而這樣的無限延異與同一辯證將會使從事於道之人陷入無底黑洞「迷宮」中，最終消解主體而成為主體際性的交流，如同進入玄牝當中，是種玄黑大地之母的召喚，有如子宮的深處般，綻放出存有的火花，那種深刻經驗如同此有就在存有的之花的狀態，如同在小水滴在大海中。

二、原型的能量動而愈出

這樣非「同一性」的「修養工夫」歷程不是只有同一整體性那麼的思維而已，不是以暴力文本來進行身體文本的閱讀，而是將之視為回到最初文本，無拘執形式道體文本的閱讀，閱讀那深廣如海般的原型，那源源不絕的大地之母力量的原型，給予閱讀者無限延異的閱讀生命經驗，以致於無言，又或者無道無名本身。

如老子所提及的「夫物芸芸，各歸其根。」《老子・十六章》及莊子所言；「副墨之子聞諸洛誦之孫，洛誦之孫聞之瞻明，瞻明聞之聶許，聶許聞之需役，需役聞之於謳，於謳聞之玄冥，玄冥聞之參廖，參廖聞之疑始。」《莊子・大宗師》。由老子及莊子的二段文字當中，不斷說明著生命復返即此有詮釋歷程當中達到澄明境界，透過身體經驗，聽、聞及授裡，進入微聽、微聞，不聽不聞，默觀實踐智慧當中，而宇宙根源的本體即在內在超升詮釋循環當中敞開自身，達到一種無始無終原型生命來。

原型生命充滿無限動能延異漫散開來，《四十章》說到：「反者道之道」，或者第《五章》談到《虛而不屈，動而愈出》。這好比用現代語言來說，「身體體驗詮釋」在生命的不斷穿梭歷史裡，動態同一與差異辯證對比的張力，不斷迸裂開來，以搜尋文本的本真解釋[19]，將傳統與現在的思維整併在一起，以走向那開創的未來，讓此有者在過去、現在、未來，跨文化當中，意識與集體潛意識交錯中達到一種理解與溝通，交融成為生命共同體感受，以體現存有的真實內涵。

問題之研究〉，輔大哲學研究所博士論文，民70，頁37。問引至葉書中，參註32。

[19] 參拙著《文本當中的生命體驗詮釋》發表於97年12月的《真理大學博雅教育學報》第三期，筆者以「周兩間景」——來說明一種後現代文本詮釋觀點，在差異與延異觀點之下，文本不是靜著的經典而已，當我們閱讀時，已然進行了創造詮釋，此也是生命體驗詮釋，也是此有詮釋，針對生命現象種種面向進行本直直觀探討。

三、以身體為文本的進行知覺現象學描述

　　西方著手討論思維與存在問題時，就如同進行身體文本的同一與差異閱讀，並且進行可見與不可見的部分如何進行辯詰，如梅露‧龐蒂所做的一樣，再者進行存有感知生命現象學的詮釋。梅露‧龐蒂說到：

> 內在於知覺中發現無限思想，並不會達到意識的高點，而是作為潛意識的形式。反省的動力會超越自身的目標，會將我們從固定、特定的世界帶到意識，而不會在當中產生分裂，然而知覺的對象將被注入祕密生活，整體的知覺會不斷分裂、改變[20]。

　　老子所達到的體知的「道」，「道」的體知是個整體，去除偏狹的世界觀而注入身體文本合一的閱讀觀，如此物我合一的神祕生活著，這意謂著體道真人能自我解消，化除隔閡，理解生活世界的「他者」，不斷進行覺知的超越。以「身體為文本」的差異與重複思考其實乃是語言與存有的同一與差異辯證，透過思維存有體驗化得以使之結合一起。

　　事實上丹尼爾‧湯瑪斯[21]說到身體存在喚起了把自身呈現出，並且透過出神ek-stase（或說透過離己而朝向「他者」），知覺到某物在而走向它，這裡其實已進身體與世界、「他者」與自我的思考，或說是思維與存在之間的思考路徑，如梅露‧龐蒂所言：

> 當我反思主體性的本質的時候，我發現它和身體的本質、世界的本質聯在一起，這是因為我的主體性的存在只是和我的身體的存在以及世界的存在聯在一起的一種存在，這是因為我所是的主體在具體情況下不能和這一身體，這一世界分離開來。我們在主體之中發現的本體的世界和身體不是觀念的世界，而是一方面被綜合地解世界本身，另一方面是認知的身體本

---

[20] Merleau-Ponty, Maurice, *Phenomenolgy of Perception*, trans, Colin Smith, London: Routledge & Kegan Paul, 1962, P.38.

[21] [美]丹尼爾‧托馬斯‧普里莫茲克著，關群德譯《梅露‧龐蒂》（*On Merleau-Ponty*），北京：中華書局，2014年，頁41。

> 身……我們存在於世界之中，這意味著事物採取個體的形式，每一個存在都是自我理解並且理解著他者。[22]

老子道德經說到道的本體，為道者參贊化育道本身，體知道與身體和世界有深層連結，不只是思維的我存在著，而是綜整地實踐體知到道與我並存，以「身體為文本」的閱讀觀看經驗，我因之可理解自我，也理解著「他者」。

陸、關於道與技的思考

一、對於技的思維

以「身體為文本」的閱讀策略不應只術而已，對老子及莊子文本的關心，不應只為「文本只是個術」[23]而已，當然，對文本的關心乃是因為文本是個呈現道的藝術也是技術，所有對文字象徵符號掌握其實就是一種「術」的把握，也就是對真理方法的理詮。而「術」是可以進階到「道」的境界。

「術」的解讀常具有差異存在，在差異中呈現多元，由差異讀出關顧自我。後現代中對「文本」解構，使我們能融納異己，包涵萬有，以無限寬容矛盾中求統一的心情去面臨世事場域變化多端，人做為精神存有在生活世界中去承先啟後，採取行動的無限可能性，將文本的趨近真實面體現出來。

從文本當的「術」的解讀，方法詮釋不同，我們讀出了多樣的差異，而這正是文本古今昔比可愛之處，文本的多元體現讓我們以體現文本與我之間精神層面的互動，文本多元差異性使自我從文化豢養的奴性當中跳脫開來，亦不再是在彼端，而是在此端，在此即在彼，在彼即在此。如此文本不再只是「術」，文本給予生命創造與救贖的可能生，從陷泥中自我提升。動態詮釋，即此有即生活世界，即生活世界即此有，相即相離，避免二元主客對立的割裂，也是由技轉向道多維度無為而化的世界觀。

---

[22] [美]丹尼爾·托馬斯·普里莫茲克著，關群德譯《梅露·龐蒂》（*On Merleau-Ponty*），北京：中華書局，2014年，頁41。

[23] 文本不是只有一個術而已，意謂著文本不是封閉完整的單一個體，文本的閱讀可以擴大變化文本的意義，具有開放與多元性，道充乎其中，變化萬千。

二、無限迴旋深淵黑夜閱讀法

自我技術導致形構簡單來說便是心靈陶冶後，主體心境轉化成為境界展現，所以已不拘於小大之辨，是徹底心境的轉換，由日常生活提拔超升成為無有執著的主體性境界，這個主體性較是主體際性的境界，是天地物我合一的神聖美境，這是透過剝損工夫的「界限經驗」轉化而成，也可以說是透過心靈黑夜的不可明言的共同體經歷轉化而成，在布朗肖的作品即有這樣的心靈黑夜描寫，如下：

> 這個夜晚，以一切事物均已消失的這種感覺，為我帶來任何事物對我均為直接的這樣一種感覺。它是那自足的無上關係；它恆久地將我帶向自我，而一條從同到等同的晦暗路線讓我得知對於一絕妙進展之欲望。在這同一者的絕對重複中，生成了那無法通抵休憩的真正運動。我感覺自己被夜晚引領向夜晚。某種的存在，由一切被存在所排除者所構成，如目標般對我的行步顯現……那雖已與我融為一體，仍令我無法形容地戀慕著的夜晚。我可及之處為一世界——我稱之為世界，就像死了的我會稱土地為虛無。我稱之為世界，因為沒有其他對我來說是可能的世界。我相信，如且朝一物體前進般，我把它變得更近了，然而是它包含著我。[24]

按布朗肖來看，以「身體為文本」的閱讀路徑是這樣的迂迴狀態，它是黑夜，在黑夜中，物全然消失無形，這精神黑夜是同一與差異反覆辯證運動，萬物與我在此融為一體，就中國哲學來看，這是天人合一，物我一體感，這種一體感受傳達出同一的重覆，但不僅是套套邏輯的重覆自身而已，它是無限差異的重覆，這重覆是無限同一與差異的身體文本現象觀照本身，它是那自足無上關係，是自滿成全的存在狀態。

當然布朗肖與同一者絕對重複的無限盤旋而上的鍛煉，對道文本的體悟應去除只是單一面向平面的閱讀，是同一與差異的無限循環辯證黑夜，文本的所突顯的存有狀態也被召喚出來，這已然超越所謂的語言體系，而追尋與「他者」同感的關鍵，這是此在生活世界的共感，也是對生活世界理解感知，是種互動、溝

---

[24] 莫里思・布朗修著，林長杰譯《黑暗托馬》，臺北：行人，2005年，頁108-109。

通交流、辯證的現象呈現，這是所謂的「罔兩問景」文本「身體體驗詮釋」。

> 南伯子葵問乎女偊曰：「子之年長矣，而色若孺子，何也？」曰：「吾
> 聞道矣。」南伯子葵曰：「道可得學邪？」曰：「惡！惡可！子非其人
> 也。……」南伯子葵曰：「子獨惡乎聞之？」曰：「聞諸副墨之子，副墨
> 之子聞諸洛誦之孫，洛誦之孫聞之瞻明，瞻明聞之聶許，聶許聞之需役，
> 需役聞之於謳，於謳聞之玄冥，玄冥聞之參寥，參寥聞之疑始。」《莊
> 子‧大宗師》

在自由的開展的文本「身體體驗詮釋」當中世界當中，得以展現道的多元面向，方法是多元的，文本的切入也可能是多元的，道與文本有其差異性，分析文本，因著文本的可理解性而形構出文本的詮釋架構，意欲使我們重構那存有根源的體驗。

柒、以身體為文本的境界美學

整體而言，我們可以分三點來看以「身體為文本」的境界美學，如下：

一、為道者同於道的境界美學

「非『同一性』」符號思維擺放在生命層級來看，就是自我「修養工夫」境界論，也就是傅柯所言的境界美學，這境界的說法，中國哲學講的很深，中國哲學都是一種「身體體驗詮釋」的美學，它是生存美學，是此有在生活世界在動態同一與差異辯證詮釋當中，所呈顯出來的境界美學，它也是一種空間美學，以人作為當體，呈現出身體為空間美學的展現，它是身體詮釋現象學，以主體的參與者為中心呈現，而參與道的運行，「為道者同於道」是非常特別在詮釋「非『同一性』」符號思維的說法。

西方形上學的發展傾向「同一性」被表象為存在身上的一個特徵，然而我們需要脫離這樣的表象性思維，這種脫離是種跳躍，如海德格所言：「這種跳躍擺脫了作在者之根據的存在，並因而跳入深淵（Abgrund）中。但是這深淵既不是空洞的虛無，也不是幽暗的迷亂，而是本-有（Er-eignis）。在本-有中迴盪著

那個作為語言而言說的東西的本質。」[25]

　　本-有（Er-eignis）的原始意義為"er-äugen"，即看見，在觀看中喚起自己[26]。如老子〈第一章〉談到：「常無欲以觀其徼，常有欲以觀其妙」，在觀看中看見自己與存在隸屬，去體驗人與存在的共屬，如同非常道或非常名方式去了解存在與思維「同一性」，我們必須以離根方式不再以形上學表象方式規定人與存在，而是透過本真的方式來體驗存在歸屬於一種「同一性」，如同在巴門尼德斯所言的思想與存在歸屬於同一，而不是存有的遺忘來進行表象思維而已。

　　如同海德格所言：「透過巴門尼德斯的句子——『因為思想和在是同一者』——我們才得以隨行入那個追問一種共屬的問題之中，在這種共屬中，屬優先於共。對這種同一者的意義的追問就是對「同一性」的本質的追問。」[27]

　　以「身體為文本」現象閱讀就是強調非「同一性」的宰制閱讀，它不是名道方式來進行外在閱讀，而是內在進行深觀的閱讀方式，所以老子言：以身觀身，這樣的觀不再是形上學表象般解讀思維與存在之間的互動關係，不是存在遺忘來進行思維，而是透過深觀進行離根的跳躍閱讀，在觀看中喚起自己去體驗人與存在的共同隸屬，如此才能真正達成存在與思維的「同一性」辯證思維。

二、境界美學呈現出將自身活出藝術作品的可能性

　　傅柯的生存美學乃可涉及治理自我的美學工作，使自己的生命成為藝術品的活動。當然他的生存美學可以說是一種身體及生活美化的經驗的總結，生活美學乃是在生活中實踐出一種實踐智慧，如何在與他人互動之間圓融通達及自成由自在達到一種和諧。

　　傅柯所處年代為數位體系發展世代，此時是鍵盤化、符碼化或象徵化新型知識進步快速時代，這是個解消主體及無須客體的個人主義充斥年代，這世代隨著經濟及科學技術發展已成為消費文化，這年代的人生活是藝術，是美的創造過程，因此身體美學、生活美學及關心自身美學崛起。

----

[25] [德]馬丁‧海德格著《同一與差異》，陳小文，余明峰譯，北京：商務印書館，2014年二版，頁45。

[26] [德]馬丁‧海德格著《同一與差異》，陳小文，余明峰譯，北京：商務印書館，2014年二版，頁42。

[27] [德]馬丁‧海德格著《同一與差異》，陳小文，余明峰譯，北京：商務印書館，2014年二版，頁45。

所以說他的生存美學說是由關懷自身著手，再來他在生存美學上多是引用古希臘及羅馬文獻（Gros,1996:91-92），他強調由此建立哲學工夫。

傅柯由古代希臘羅馬時期來找出建構真理與主體聯繫的方法，發現他們必須是經過長期節制和自我訓練，不斷在精神及心靈深處進行修練，以體現真理的可能性，這是由關懷自身到他人互動的倫理開展。[28]傅柯以為古希臘人是以發展一種生存的技術為目的，它不是禁制剝除人的自然本色，也不消滅愉悅的效用，而是希望能與自然共處的生存美學，從享受愉悅中「獲取生存的美感」（aesthetics of existence）。[29]

我想這樣的生存美學符合現代人的生活風格，其實也符合以「身體為文本」的實踐智慧，他將自身生活展現出美學的可能性，也將自身活出境界美學的可能性。以莊子來看這樣的身體文本同一與差異閱讀方式，它是不斷解消，去我執的逍遙境界，以達到主體際性的和諧與完滿，所以莊子以「莊周夢蝶」來談主體際性的交流，這也是傅柯思維這世代的重點：在當代多元差異的思維裏傅柯生存美學代表著它是不斷剝損的過程，是「非『同一性』」符號思維，去除單一邏輯架構的宰制，也就是若將此去單一符號歷程擺放在生命層級來看，就是自我「修養工夫」境界論，也就是傅柯所言的境界美學。

三、以差異論美學

整個道家思想其實就是藝術存有差異蹤跡的展現，當為道者呈現出超越而又內在的思維方式體現在人間世時，其實就是美感展現，這美感已不再僵化，它來自於你對原型文本體悟。

道德經言：「美之為美，斯惡矣」，其實就是對「同一性」的批判本身，所以修養論就是進行「非『同一性』」符號反省。

當代裡論及差異往往放在美學上有所著墨，我們可以由劉千美《差異與實踐看到──當代藝術哲學研究》[30]，美感是種全面感知，不同於邏輯思維表象

---

[28] 高宣揚著《傅柯的生存美學──西方思想的起點與終結》，臺北：五南，2004年，頁350-362。

[29] 古希臘人思維中「經由logos、經由理智、經由對人起制約作用的人與真理的關係」獲致生活風格，這風格是「基於真理，既顧及某種本體論結構，又顧及其可見的美的形態」，詳見見Michel Foucault, *The History of Sexuality, Volume2: The Use of Pleasure*, trans. by Robert Hurley, New York: Vintage Books Edition, 1985, p. 89.

[30] 劉千美所著《差異與實踐看到──當代藝術哲學研究》，臺北：土緒。

思，將整體生命提升於日常經驗之上，將在在整合於整體觀照裡，不再是言語，而且試圖在差異及混沌中找秩序，當代前衛藝術以存在困境呈現出神聖者缺席，並且重返真實存有的光輝，並且試圖避免在既取的形式內，由於重複而導致僵化，它不斷突破找尋差異存在的發展動力，它以藝術作為重立差異的言語，作為走出自己，超越自己的傾向及要求，它是朝向無限超升，不再自我封閉，而為掙脫封閉於自我存有，在偏離存有中朝向他人，關注本質外事物，使主體超越成為「他者」（列維納斯），因此強調不「在場」臨現的崇高感，如此存有者才不會是消逝中的存有差異的蹤跡，藝術成了追求超越者蹤跡的寄望。

　　由此我們來看東方哲學「修養工夫」論其實就是將人活出境界美學的樣貌，這樣貌不是同一宰制下的僵化美學而已，它不存活於形式內，而是不斷動而愈出的生發狀態，具有無限潛能的動力狀態，它是不斷延異過程，是差異的差異，無限差異的游牧狀態，它尋求走出自我，並且達到「莊周夢蝶」主體際性交融，它是玄之又玄的狀態，「修養工夫」就是以「身體為文本」的閱讀方式，在方法中找尋道體，最後不再有方法，達到無方之方的道體本身，六經即我注，我注六經，是讀入又讀出的實踐智慧，也是重返存有之光真切存在於身，如此人即活出了自我風格，人就是自己的完成的藝術作品。

參考書目

林安梧著《人文學方法論：詮釋的存有學探》，新店：讀冊文化，2003年出版。

葉海煙著《莊子的生命哲學》，臺北：東大，民79年。

鄔昆如老師《莊子與古希臘哲學中的道》，臺北：國立編譯館，民61初版

特里・伊格爾頓：《後現代主義幻象》，商務印書館，2000年版。

海德格：《存在與時間》，（修訂譯本），北京三聯書店，1999年。

[美]丹尼爾・托馬斯・普里莫茲克著，關群德譯《梅露・龐蒂》（On Merleau-Ponty），
　　北京：中華書局，2014年。

莫里思・布朗修著，林長杰譯《黑暗托馬》，臺北：行人，2005年。

海德格：《時間概念》，《海德格爾選集》上卷，上海三聯書店，1996年。

[德]馬丁・海德格著《同一與差異》，陳小文，余明峰譯，北京：商務印書館，2014年
　　二版。

高宣揚著《傅柯的生存美學——西方思想的起點與終結》，臺北：五南，2004年。

杜小真編選《福柯集》，楊國政譯《主體解釋學》上海：上海遠東出版社，2002年
　　出版。

麥永雄著《德勒茲哲性詩學——跨語境理論意義》，桂林：廣西師範大學出版，
　　2013。

劉千美所著《差異與實踐看到——當代藝術哲學研究》，臺北：土緒。

丁原植著〈老莊哲學中的「有」「無」問題之研究〉，輔大哲學研究所博士論文，
　　民70。

黃瑞祺主編《再見福柯——福柯晚期思想研究》浙江：浙江大學出版社，2008年出版。

聶雅婷著《文本當中的生命體驗詮釋》發表於97年12月的《真理大學博雅教育學報》
　　第三期。

Merleau-Ponty, Maurice, *Phenomenolgy of Perception*, trans, Colin Smith, London: Routledge
　　& Kegan Paul, 1962

Michel Foucault, *The History of Sexuality, Volume2: The Use of Pleasure*, trans. by Robert
　　Hurley, New York: Vintage Books Edition, 1985.

第七章　以當代神聖美學觀點詮釋莊子境界美學

摘要

　　本篇文章為「以神聖美學觀點詮釋莊子境界美學」，莊子境界美學乃是朝向「神聖」，而藝術價值乃是提供人們作為朝向「神聖」而超越的想像，但它不只是想像而已，而是在藝術作品的存在之外假設了一個藝術作品所欲模仿呈現的真實世界，換言之，莊子境界乃是透過技術，以身體為修練場（「修養工夫」場域），乃是以身體為殿堂，而召喚道體真理入住。

　　按莊子境界來講，其實就是一種美的極致展現，進入莊子的境界美學，必透過「詮釋」，才能揭露「存有」，這「詮釋」便是實際的操作，也就是所謂「技術」本身，在莊子而言，所謂進入境界美學一定是經過實際操作，由技術入手，所謂技術便是「修養工夫」，換言之，「修養工夫論」乃是「自我技術」的陶成。

　　「以神聖美學觀點詮釋莊子境界美學」也就是說明莊子「自我詮釋」的「修養工夫」，是可以臻至莊子的「境界美學」。莊子「自我詮釋」的「修養工夫」說明著乃是進入到觀照身體本身呈現的美感經驗，得以認知，看見存在盈餘，從而呈現無限可能性，這美學體驗詮釋是無盡的指涉出去，總是超出話語之外見到境界無限可能性，它是見於物而不蔽於物，由物質的觀看中，得以見著存有「神聖」。

　　莊子境界美學乃是朝向「神聖」，而藝術價值乃是提供人們作為朝向「神聖」而超越的想像，但它不只是想像而已，而是在藝術作品的存在之外假設了一個藝術作品所欲模仿呈現的真實世界，換言之，莊子境界乃是透過技術，以身體為修練場（「修養工夫」場域），乃是以身體為殿堂，而召喚道體真理入住。

關鍵字：存有淨化、神聖、面容、境界美學、技術、詮釋、他人

前言

> 「由返回純真，需淨化談起。」

　　當代美學面臨物品化、商品化導致藝術作品之美感價值的無與淪喪，正如《道德經第二章》所言「天下皆知美之為美，斯惡矣」，作品已失去存有價值，這是批判理論學家所講美感失落及藝術死亡，面對此虛無感受到不安、虛空與寂寥，如卡謬、卡夫卡等存在主義所表現，又如達利的超寫實，荒謬及殘酷劇場所表現出來。我們舉法蘭茲・卡夫卡（Franz Kafka, 1883-1924）的《城堡》為例，主角是K是土地測界員，千方百計想要進入城堡最高點，卻一直無法得其門而入，整個空間、意義及氛圍是很荒謬的。這種荒謬，當代藝術徹底揭露為醜的可能性，追求崇高本身突顯出可能可能的低劣與醜來。因此不過度壓抑，而呈現自然狀態的美，反而使存有彰顯出來。

　　當代藝術表現出來一種醜陋，不是作品本身存在貧乏缺陷，而是為揭露現實生活中的醜陋，這醜陋恰是說明一種宰制與壓迫，扭曲與暴力、僵化與虛假，透過醜陋而得以揭露，去物化及商品化消化，而呈現存在的淨化。

　　故莊子言：

> 牛馬四足，是謂天；落馬首，穿牛鼻，是謂人。故曰：無以人滅天，無以故滅命。無以得殉名，謹守而勿失，是謂反其真。《莊子・秋水》。

莊子強調「反真」乃是順其自然，反真乃是迴返存有之真，此真實顯現，不是人工造作來妨礙美之所為美的可能性，不是人、故、得而滅殉天、命及名部分，境界美學必須是迴返真實存有本身，也就是美即是順乎自然，合於天性。

　　「返真」乃迴返到「道」本身，故莊子云：

> 夫道，有情有信，無為無形。可傳而不可受。可得而不可見，自本自根。未有天地，自古以固存。神鬼神帝，生天生地。在太極之先，而不為高；在六極之下，而不為深。先天地生，而不為久。長於上古，而不為老。《莊子・大宗師》

道有其超越性及無限性，不為世俗美醜所框架。

現代美學或藝術創作共同傾向是重回到原始樸拙的真實存有，使失去創造活力的實在界脫身而出，返回真實自我，返回原始，返回樸拙的真實存有，而就是莊子境界美學的核心價值，這是中西美學理論的所致力的理想美學境界，設法在大化流行生命體驗深刻的美感經驗，去照見「以道為美」的意義所在，例如《莊子・知北遊》「天地有大美而不言」、《莊子・天道》「樸素而天下莫能與之爭美」、《莊子・刻意》「淡然無極而眾美從之」。

壹、莊子境界美學乃是觀照身體呈現的美感經驗

如何來呈現存在淨化呢？按莊子境界來講，其實就是一種美的極致展現，進入莊子的境界美學，必透過詮釋，才能揭露存有，這詮釋便是實際的操作，也就是所謂「技術」本身，換言之，「修養工夫」論乃是自我「技術」的陶成，在莊子自我詮釋「修養工夫」，莊子的境界美學乃是進入到觀照身體本身呈現的美感經驗，得以認知，看見存在盈餘，從而呈現無限可能性，這美學體驗詮釋是無盡的指涉出去，總是超出話語之外見到境界無限可能性，它是見於物而不蔽於物，由物質的觀看中，得以見著存有「神聖」，所以莊子境界美學乃是觀照身體所呈現美感經驗。

一、透過自我修練，呈現存在的淨化

莊子境界美學其實就是去除存在糟粕，來呈現存在的「淨化」，「淨化」「所指」的便是一種自我修練，自我的操作，若我們去追溯根源，「淨化」是亞氏所言，亞氏說明「淨化」是「激起痛苦與悲憫之情以達致淨化的效果」[1]。

所以馬庫色接著說到：

> 淨化作用之所有有救贖性格，在於藝術的淨化作用根植於美感形式本身的力量，美感形式以其本身之名，召喚命運，拆解命運的神祕的力量[2]。

---

[1] Aristotle, *Poetics in the Complete works of Aristotle*, ed., by J. Barnes, Vol. II (New Jersey: Princeton U.P., 1984), pp.2128-2129.

[2] Herbert Marcuse, *The Aesthetic Dimension*, (Boston: Boston Press, 1977), p.10.

> 淨化與其說是心理事件，不如說是存有學的事件，其基礎在於美感
> 形式本身處於不受壓抑的層次，美感形式所具有的認知力量，以及形式中
> 痛苦已然結束的意象。[3]

按馬庫色意思，「淨化」之重要性在於我們可以藉由存有事件認知到痛
苦，使我們體知認知到某深層意識是如何？在不被壓抑情況之下，藉由美感形式
本身力量召喚命運，並拆解命運，結束痛苦。

這「淨化」與悲劇相關，所以我們接著探討悲劇。

「淨化」在亞氏探討「悲劇」時討論到，亞里斯多德在《詩學》第六章
中，對悲劇所下的定義是：

> 悲劇是對嚴肅、完整、且有一定長度行動之模仿；它的媒介是語言，並以
> 各種悅耳的聲音，分別插入劇中使用。模仿的方式是藉人物的動作來表
> 現，而非採用敘述的形式；藉著哀憐與恐懼之情緒的引發，而達到心靈淨
> 化的效果。

所以「淨化」乃透過存有學事件，使其美感形式本身不受壓抑，並且解放
美感形式所具有的認知力量，以及在形式中痛苦已然結束的意義。當代齊澤克談
到：事件意謂著存在的揭露，而因著揭露，意義的場域得以大開。[4]

「淨化」使存有事件揭露，我們可以由莊子妻死鼓盆而歌的存有事件來
看待：

莊子〈至樂〉有言：

> 莊子妻死，惠子弔之，莊子則方箕踞鼓盆而歌。惠子曰：「與人居，長
> 子、老、身死，不哭，亦足矣，又鼓盆而歌，不亦甚乎！」莊子曰：「不
> 然。是其始死也，我獨何能無慨然！察其死而本無生，非徒無生也而本無
> 形，非徒無形也而本無氣。」

---

[3]　Herbert Marcuse, *The Aesthetic Dimension*, (Boston: Boston Press, 1977), p.59.

[4]　[斯洛文尼亞]斯拉沃熱・齊澤克（Slavoj Žižek）著，王師譯《事件》（Event），上海：上海文藝
　　出版社，2016年出版，頁6。

　　莊子妻子死是個存有學事件，它原本是個悲劇，但莊子面對妻子的死亡，把他當成是一場客觀的悲劇，它引發了哀憐與恐懼，而莊子在觀看自己哀憐與恐懼時，也產生了痛苦與悲憫之情，「我獨何能無慨乎。」，在觀看自己自身的悲劇，有淨化效果，那是根植美感形式本身力量，召喚命運，從而拆解命運，解除命限倒懸之苦。

　　換言之，就莊子境界美學，其實可以說是莊子身體體驗詮釋美身就是一個藝術作品，一個真正為道者，必透過詮釋，才能揭露存有，這詮釋便是實際的操作，也就是所謂「技術」本身，換言之，「修養工夫」論乃是自我「技術」的陶成，從事生命體驗釋所進行的存有召喚乃在於召喚命運，拆解命運，莊子的境界美學的確是一個為生命滌除玄覽的過程，也是透過生命存有的淨化而進行所謂的救贖，它所生發出來的生命原型，一種形上層次的美感召喚，使我們引發出與大地共舞的存有力量，進而與存在同呼同吸在天地宇宙間。這存在淨化乃是使道呈現一體狀態，是未始有封的，如莊子說到：

　　　　古之人其知有所至矣。有以為未始有物者，至矣、盡矣，不可加矣。其次以為有物矣，而未始有封也。其次以為有封焉，而未始有是非也。是非之彰也，道之所以虧也。道之所以虧，愛之所以成。《莊子・齊物》

二、存在糟粕淨化，達到原始藝術呈現

　　生命淨化所呈現存在的原型，就是莊子的道的原型，這道的原型不在分裂狀態呈現的原型，它是透過「修養工夫」所呈現的原型，「修養工夫」是什麼呢？就是心齋坐忘所呈現自我觀照詮釋「修養工夫」，它是依緣於身體之內所闡明的存在本身來進行存在糟粕之淨化，存在糟粕淨化分為二部分，一是「坐忘」，一是「心齋」，首先我們來看「坐忘」：《莊子・大宗師》云：

　　　　顏回曰：「回益矣！」
　　　　仲尼曰：「何謂也？」
　　　　曰：「回忘禮樂矣。」
　　　　曰：「可矣，猶未也。」
　　　　他日，復見，曰：「回益矣。」

曰：「何謂也？」

曰：「回忘仁義矣。」

曰：「可矣，猶未也。」

他日，復見，曰：「回益矣。」

曰：「何謂也？」

曰：「回坐忘矣。」

仲尼蹴然曰：「何謂坐忘？」

顏回曰：「墮肢體，黜聰明，離形去知，同於大通，此謂坐忘。」

這「坐忘」也就是《齊物論》南郭子綦「隱几而坐，仰天而噓，嗒焉似喪其耦」的境界。「喪耦」，即破掉對偶性，復其存有素樸之真，得接「天籟」，齊物我，一生死，也即「離形可知，同於大通」。

另外我們看「心齋」，《莊子・人間世》：

顏回曰：「吾無以進矣，敢問其方。」

仲尼曰：「齋，吾將語若，有而為之，其易邪？易之者，皞天不宜。」

顏回曰：「回之家貧，唯不飲酒不茹葷者數月矣。如此則可以為齋乎？」

曰：「是祭祀之齋，非心齋也。」

回曰：「敢問心齋？」

仲尼曰：「若一志，無聽之以耳聽之以心，無聽之以心而聽之以氣。耳止於聽，心止於符。氣也者，虛而待物者也。唯道集虛，虛者心齋也。」

「心齋」是相對於顏回所講的祭祀齋戒，「心齋」，猶《老子》之「致虛極，守靜篤」的「修養工夫」。

在莊子自我詮釋「修養工夫」，莊子的境界美學指的便是乃是對存在原型觀照，去除存在的渣滓後，進入到觀照身體本身呈現的美感經驗，得以認知，看見存在盈餘，從而呈現無限可能性，這美學體驗詮釋是無盡的指涉出去，總是超出話語之外見到境界無限可能性，它是見於物而不蔽於物，由物質的觀看中，得以見著存有「神聖」。

而這也是當代藝術作品裡所講的重返真實存有的豐盈，這種迴返就是透過

淨化而獲得救贖，當代也蠻常使用存在困境呈現「神聖」的缺席，並以此呼喚藝術經驗的美感觀照來超越有限，使「神聖」的缺席呈現出席。返回存有原初之生命之源，其實就是詩境，就是藝術。

馬利丹說到藝術本質就是詩《藝術與中的創造性直覺》：

> 我所謂的詩，不是指書寫詩文的那種特定藝術，而是一種更原初，更普遍的歷程，即事物的內在存有與人類自身的內在存有之間的相互溝通，這種相互溝通就是一種預言。就此而言，詩就是所有一切藝術隱祕生命。

所以在詩人賦詩後，得以返回存有之初生命本源。[5]

這便是現代美學精神活力，美之所以為美乃在於觀照存在原型，此原型產生動力，而此動力乃從宰制、僵化的形式當中逃離，現代美學或藝術創作共同傾向是重回到原始樸拙的真實存有，使失去創造活力的實在界脫身而出，返回真實自我，返回原始，返回樸拙的真實存有就是莊子境界美學的核心價值，這是中西美學理論的所致力的理想美學境界，設法在大化流行生命體驗深刻的美感經驗，去照見「以道為美」的意義所在。

故《莊子·天道》言：「樸素而天下莫能與之爭美。」，另一段落談到：「淡然無極而眾美從之。」《莊子·刻意》，都是講到莊子返回原始無爭淡然無極之美。這種原天地之美是大美的境界美學有如莊子在《知北遊》篇中表明：

> 天地有大美而不言；四時有明法而不議；萬物有成理而不說。聖人者，原天地之美，而達萬物之理。

貳、境界美學的具體呈現

高達美（Hans-Georg Gadamer, 1900-2002）是解釋學（Hermeneutics）的宗師，其哲學巨著《真理與方法》是關於藝術及歷史真理的探討，整體而言高達美繼承了海德格的藝術觀，主張藝術是存在真理的一種顯現。

5　Jacques Maritain, *Creative Intuition in Art and Poetry*, New York: The Noonday Press, Meridian Books, 1955, p.3

　　根據高達美說法，遊戲就是藝術作品的存在方式，因此藝術作品的存在方式就是自我呈現（presentation）（《真理與方法》）[6]筆者以為境界美學由高達美看來就是自我呈現，傅柯所言活成像藝術作品，乃是根據修養工夫論本身迴返生命之真的路徑，這路徑展現出來是逍遙遊的概念。筆者以為現代藝術強調返回真實存有以獲得精神解放，這是美感經驗之存有特質，所以藝術作品以「反美學」方式揭露真實存有，由僵化及醜陋中脫出，而展現出源源不絕的創造力。

　　莊子的美學回到存有原始樸實，而返回是其所是的自由，以表達大化流行中的美感經驗，它是由原始道的樸質中去反映美好來。莊子不斷強調質樸之美感，乃是未被物化、奴化及殖民化的單純欲望，而呈現出單純美感境界，重始返回最樸質的反省，關於藝術是什麼，所以他們的醜更足以反思藝術作品真實獨立存在召喚返迴真實存有，以獲得真正自由解放，是「醜之為醜，斯美矣。」

一、醜的反面抒寫：無用之用是為大用

　　莊子境界哲學裡並沒有談到美與醜對立的問題，莊子談到一些事物，以人間標準來看，的確是反美學，但在這些人事物身上，我們看到了美之所以為美乃是呈現真正存有的真實層面，他以「有用無用」來轉化這未被物化、奴化及殖民化的單純存有展現，以此說明莊子境界美學。

　　也就是說就人世間無用狀態，他們的醜正足以呈現物的超然獨立，不被物役而呈現物之所以然的狀態，這些物的醜足以反思藝術作品遺世獨立的狀態，正因為其醜而得以召喚返回真實存有，使存有的真實面貌顯露。這是老子所言：「美之為美斯惡矣」的反面證立。如此美感不再被物的合用性及外在品評所計算，而是呈現「無用之用之為大用」的非物化真實存有彰顯，這樣的存有彰顯是對世界來講是不合用的，是不「器」的，但對莊子境界美學來講就是一個大用，也是一個大美。

　　比方莊子所言「不龜手之藥」《逍遙遊》、「大瓠泛舟」《逍遙遊》以及大樗「不中繩墨」、「不中規矩」，「大而無用」而成其大用之說，於是乎可以

6　H-G Gadamer, Truth and Method, tr. By J. Weinsheimer and D. Marshall, second revised ed., New York: The Continuum Publishing Company, 1997；加達默爾著、洪漢鼎譯《真理與方法》上卷，上海：上海譯文出版社，1992（以下此書簡稱「真」）。p.151

「彷徨乎無為其則，逍遙乎寢臥其下」「一天斤斧，物無害者」《逍遙遊》，而它們都是「無用之用」。

美之為美是醜也，象徵挪揄或反諷出現在執著於美的標準，因而拒絕差異的存在時，那麼這樣的「美」就令人商榷，有的潛浮的暴力，是使美商品化的迷醉，拒絕被物化，拒絕去觀賞那所謂「美」的東西，寧可不看，也不要不美。

若是落入物的使用來講，物用其實就是就是「技術」上手的問題，其物用其實講的就是能夠使用「技術」，但是莊子很明顯說到藝術是超越「技術」：「道進於技」，原因是藝術作品是超「技術」，「技術」只是資藉，從來就不是藝術之所以為藝術的真理所在。

我們可以藉著「技術」，彰顯道趣。然最後境界成完成必須拋棄「技術」，加以超越。藝術作品存在，回返原始物質存在的美好，以彰顯存有之光，這是無所待的美感呈現，是其所是，而非將藝術當作物質販賣的無知所扭曲的藝術，返回最單純的存有欲望所散發的能量，而將存有律動開展，以解生命存有的陷溺。藝術美感境界召喚我們返回真實存有自然，擺脫僵化及扭曲的陷溺，重返生命活力，了解生命喜悅與福樂，真正怡然自得。[7]

若用老子的話來說便是如《道德經‧第二章》老子嘗謂：

> 天下皆知美之為美，斯不美矣；皆知善之為善，斯不善矣。《道德經‧第二章》
>
> 五色令人目盲，五音令耳人聾，五味令人口爽《道德經‧第十二章》

引人入勝的美感境界表現是「大音希聲」、「大象無形」、「大巧若拙」。

莊子對「技術」的使用，譬如「修養工夫」，「修養工夫」的過度重視，只重於技巧而不見境界所呈現的流變身體文本的觀照或者只著重於身體的陶養，那就不會再看見之後道的展現，莊子在《天地》篇中，透過為圃老人之口指出：

> 有機械者必有機事，有機事者必有機心。機心存於胸中則純白不備。純白不備則神生不定。神生不定者，道之所不載也。

---

[7]　劉千美著《差異與實踐——當代藝術哲學研究》，臺北：土緒，民90年，頁247-266。

　　總而言之，莊子的境界美學就在於「進技於道」。如《養生主》庖丁解牛所達到最後境界美學「手之所觸，肩之所倚，足之所履，膝之所踦，砉然嚮然，奏刀騞然，莫不中音，合於桑林之舞，乃中經首之會。」

二、莊子的境界美學的藝術作品呈現：全人格展現

　　莊子境界美學可以用一些真人、至人、聖人與神人來代表，這些全人格典範其實就是不役於物，不落入「技術」的存有者，它是不離其宗，有所變化轉化的。「不離於宗，謂之天人。不離於精，謂之神人。不離於真，謂之至人。以天為宗，以德為本，以道為門，兆於變化，謂之聖人。」《莊子・天下篇》

　　遊道且體天地之美，它是擺脫框限於有限，展現出美感經驗來。所以美即在於變化無已，也就是「兆於變化」。它是無用之為大用，無為之為大為的人格典範，這些人格典範所展現的境界，其實就是一個道的展現，透過為道技巧手法，讓自己人格臻至藝術作品的呈現，這個藝術作品，其實已超越物的陷溺，而呈現一個滿具活力，不存有者，展現出的生命就是一個藝術作品，藝術作品本身獨立自主的美感形式的轉化，而揭示真實存有的活力。

　　換句話說，以真人境界所呈現的作品真誠獨特性，召喚觀賞者擺脫實在界的僵化及宰制，返回真實自我，美感形式極力擺脫被宰制表象，而欲以簡單質樸方式來掌握存有的律動，擺脫被宰制的表象乃是透過無所待的轉化欲望，轉化有所待的生命僵化而做出顛覆與反抗，轉向單純的欲望，使存有展現力量。

　　我們舉轉化最明顯例子為《逍遙遊》當中所言：「北冥有魚，其名曰鯤。鯤之大，不知其幾千里也；化而為鳥，其名為鵬。」鯤鵬的比喻說明生命的轉化，這轉化使生命空間高度不同，將遷化於南冥。

　　筆者以為這樣的「技術」當然「身體體驗詮釋」，「身體體驗詮釋」可是說是「主體進入真理」的方法，這也是第三章筆者進一步去談的以身體為當體，做為一種文本的方式，去鍛鍊操持，以成就自我存在的風格，這也是自我身體文本的詮釋，當然這「鍛鍊術」既是方法，也是「技術」本身，它最後要被丟棄，「存在之技術」，必須被丟棄，誠如道家所言：「道進於技」說法一般，最近呈現是一種道的境界，這境界便是「存在風格」，這境界的展現乃是透過技來進行主體形式的轉化形構而成，莊子《逍遙遊》即是提到了非常有名的轉化：「鯤化為鵬」。原文如下：

> 北冥有魚，其名為鯤。鯤之大，不知其幾千里也。化而為鳥，其名為鵬。
> 鵬之背，不知其千里也。怒而飛，其翼若垂天之雲。是鳥也，海運則將徙
> 於南冥。南冥者，天池也。

《逍遙遊》這篇核心乃是自我形構與轉化，當然它是需要深蓄厚積以搏扶搖直上的，這搏扶搖而直上乃是一種存在風格的展現，這種轉化是內在自由解放取得，透過內在配合與通轉，最近成就了生命本身，達到喜悅之泉源，以天池來表現之。這樣的轉化歷程有賴鍛煉術不斷操持深蓄厚積以成就境界的高遠幸福感。自我「技術」導致形構簡單來說便是心靈陶冶後，主體心境轉化成為境界展現，所以已不拘於小大之辨，是徹底心境的轉換，由日常生活提拔超升成為無有執著的主體性境界，這個主體性較是主體際性的境界，是天地物我合一的「神聖」美境。

這是透過剝損工夫的「界限經驗」轉化而成，也可以說是透過心靈黑夜的不可明言的共同體經歷轉化而成，在布朗肖的作品即有這樣的心靈黑夜描寫，如下：

> 這個夜晚，以一切事物均已消失的這種感覺，為我帶來任何事物對我均為直接的這樣一種感覺。它是那自足的無上關係；它恆久地將我帶向自我，而一條從同到等同的晦暗路線讓我得知對於一絕妙進展之欲望。在這同一者的絕對重複中，生成了那無法通抵休憩的真正運動。我感覺自己被夜晚引領向夜晚。某種的存在，由一切被存在所排除者所構成，如目標般對我的行步顯現……那雖已與我融為一體，仍令我無法形容地戀慕著的夜晚。我可及之處為一世界──我稱之為世界，就像死了的我會稱土地為虛無。我稱之為世界，因為沒有其他對我來說是可能的世界。我相信，如且朝一物體前進般，我把它變得更近了，然而是它包含著我。[8]

這心靈黑夜的描述是非常美的，老子講「道」，玄之又玄，玄代表著黑，也代表著靈修歷程所經歷的深淵，每個成為自己都是在冒險犯難的歷程尋求自我。它是那自足無上關係，是自滿成全的存在狀態，當然布朗肖與同一者絕對重複的無限

---

[8]　莫里思・布朗修著，林長杰譯《黑暗托馬》，臺北：行人，2005年，頁108-109。

盤旋而上的鍛煉與傅柯所言的自我剝落是不同的。布朗肖偏重於相「同一性」描述，而傅柯強調「非同一性」描述，無論如何「非同一性」與「同一性」描述都是以身體文本現象辯證描述。

傅柯說到「從我自身剝落，阻止我成為相同的」（Foucault, 1966: MC, 395）[9]，阻止那成為相同的，意謂著不限於同一主體形式的控制，在同一與差異的辯證之下走向自我的轉化，這是透過精神黑夜的鍛煉，最後物我一體，生死一如呈現出主體的「界限經驗」來。傅柯以為人生就是要活出像樣的藝術品，我以為這與中國哲學境界論美學觀相異曲同工之妙。

莊子的所說的美學境界，它是自由自在超越存有的形式限制，由醜當中展現出境界美學來，為此莊子說：「故萬物一也，是其所美者為神奇，其所惡者為臭腐，臭腐復化為神奇，神奇復化為腐，故曰：通天下一氣耳。聖人故貴一。」《莊子・知北遊》，美的展現其實就是存有的展現，這個醜是指突破美之為美的僵化限制，若擺放當時時代背景來看，當時士大夫大抵求為世所用，然而老莊道家思想以為求為世用，必然被物的殖民化，必須返回其存有本源，道的質樸原型，讓不為世用的無用價值觀呈現，如此一來，才能避免美化呈現一種醜化的狀態。

也就是說莊子的境界美學便是實踐美學，它是自我現象詮釋所展現出來的藝術品，將真理體現在吾人自我，做為一個「神聖」的存有物，也是真實的創作品，更是臻至極致關懷的紀念品，它是使我人真君，真實主宰生命本原得以展現真實存在方式。莊子的境界美學乃是自我詮釋的美學，它是真知的體現者，也有本真的存有詮釋者，是先有境界美學才能夠有對境界的知識建構。

所以莊子以為：

> 且有真人而後有真知」
> 「知天之所為，知之所為者，至矣。知天之為者，天而生也；知人之所為者以真知之所知，以養其知之所不知」
> 「登高不慄，入火不濡」
> 「其寢不夢，其覺無憂，其食不甘」
> 「不逆寡，不雄成，不謨士」

---

[9]　這句間引自黃瑞祺主編《再見福柯──福柯晚期思想研究》浙江：浙江大學出版社，頁80。

　　　「不知悅生，不知惡死。其出不訢，其入不距。翛然而往，翛然而
　來而已矣。

　　一個本真的詮釋者，是為道同於道者，以梅露‧龐蒂而言，這是藉由身體
參與世界去揭露存有的真實性，以觀照於可見和不可見之間，身體以身體圖式方
式在見與不見之皺摺空間去揭露某面向，並以完成內與外、主與客交融的完形圖
像。依梅氏所言「身體圖式」行為就是在於，身體以圖式行為對主體意識產生影
響。梅露‧龐蒂在《知覺現象學》中說道：

　　　身體圖式不是習慣的一般機體覺知的殘餘，而是一般機體覺知的構成規
　　　律，……身體圖式不再是在體驗過程中建立的聯合的單純結果，而是在感
　　　覺間的世界中對我的身體姿態的整體覺悟，是格式塔心理學意義上的一種
　　　「完形」。[10]

　　所言「身體圖式」就是「在感覺間的世界中對我的身體姿態的整體覺悟，
是格式塔心理學意義上的一種「完形」。
　　依其意見，筆者以為這「完形」就是道的混成狀態描述，身體的完形認
知結構，可說是圖式的認知結構（Merleau-Ponty, 1942／楊大春、張曉均譯，
2005：143）。
　　這種圖式猶如可見與不可見之間的重合，有著神祕的可能性，既是內又是
外，既是事物，又是身體；反之也可以說既不是內，也不是外，既不是事物，也
不是身體。

參、莊子境界美學乃是朝向神聖

　　所謂「神聖」，奧托在《論神聖》強調人面對神聖，有神聖經驗，這些經
驗是由神聖力在某方面顯現而引發的，神聖經驗呈現自己就像是全然「他者」
（wholly other），人感到是種深玄感，人沒有能力可精確表達出全然「他者」，

---

[10]　姜志輝譯（2001）。《知覺現象學》。北京：商務印書館，頁136-137。（原書Merleau-Ponty, M.
　　　[1945], *Phénoménologie de la perception*. Paris.

事實上，聖顯（hierophany），是神聖向我們顯示他自己，古代人都盡可能活在神聖中，或密切接近祝聖過的東西，神聖相當是一種力量，神聖被存在所滲透。[11]

誠如奧托[12]所言：人面對神聖有驚駭感及威嚴感，這神祕經驗呈現自己就宛若是全然的「他者」（wholly other），人感到深玄，覺得自己只是受造物，只是塵埃。

莊子境界美學乃是朝向神聖美感境界，這是一種深玄感，也是一種主體際性，自我宛若「他者」的深刻交流經驗。

一、境界美學乃是以身體為文本所呈現的實踐美學

莊子境界美學就是即生活世界來實踐其學說內涵，莊子可以說是理論與實踐的統一者，莊子透過「修養工夫」而達至一種實踐的智慧，而呈現出一種實踐的境界美學，它就是生活世界的行者。高達美說到「生活就是理論與實踐的統一，就是每一個人的可能性和任務。觀看自身，觀看存在，這就是受過訓練的意識，我甚至要說這是一種神的意識，它學會了同時考慮他人的立場並尋求對集體和共同體的相互了解。」[13]

由此話語來看，這就是「受訓練的意識」，這種受訓或說受操練的意識使我深切體悟到自我與「他者」，萬物與我為一，這樣的意識觀照乃是以身體文本的同一與差異辯證思維，以自身身體圖式為觀看現象，現象就是本體的美學呈現。

莊子境界美學以身體為文本的實踐美學。實踐智慧就是由自身觀看存在的智慧乃是以身體為殿堂，而召喚道體入住，換句話說，乃是召喚神靈入住身體「神聖」殿堂，莊子境界美學裡呈現在人身體裡的境界美學，便是以身體為文本的實踐美學。

透過身體文本的觀看閱讀而進行自我生命現象的詮釋，對現象的詮釋而進行生命內容的轉化，化凡俗而呈現「神聖」的美學境界，這轉化乃是以身體為文

---

[11] 按伊利亞德著（Eliade, M.），楊素娥譯《聖與俗——宗教的本質》（*The Sacred & The Profane: The Nature of Religion*），苗栗：冠桂，頁60-64。

[12] 魯道夫・奧托（Rudolf Otto, 1869-1937）是宗教現象學重要人物，他的《論「神聖」》（*The Idea of Holy*）被依利亞德在《聖與俗》（*The Sacred and the Profane*）稱許。依利亞德，《聖與俗：宗教的本質》，台北，桂冠，2001。

[13] Hans-Georg Gadamer，〈對理論的讚美〉，《理性・理論・啟蒙》李曉萍譯，臺北：結構群，1990，頁34-38。

本的實踐智慧，以自我身體所進行的「文本」閱讀是藉由「身體」感受覺知到現象而呈現本質直觀，所以所有在我「身體」發生的感受覺知的現象，均是我閱讀的「文本」，我藉由我的「身體」感受覺知的「文本」，知瞭了「身體」發生所有現象，於是我了解生命現象的發生，也藉由解讀「身體」感受覺知的種種現象，我欲加深進入我自身生命的創作中，往深層的存有脈絡層次邁進。我們可以看《莊子・逍遙遊》所言，如鯤鵬的變化與運動：

> 「北冥有魚，其名為鯤，鯤之大，不知其幾千里也。化而為鳥，其名為
> 鵬，鵬之背，不知其幾千里也。怒而飛，其翼若垂天之雲……」

莊子身體美學說明著身體境界美學當中，作為身體的藝術真理揭露，這是為道者同於道的存有美境。

因此海德格說到：「藝術是真理之自行設置入作品。……藝術是歷史性的，歷史性的藝術是對作品中的真理的創作性保存。藝術發生為詩。」[14]

為道者同於道乃是將藝術真理揭露出來，在流變時間生命歷程中，以身體為文本去揭露真理，身體文本為當體來開顯真理的力量，賦予存有，開啟存有，並為存有立基。也就是說這就是身體為文本的實踐智慧，當我深觀真理在吾人身體時，能顛覆現實的僵化與虛偽，擺脫現實之權力支配與宰制，而得以召喚真理，揭示真實存有，如此呈現就是境界體現，它是美境。

作為一個藝術作品——身體，所呈現出來的境界美學在於說明藝術的真。意在於存有的自由開顯。

誠如海德格所言：「作品存在就是建立一個世界。……世界就始終是非對性的東西，而我們人始終歸屬於它。在此，我們的歷史的本質性的決斷才發生。」[15]

「而我們人始終歸屬於它」說明著為道者同於道，為道者建構了一個藝術作品棲居之所，使歷史性存有本真體現出來，為道者在時間歷程中，在生命流逝變遷中彰顯道之可能性，如此歷史本質決斷發生。

本源時間意謂本真時間溯返之時，來到了以身體為文本的同一與差異辯證，將不斷使存有綻放，不斷召喚當下即是的存在狀態的回歸。所以海德格的歷

---

[14] 海德格：《藝術作品的本源》，《林中路》，上海譯文出版社，1999年版，頁61。
[15] 海德格：《藝術作品的本源》，《林中路》，上海譯文出版社，1999年版，頁28-29。

史乃是本源時間，「時間性是源始的、自在自為的出離自身本身。……源始而本真的時間性是從本真的將來到時的，其情況是：源始的時間性曾在將來而最先喚醒當前。將來在源始在本真的時間性的綻出的統一性中擁有優先地位……」[16]

當代海德格指出藝術與存有是密切相關的，整個藝術作品揭示是讓存有者真理自行置入作品，提供光亮場域，使之進入澄明無蔽狀態，這是本真狀態，在作品裡，存有如是所是被揭示著，而藝術成為本真自我。

海德格曾說：「藝術作品的本源，同時也是創作者和保存者的本源，也就是一個民族的歷史性此在本源，乃是藝術。」[17]

這種復返是種民族共同體回歸靈魂根源的運動，是種復返大地的活動，世界屬於大地，而此有的生命植根於大地之下，所以高達美所著〈海德格的后期哲學〉談到海德格〈藝術作作品本源〉提到了作品的作品特性，用「世界」與「大地」來說明，特別是用希臘神廟說明[18]世界是此有本身性質[19]，他說作品建立一個世界，作品製造大地，[20]海德格以神廟為例，神廟召喚神聖存有者，召喚諸神入住，而人需入居其中，成為神聖存有者之一環。換言之，也就是說神廟建立一世界，世界啟開，無可避免的給出空間，建立指的是種開啟，作品在自身突顯，開啟出一世界，讓不可見的東西現身「在場」，把神召喚現身「在場」敞開領域。[21]

而自然是大地的概念的藍本，海德格在〈藝術作品的根源〉說到大地是不斷湧現，使質材出現，並出現在作品當中敞開，而世界與大地是不斷爭執而又統一的過程。[22]

整個莊子境界美學其實就是以身體當作神廟般的所在，召喚所有「神聖」入住，使缺席的出席，人居其中成為神聖之一環。

所以筆者談到莊子身體美學，此說明了美學與存有者之間結合的可能性，身體作為藝術品必須有著召喚真理和存有開顯特質。存有的開顯是指身體詮釋的

---

[16] 海德格：《藝術作品的本源》，《林中路》，上海譯文出版社，1999年版，頁28-29。

[17] 海德格：《存在與時間》，（修訂譯本），北京三聯書店，1999年版，頁375。

[18] 高達美著，夏鎮平、宋建平譯《哲學詮釋學》，上海：譯文出版，2004，頁216-217。用「世界」與「大地」來說明，特別是用希臘神廟說明世界是此有本身性質，作品建立一個世界，作品製造大地。

[19] BT, p.60.

[20] OA. pp.20-21.

[21] *OA*. p22.

[22] *OA*, p.26.

現象學，它是動態同一與差異辯證不斷在超升，呈現循環當中走出開顯的特質，而這個不被框限宰制，呈現自由，而這自由對存有開顯中來講是重要的，它讓存有者如其所是，任其所是而是，它是沉涵於開顯中，另外，它是存有的還原，是指沉緬於存有者本身之開顯中而任其所是。

而藝術價值乃是提供人們作為朝向「神聖」而超越的想像，但它不只是想像而已，而是在藝術作品的存在之外假設了一個藝術作品所欲模仿呈現的真實世界。

換言之，莊子境界乃是透過「技術」，以身體為修練場（「修養工夫」場域），乃是以身體為殿堂，而召喚道體真理入住。換句話說，我把自我當作藝術作品呈現，我以為我的身體內呈現出所欲模仿所欲表現的真實世界，這使我進入真實虛幻之間，我進行自我無限超升，不再封閉於自我存有之中，而超越呈現出為「他者」的存在，這是存有者的超升，以身體為文本的實踐美學，說明了以藝術方式存在，揭露存有，而賦予「神聖」的臨在，展現終極關懷層面，呈現出無限滿全的倫理幅度。

在莊子自我詮釋「修養工夫」，進入到觀照身體本身呈現的美感經驗，得以認知，看見存在盈餘，從而呈現無限可能性，見於物而不蔽於物，由物質的觀看中，得以見著存有「神聖」。而這種智慧就是身體體驗詮釋的智慧，它是朝向「他者」。

此有點類似拉內所言無止境的超越，趨向更大的真善美聖和無限的實有（infinite being）在過程中，其實這樣的追求已是天主開放，也就是人邁向「神聖」。

換句話說，莊子的為道同於道的神聖美學，西方來看，這是人朝向神聖，這「神聖」的朝向便是朝向天主，發現天主的臨在，拉內強調逼近的合一，他說：「所有的知識，都靠著肯定神聖奧祕或絕對存有者背景，為逼近的視野，亦即基督知識行動的根基和對象。」[23]神聖者或奧祕中的奧祕，或天主隱藏的臨在，都是使他能在邁向知，而更自由的動態力量，人可以在每天生活中發現天主臨在，能與天主奧祕相聯。

---

[23] 神聖者或奧祕中的奧祕，或天主隱藏的臨在，都是使他能在邁向知，而更自由的動態力量，人可以在每天生活中發現天主臨在，能與天主奧祕相聯。K.Rahner, *Foundations of Christian Faith* (hereafter: *Foundations*) (N.Y.: Crossroad, 1984) p.69.

二、莊子的境界美學便是朝向神聖的美學

莊子境界美學乃是朝向「神聖」，我們來看一段莊子文章：

> （肩吾）曰：「藐姑射之山，有神人居焉，肌膚若冰雪，淖約若處子。不食
> 五穀，吸風飲露，乘雲氣御飛龍，而遊乎四海之外；其神凝，使物不疵癘，
> 而年穀熟，吾以是狂而不信也。」連叔曰：「然，瞽者無以與乎文章之觀，
> 聾者無以與乎鐘鼓之聲，豈唯形骸有聾盲哉？夫知亦有之；是其言也，猶時
> 女也。之人也，之德也，將旁礴萬物以為一，世蘄乎亂，孰弊弊焉，以天下
> 為事？之人也，物莫之傷；大浸稽天而不溺，大旱金石流，土山焦而不熱。
> 是其塵垢粃糠，將猶陶鑄堯舜者也，孰肯以物為事？」《莊子・逍遙遊》

所謂真人、至人、神人與聖人乃是朝向「神聖」，我們可以使用伊利亞德
的概念來說明這朝向「神聖」的說法。根據伊利亞德說法，「宗教即經驗」、所
謂「經驗」，奧托表達了經驗當中面對全然「他者」的敬畏與迷人面向，而這也
啟迪了伊利亞德「聖與俗」辯證的詮釋面向，於是伊利亞德有「宇宙宗教」的體
驗，也提出所謂「原型」概念，呈現出在吾人的生命裡，應該是讓「神聖」在我
生命中彰顯的意涵。[24]

所謂真人、至人、神人與聖人乃是朝向「神聖」。我們可以使用奧托的概
念來說明這朝向「神聖」的說法。奧托在《論神聖》談到了因「神聖」能力在
某方面顯現引發的「神聖（numinous，來自於numen）經驗」，而此努曼經驗呈
現自己就像是「全然他者」（wholly other），面對努曼經驗，它只能使用敬畏
感、莊嚴感及迷人奧祕來說明。[25]

奧托認為人面對「神聖」有驚駭感及威嚴感，這神祕經驗呈現自己就宛若
是「全然的他者」（wholly other），人感到深玄，覺得自己只是受造物，只是
塵埃。奧托說：「令人畏懼的神祕，對它的感受，有如微風徐來，心中充盈著一

---

[24]　伊利亞德（Eliade, M.）所著《聖與俗──宗教的本質》（*The Sacred & The Profane*），苗栗：桂
　　冠，民2000，p60-61，出於〈伊利亞德寫作的背景〉篇章，頁3-28。
[25]　伊利亞德（Eliade, M.）所著《聖與俗──宗教的本質》（*The Sacred & The Profane*），苗栗：桂
　　冠，民2000，p60-61，出於〈緒論〉。

種深深的敬仰的寧敬心情。它繼而轉化為一種為穩定與持久的心態，不斷輕輕振顫和迴盪，直到最後寂然逝去心靈又回到世俗的，非宗教的日常狀態，它能帶著痙攣與驚厥從靈魂深處突爆發出來，或者變為最奇特的激動，變成如醉如痴的狂亂，變為驚喜，變為迷狂。」[26]

肆、莊子的身體境界感

　　莊子的境界感除了朝向「神聖」之外，這種境界也與身體論述相關，臺灣學者如楊儒賓〈支離與役形——論先秦思想裡的兩種身體觀〉[27]或者何乏筆的〈精微之身體：從批判理論到身體現象學〉，[28]以及賴錫三〈《莊子》真人的身體觀——身體的「社會性」與「宇宙性」之辯證〉[29]，以及宋灝的〈逆轉與收回：莊子作為一種運動試驗場域〉。[30]關於莊子的身體觀，筆者認為以身體為文本的現象學觀照，比較強調是以「氣」來進行觀照，觀看身體文本同一與差異的辯證。而在觀「形與氣」後，最重要是神思運行其中，所以觀照身體文本當中同一差異當中，最重要乃是體會到「神聖」存在的彰顯，天人合一，此將引領著我們回到根源，體會玄牝的力量，所以它是「神聖」美學。所以接著我們來看形氣論之下的身體觀。

一、以形氣論身體

　　按鍾鎮宇所言，莊子是「形與氣」關係述說身體[31]，而真正「形」是如何呢？按莊子的說法是不可執著於可見的「形」。如〈大宗師〉有言：「夫大塊以載我以形，勞我以生，佚我以老，息我以死。故善吾生者，乃所以善吾死也。」

---

[26] 奧托（Rudolf Otto）著《論神聖》（The Idea of the Holly），四川：四川人民出版社，頁15。

[27] 楊儒賓著，〈支離與役形——論先秦思想裡的兩種身體觀〉，收錄於楊儒賓編：《中國古代思想中的氣論與身體觀》（臺北：巨流圖書公司，1993年。

[28] 何乏筆：〈精微之身體：從批判理論到身體現象學〉，《哲學雜誌》29期，1999年8月。

[29] 賴錫三〈《莊子》真人的身體觀——身體的「社會性」與「宇宙性」之辯證〉，新竹：清華大學出版社，2008年出版。

[30] 宋灝的〈逆轉與收回：莊子作為一種運動試驗場域〉：《中國文哲研究通訊》22卷3期，2012年9月出版。

[31] 鍾鎮宇〈道家的氣化現象〉，臺北：中央研究院中國文哲研究所，105年出版，頁50。

在這樣的觀念之下，這樣的「形」是需要被超越的。如〈大宗師〉有言：「墮肢體」、「離形」，這超越後才能真正達到「大通」，真正「通天地一氣」〈知北遊〉、「聽之以氣」，莊子所言乃是重視不可見的「形」之「氣」，「形」不可執著，「形」只能藉由工具性以達之「氣」的身體感。這種感通是便是以身體以文本所建構的感通論，也就是建立天地萬物與人合為一的感通論，這是感通的本體論[32]，或說感通的存有論[33]。

　　終其一生，我們是藉由身體的修養來達到「氣」感境界論，而現實生活中的「形」是較為存在主義式的悲劇感，悲劇是需要淨化超越之，藉由省察存有事件，如莊子妻子鼓盆而歌，而體會自然生命的流轉，使美感形式不受世俗壓抑，所以他說到：「一受其成形，不亡以待盡。與物相刃相靡，其行盡如馳而莫之能止，不亦悲乎！終身役役而不見其成功，苶然疲役而不知其所歸，可不哀邪！人謂之不死，奚益！其形化，其心與之然，可不謂大哀乎？」

　　這樣的身體是不應拘執於我有形，它是天地之「委形」。如〈知北遊〉有言：「舜問乎丞：『道可得而有乎？』曰：『汝身非汝有也，汝何得有夫道』，舜曰：『吾身非吾有也，孰有之哉？』曰：『是天地之委形也……』。」，以身體為文本的實踐智慧乃是藉由身體這個「委形」，達到身體感通的天地萬物合一之「神聖」境界，這「神聖」境界是天地一氣的身體，能夠如〈應帝王〉所言：「體盡無窮，而遊無朕。」

二、以形轉化為氣的身體境界論

　　莊子批判「形」的僵化，導致心的僵化，它也批判的「技術」的工具理性層面，如〈天地〉有言：「吾聞之吾師，有機械者必有機事，有機事者必有機心；機心存於胸中，則純白不備；純白不備，則神不定；神生不定者，道之所不載也。吾非不知，羞而不為也。」。也就是說莊子強調將身體定位在看不見的「形」上之「氣」的培養，而不強調看見的「形」之養，此「形」之養易造成機心之事，以致於徹底成為「技術」化的身體[34]，而不能提升身體的感受，顯然這也對於當代科技身體觀有所洞見，當人們關懷那看得見的身體的機事時，機心便

---

[32] 夏可君《無餘與感通——源自中國經驗的世界哲學》，北京：新星出版社，2013，頁313。

[33] 鍾鎮宇〈道家的氣化現象〉，臺北：中央研究院中國文哲研究所，105年出版，頁54。

[34] 道家對科技的身體也可以見賴錫三的〈莊子靈光的當代詮釋〉，頁307-308。

也因之而起，而道的「神聖」感也就蕩然無存了。

　　莊子「神聖」美學境界其實展現出來一種「神遇感」，這種「神遇感」超越「形」，而強調那看不見的「氣」的神遇之功，這樣的轉化功力是將技藝的操練轉化成為真正的道的「神聖」觀照，所以他說不是目視，有名的例子在於庖丁解牛的故事上。如〈養生主〉有云：「庖丁為文惠君解牛，手之所觸，肩之所倚，足之所履，膝之所踦，砉然嚮然，奏刀騞然，莫不中音：合於《桑林》之舞，乃中《經首》之會。文惠君曰：『嘻，善哉！技蓋至此乎？』庖丁釋刀對曰：『臣之所好者，道也，進乎技矣。始臣之解牛之時，所見無非全牛者；三年之後，未嘗見全牛也。方今之時，臣以神遇而不以目視，官知止而神欲行。依乎天理，批大郤，導大窾，因其固然』。」

　　以其神遇的境界感，其實就是以身體為文本，藉由委「形」來達之天鈞的身體感，這身體感可以體盡無窮，化除畛界，而將天地萬物與我為一的整體和諧「氣」體展現出來，這樣「技術」不再只是「技術」而已，而是含有道的內化的「技術」，這「技術」轉化「形」成為「氣」的身體感，以達到「神聖」的高峰經驗，這是感通大地宇宙萬物，使真人夠虛而待物、應而不臧，而吾人只能聽之以「氣」便能性命不傷〈養生主〉且游刃有餘〈逍遙遊〉也。

總結

　　莊子的境界美學其實就是展示一種朝向「神聖」的可能性，這種展現的全幅度就在於境界裡，這種境界其實就是一種「神聖」的氛圍經驗，它是宗教起源的可能性經驗，在「神聖」空間裡，而感受到某種「神聖」經驗的力量，給予人某種超越時間，變化生生的無窮絕對存有感受甚至體會到在某些不足為奇的平凡事物當中，聖顯其中，而「神聖」就是存在的完全彰顯，這是人類宗教面向。

　　所以莊子所講境界美學其實就一個為道「神聖」存在的彰顯，它將宇宙合一結構有機的闡明所有生生的歷程，引領著我們回到根源，體會玄牝的力量，所以它是「神聖」美學。[35]

---

[35] 伊利亞德著，楊素娥譯，《聖與俗——宗教的本質》（*The Scared & The Profane: The Nature of Religion*），〈第三章大自然的神聖性與宇宙宗教〉，苗栗：冠桂，民2000。

　　道家的生命情調當中說明著道的生命是在復返回溯當中達到主體際性的溝通與交流，它是在詮釋的循環當中達到初始生命的理解，或說是生命的原型的理解，這是由動而靜，即體顯用的復歸，由主體此有（存有者）回到存有之源，那被稱為大海，也是玄牝之門的場域。[36]

　　如老子所提及的「夫物芸芸，各歸其根。」《老子‧十六章》及莊子所言；「副墨之子聞諸洛誦之孫，洛誦之孫聞之瞻明，瞻明聞之聶許，聶許聞之需役，需役聞之於謳，於謳聞之玄冥，玄冥聞之參寥，參寥聞之疑始。」《莊子‧大宗師》。

　　由老子及莊子的二段文字當中，不斷說明著生命復返即此有詮釋歷程當中達到澄明境界，透過身體經驗，聽、聞及授裡，進入微聽、微聞，不聽不聞，默觀實踐智慧當中，而宇宙根源的本體即在內在超升詮釋循環當中敞開自身，達到一種無始無終原型生命來。莊子境界美學所呈現神聖或神祕乃是始源於道的原型展現出無窮無盡生命力量，這神聖原型以無語方式默默說明著。

---

[36] 丁原植在說明老子有與無時，特別提及了『復歸』原理，參丁原植著〈老莊哲學中的「有」「無」問題之研究〉，輔大哲學研究所博士論文，民70，頁37。間引至葉書中，參註32。

參考書目

奧托（Rudolf Otto）著《論神聖》（*The Idea of the Holly*），四川：四川人民出版社。

伊利亞德（Eliade,M.）所著，楊素娥譯《聖與俗──宗教的本質》（The Scared & The Profane: The Nature of Religion），苗栗：桂冠，民2000。

楊儒賓編：《中國古代思想中的氣論與身體觀》（臺北：巨流圖書公司，1993年。

鍾鎮宇〈道家的氣化現象〉，臺北：中央研究院中國文哲研究所，105年出版。

夏可君《無餘與感通──源自中國經驗的世界哲學》，北京：新星出版社，2013。

宋灝的〈逆轉與收回：莊子作為一種運動試驗場域〉：《中國文哲研究通訊》22卷3期，2012年9月出版。

何乏筆：〈精微之身體：從批判理論到身體現象學〉，《哲學雜誌》29期，1999年8月。

海德格：《藝術作品的本源》，《林中路》，上海譯文出版社，1999年版。

莫里思‧布朗修著，林長杰譯《黑暗托馬》，臺北：行人，2005年。

黃瑞祺主編《再見福柯──福柯晚期思想研究》浙江：浙江大學出版社。

海德格：《存在與時間》，（修訂譯本），北京三聯書店，1999年版。

高達美著，夏鎮平、宋建平譯《哲學詮釋學》，上海：譯文出版，2004。

高達美著Hans-Georg Gadamer，李曉萍譯〈對理論的讚美〉，《理性‧理論‧啟蒙》，臺北：結構群，1990。

丁原植著〈老莊哲學中的「有」「無」問題之研究〉，輔大哲學研究所博士論文，民70。

劉千美著《差異與實踐──當代藝術哲學研究》，臺北：土緒，民90年。

Hans-Georg Gadamer,〈對理論的讚美〉，《理性‧理論‧啟蒙》李曉萍譯，臺北：結構群，1990，頁。

賴錫三〈《莊子》真人的身體觀──身體的「社會性」與「宇宙性」之辯證〉，新竹：清華大學出版社，2008年出版。

賴錫三的〈莊子靈光的當代詮釋〉。

姜志輝譯，《知覺現象學》：北京：商務印書館，2001。

加達默爾著、洪漢鼎譯《真理與方法》上卷，上海：上海譯文出版社，1992。

H-G Gadamer, *Truth and Method*, tr. By J. Weinsheimer and D. Marshall, second revised ed.,

New York: The Continuum Publishing Company, 1997.

Aristotle, *Poetics in the Complete works of Aristotle*, ed., by J. Barnes, Vol. II (New Jersey: Princeton U.P., 1984.

Herbert Marcuse, *The Aesthetic Dimension*, Boston: Boston Press, 1977.

Jacques Maritain, *Creative Intuition in Art and Poetry*, New York: The Noonday Press, Meridian Books, 1955.

K.Rahner, *Foundations of Christian Faith* (hereafter: *Foundations*) (N.Y.: Crossroad, 1984)

第八章　列維納斯「臉容」當中他者的倫理關懷面向看孟子、陸象山與王陽明心學形上的合一

摘要

列維納斯由的「面容」裡看見自我責任感，因而產生關懷的倫理學，本文將由孟子的見「孺子入井」命題，到陸象山以及王陽明當中建構心學的「他者」的倫理學，由與「他者」面對面人性根本體驗，或由自我看見「他者」，或由「他者」看見自我，在盡心、知性則知天裡，如何形構出天人之間的自我宛若「他者」的倫理關懷，這樣的倫理關懷的先驗性在列維納斯與儒家都有，特別是孟子、陸象山與王陽明講到的心性本體合一，何以先驗性成為宋明心學與列維納斯關注的焦點：先驗性具有內在超越性，內在性是呈現先驗的象，換句話心即理當中呈現先驗的象，這些現象就是本體，本體就是現象，是內在心性本體呈現出來先驗的象，這是種儒家信奉的內聖，是內在超越，這內在超越是有形上根源性做為基礎。

換句話說，內聖必有終極價值根源所在，建構在最終實體上，這實體在西方是上帝或說是存有，在東方則是天或道，而內在超越則是挺立出來的此有，一種存有的綻出，這綻出的具象存有落實人身上為內聖光輝閃耀，一種靈明自覺明光，也就是存有的光輝在此有身上展現，本篇文章將由列維納斯「面容」、「他者」倫理學觀點穿插於孟子、陸象山與王陽明重要的經典字句的詮釋，並藉由比較綜整出形上終極關懷的共同之處：天人合一的天道人道觀與自我宛若「他者」的神學人學觀。

關鍵字：先驗性、內聖、存有綻出、他者的倫理學、自我宛若他者、天人合一、面容

壹、由內在超越爭議性課題逃出

一、回顧歷史，在矛盾抗拒中

　　當我們回顧歷史來看，十九世紀過去的世紀以來，西方勢力進入中國，儒學面對西化的產生五四運動的反省，一方面抗拒全盤西化，一方面突顯自身的價值。中國哲學的省思，特別是當代新儒學面對內在與超越議題反省上，強烈要去區分兩者中國與西方文化之間的不同。

　　賴俊雄用列維納斯來形容儒家面對儒學遭逢西方文化入侵時期看法：過去的自我封閉與自戀造成的整體黑暗，這樣的黑暗是由於自我突然遭逢陌生及疏異的「他者」時，過去的習以為常的整體存有樣態，無法在當下提供安時處順的方法策略時，陷入某些焦慮及創傷，墜入ilya（「那裡……」）恐怖黑夜，進入失眠般的兩難，失焦地的虛幻錯覺，被黑暗吞噬。此黑夜與前面精神黑夜略有不同，這黑夜偏重於失焦的虛幻錯亂，偏負面抒寫。

　　賴俊雄說：

> 用列維納斯的語言來形容此刻的儒學傳統，應是一種自我突然遭遇全然陌生又激進強大他者時，無助、焦慮與創傷的主體從千百年習以為常的整體與安逸存有樣態，墜入ilya（「那裡……」）恐怖黑夜，彷彿一種『失眠』般的兩難狀態（無法入睡，也無法醒來）、一種『失焦』般的虛幻錯亂存在、一種『人質』般的不知所措，使我長久的安逸意識被黑暗全然吞噬[1]。

　　當代新儒學視西方為「他者」，始終走向抗拒「他者」、貶抑「他者」，而崇高自我，這樣的他者所帶來的陌生而激進強大的力，使得整體陷入無助與焦慮創傷的狀態，這是恐怖黑夜，是讓人失眠狀態。當代新儒家面對西方的他者，可能也在此思維，過去賴以安身立命的天合一的整體觀面臨西方強大激進力量，不免退卻且強烈批判之。原因在於當代新儒家思維西方這個「他者」，是被視為

---

[1]　賴俊雄著《回應他者──列維納斯再探》，臺北：書林，2014年，頁431。

恐怖黑暗，他們進來東方，而新儒家深怕自己被西方思維吞噬，因此在東西方對談時，較專注於對抗，而忘了欣賞其他的文明的優點，

其實當代新儒家忘了自己也是西方文明的「他者」，而西方文明其實正努力走出自己，欣賞東方優點，如海德格及叔本華，明顯有東方特有思維痕跡；按此當代新儒家應該在二十一世紀大步邁向前，努力邁向東西方主體際性交流與對話，更視「他者」有如自我，若一直帶有敵意對「他者」的詮釋表現在「內在超越」優越性詮釋上，這都是設法突圍，找出自己文化的定位的方式，誠如儒家的復興期的新儒家，面對當時佛道挑戰與質疑，宋明儒學設法超越政治儒學的目的走向，發展出「內在超越」的心性儒學。[2]

二、面對超越內在問題

（一）既超越又內在

在最新比較超越與內在問題時，邱黃海在〈儒學超越與內在問題〉[3]談到「超越」（transcendence）與「內在」（immanence）這概念來自於哲學與宗教關係相近的西方思維。

做為中西比較的樣態，最早起源於十七、十八世紀的萊布尼茲（Gottfried Whilhelm Leibniz, 1646-1716）與吳爾芙（Christian Wolff, 1679-1754），爾後又有十九世紀黑格爾（Georg F.Hegel, 1770-1831）[4]與二十世紀馬克思‧韋伯（Marx Weber, 1864-1920）。

1958年唐君毅（1909-1978）、牟宗三（1909-1995）及張君勱（1887-1969）及徐復觀（1904-1982）發表的〈中國文化敬告世界人士宣言〉，此文後改為〈中國文化與世界〉當中反駁了這樣說法，提出了自己「內在超越」更優位於西方思維。

他們認為儒家天道超越萬物之上，又內在人的本性中，因此這樣的儒家特

---

[2]　杜維明的《儒教》，臺北：麥田，2002，頁26-38，148。

[3]　林維杰與黃雅嫺主編《跨文化中的當代儒學——工夫論與內在超越性》，臺北：中研院文哲學，103年出版，頁56。

[4]　黑格爾批孔子的道德是通俗的，而中國人的天是實體的宗教看法，也是儒家思想就黑格爾而言沒有超越性，也沒有主體性。參考李明輝：〈儒家思想中的內在性與超越性〉一文，見《當代儒學之自我轉化》，臺北：中央研究院中國文哲研究所，1984年，頁129-131。

質乃是既超越又內在，具有宗教思維。[5]爾後又有學者如陳榮捷在他的著作《現代中國的宗教趨勢》，認可儒家是一種宗教。

事實上筆者以為他們這樣的說法是轉換「思維的儒家」成為「存有的儒家」方式，思維與存有之間連繫關鍵點在於以「修養工夫論」進行「思與存」之間轉換，思與存之間關係過渡比較像是以身體為文本來進行操練以臻至境界的神聖之境，這樣的思即化入存之中，思與存合一體現於身體文本的現象學觀看，觀看在流變之中變與不變、原型與非原型、同一與差異之間辯證的現象。

然而這樣的儒家是否是孔孟思維的轉換或者只是新儒家的思維轉換，可能要進一步審查，不過這樣的轉化是很有意思的，這樣的轉換代表著，他們認為儒家也是具有宗教性。他們以宗教思維來統整以修養工夫論進行思維與存有的轉換。

而這樣的儒家的宗教性，或許可以了解韋伯為何說儒家就是儒教問題。因為韋伯在《中國的宗教：儒教與道教》當中特別提到中國宗教，表現在儒、道、釋融合與整併上，而儒教不是入世的。也就是說在韋伯說法上，儒家被歸類儒教原因之下乃在於儒教走入「內在超越」，這「內在超越」乃奠基於「修養工夫論」進行「思與存」之間轉換，而這又是以身體為文本來進行操練同一與差異辯證觀看，以臻至境界的神聖之境。換句話說在東西方兩者文化交流對話上，不應在繼續行「內在超越」不同形式的揀擇，或許兩者有些許不同，然不影響神聖交流，因此這「內在超越」歧出差異處有時只是新儒家出於中華文化工作者面對五四運動心態的回應。以下來談談「內在超越」歧出差異處。

（二）超越內在又有分別

當代新儒家強烈劃分「內在」與「外在超越」說法，在唐君毅與牟宗三之後對「內在超越」問題探討最多，其此之外，除劉述先外，就是馮耀明先生也談到此，承上所言，我認同馮先生所說超越與內在形上學並非中國哲學專有，因此「超越內在」不可能與「超越外在」形成有意義的對比。[6]

或者也有人說到基督教是「絕對超越」或者儒家是「內在超越」說法，這樣方式顯然以超越與內在對立模式來形構了解，這種對立方式不見得很適切，

[5]　（其文載於唐君毅：《說中華民族之花果飄零》，臺北：三民書局，1974年出版與《中華人文與當今世界》，臺北：臺灣學生書局，1975）。

[6]　馮耀明：〈皇帝的新心：「超越內在」說再論〉，收錄於馮耀明：《超越內在的迷思——從分析哲學的觀點看當代新儒學》，頁195-196。

如陳家富[7]與郭鴻標先生由卡爾‧巴特（Karl Barth, 1886-1968）和保羅‧田立克（Paul Tillich, 1886-1965）試圖說明，「基督教神觀不一定需要以超越與內在對立式的模式來了解。」[8]換句話說，絕對與內在都是超越，內在與外在都是超越，超越核心關鍵是在神聖的臨現與神聖的會遇上，所以超越與內在不應站在對立觀點去了解。

根據賴品超[9]先生說法，基督教的上帝觀可以是既超越又內在，我們可以將聖三論來說明這樣的「內在超越」觀。如《聖經，以弗所書：4：6》「上帝，就是萬有之父，超乎萬有之上，貫乎萬有之中，也住在萬有之內。」在初代教會，古代教父神學一直到中世紀神學的多瑪斯（Thomas Aquinas, 1225-1274），爾後的路德（Martin Luther, 1483-1546）及加爾文（John Calvin, 1509-1564）也都是「內在超越」並存。

如侯治（Adrian Hough）說到「基督教的三一的教理，透過那超越的父，成肉身的子，及那寓居受造的秩序內的靈，同時保護了上帝的內在性與超越性。」[10]當代神學家潘尼卡也說到：「如果道是存有的顯現面（transparence of Being），那麼聖靈是隱暗面，聖靈密合一最具代表性為三一神，教父們主張『三一神的互滲共存』，希臘文是"perichoresis"，意指父、子、聖靈三位，並立並存，以最密切方式在彼此內，成為一體，『聖靈是自由的，使存有（Being）之所以為存有的自由』[11]按潘尼說法，聖靈是隱暗面，而顯現為道本身，所以表現在基督教就是父、子與聖神三位一體並立並存，意謂著「三一神的互滲共存」，所以三一論意謂著上帝是藉由此方式展現其「內在超越」，聖靈使三位格轉換自由，使存有之所以為存有，這是自由的展現。

---

[7]　見陳家富：〈人性與基督：巴特的基督論人觀與耶儒對話〉，收入鄧紹光、賴品超合編：《巴特與漢語神學》，香港：漢語基督教文化研究所，2000年，頁291-325。

[8]　見郭鴻標：〈基督教的超越與內在神觀：對劉述先純粹超越神觀的回應〉，載於賴品超、李景雄編：《儒耶對話新里程》，香港：崇基學院宗教與中國社會研究中心，2001年，頁303。

[9]　賴品超：〈超越者的內在性與內在者超越性──評牟宗三對儒、耶的分判〉，收於劉述先、林月里主編：《當代儒學與西方文化──宗教篇》，臺北：中央院文哲所，2005年出版，頁45。

[10]　Adrian Hough, *God is not "Green": A Re-examination of Eco -theology*, Leominister Herefordshire: Gracewing, 1997, p.14.

[11]　潘尼卡說法可參潘鳳娟（2002），〈宗教內與宗教際性的對話：簡介潘尼卡（Ramion Panikkar）之宗教會遇方法論〉，《神學論集》，131，頁62-81。

（三）由東西方內在超越議題逃出

可見可以說明，道與存有或說是神都有神聖面向，落實於身上體現出靈化身體的可能時，這樣的境界當然是「內在超越」的，無有殊異。

所以當代新儒家絕不可以有優越自我意識去說明超越內在是中國哲學所獨有，而排擠西方哲學原有的內在與超越的說法。

儒家內聖外王或者西方君主政體的哲學家皇帝都強調必須依循著以基督精神道來建立終極關懷的可能性。換句話說，由形上學到倫理學到政治政關懷的面向，是出於「先驗性」而展現出人在混沌生活世界的「內在超越」面向。

若要在生生活世界或人性裡強調區分基督教是絕對超越或者儒家是「內在超越」說法，或者有如當代新儒家強烈劃分內在與外在超越說法，我想是沒有必要，因為「基督教神觀不一定需要以超越與內在對立式的模式來了解」，或者說儒家其實也有很強烈的宗教終極關懷面向，所以我試圖另闢新徑來談這樣的人性關懷本身，我嘗試由他者的面容或者說他者倫理學建立新的「內在超越」理解溝通面向。此面容建立於與神聖會遇後呈現整全人格體現的倫理幅度開展，自然關懷他者；我選擇了「內在超越」代表的古代中國哲學家，如孟子、王陽明及陸象山先生，又因為列維那斯曾經做過孟子「孺子入井」對比，所以我也選擇以孟子、王陽明及陸象山先生「孺子入井」來談由對於於列維那斯的他者的面容或者說他者倫理學當中良心本知而發起的自然無限心倫理關懷。

貳、二十一世紀全球倫理興起，他者倫理學特別重要

一、面對二十一世紀自我與他者依存關係

21世紀，全球化現象產生許多倫理議題，如經濟霸權、國際戰亂、環境汙染、生態危機、全球糧食危機、文化衝擊、排外、國際難民、人口流、科技霸權、貧富差距、傳染病，它引發了一個討論就是：如何去關懷「他者」問題。當今世紀由強調個人差異的美學抵抗，轉向各種社群形態、共存關係、倫理正義等概念探討。

自我與「他者」之間的依存關係，顯然是二十一世紀關懷重點。如賴俊雄所言：

> 二十一世紀全球倫理興起的意味著人類在以物性及利益導向開展的新世界
> 中，面臨了難以解決的困境與危機。為了面對這些因全球化衍生的問題與
> 爭議，我們亟需進入「一個世界」的概念，建構一個「人性」與「關懷」
> 導向的倫理思維模式，強調對他者責任與義務。有鑑於此，深入檢視當自
> 我與他者相互依存的內在矛盾關係，處理各種認同的交錯形塑與相互交擊
> 問題，以及對社群或共同體定義、功能與目的論的倫理再思，成為目前哲
> 學與文化研究的新典範。[12]

　　二十一世紀全球化危機，我們必須回到自我與「他者」關係去處理共同體
定義，這樣的命題是屬於生命的反思，較偏重於社會、政治與倫理面向檢討。而
我們要問在當今而為何有這樣的轉向呢？

　　乃是因為後現代去主體性，或拒斥人文主義與邏各斯主義，拒絕重建核心
價值，也就是說在後現代主義標綁著反中心、反傳統及反整體思潮，如此瓦解各
項霸權，解放了桎梏的思想與文化，但也消解了價值，甚至也阻止了由倫理傳統
中找潛在解決倫理困境方法。[13]

　　在當代科技文明發展的社會需要情境下，回歸倫理規範，成為後人類社會
不可免的反思與趨勢。換句話說，就是在高度物化及競爭的後資本主義社會當
中，如何維護人與人關係善意、信任及責任，以及如何回應「他者」的能力，這
是說明著二十世紀哲學的倫理回歸的趨勢。

二、以列維納斯「面容」來貫穿先驗形上的內在超越面向

　　本文特選列維納斯的「面容」的「他者」倫理學關懷來進行先驗性形上合
一來達到「內在超越」溝通面向，這面向展現在儒教與基督教之間的對話尤為珍
貴，我們選擇了人性論的孟子見「孺子入井」來進行基本議題的對話，強調孟子
與陸王之間的相同心性論神祕形上進路來說明三人學說本具「內在超越」的面
向，以進行「他者」倫理學的關懷，以為兩者都表明著形上面向（先驗性）來建
立「內在超越」面向，兩者並不特別突顯形上的解釋說明，而是強調形上面向落

---

[12] 賴俊雄著《回應他者——列維納斯再探》，臺北：書林，2014出版，頁474。

[13] Hill, Jack *A.Ethics in the Global Village: Moral Insights for the Post* 9-11 USA. Santa Rosa: Polebridge p, 2008. p.26

實在人身上的關懷倫理學。

　　筆者以為儒道形上的關懷本身預設著天人合一，而西方的神祕靈修經驗其實也有所謂合道或者神婚的比喻，我認為在當代的哲學省思裡其實已經兼具了形上先驗經驗的宗教經驗，或說是榮格所謂的「原型」的概念想法，這裡的「原型」其實隱含著生命經驗的符應於「原型」的形上超越面向，所以無論是內在或外在的超越都是同時存在於形上的生命體驗中，是既內在又外在，是超越而又具象在形上的身體修行經驗中，可以說是介於可見與不可見之間。以身體為文本的同一與差異辯證閱讀轉換思為存的體現，乃在恍惚之中建立深層的自我與他者交錯會遇，這個說法，中國哲學講天人合一，西方基督教社會講三位一體，無論如何這些都是內在與超越的神祕經驗。

　　據此，東西方內在與超越的神祕經驗，比較是種宗教感，或說是一種神祕相會經驗，是我與你或者是「他者」之間交流的神祕經驗，這種神祕經驗所帶來的是神祕感受，所以筆者比較想就身體體受的神祕觀點進路去談到所謂的「內在超越」，筆者傾向去談「內在超越」就是一種存有體驗，是指：我與神聖會遇，這會遇使我與上帝、天人之間、或者存有與存有者之間或說達到和諧一體感。

　　神與人之間是最重要的神祕經驗會遇，因為人可以使用語言符號來描述無法完全用言語陳述的道或神的會遇現象。由描述當中，我們可以看到東西方都有身體靈化的現象，如此人性當中可以看見身體的神化，如賴品超先生更說明著如此神性化也成了人性化，如此乃是東正教的主流神學思想，這思想說明著身體的靈性化，最終成神（defication），成為基督（christification），基督教體現在信徒身上（morphosis;formation）。[14]

　　「內在超越」我們不鎖定在自力與外力的差別或者說是自性與外性的差別上，而是就身體感知到的一體感，天人之間或者基督與人之間那種緊密結合神聖身體觀點來說明，這樣的感知一體就是生命的共同體，亦是自我與「他者」之間圓成的智慧本身。

　　這也就是呂格爾所言的自我宛若「他者」的說法，這樣的說法其實才能真正匯通東西方文化的精髓，我們已浪費生命在區分兩者之間些許不同，我不打算

---

[14] 間引自邱黃海〈儒學的超越與內在問題〉，收錄於林維杰與黃雅嫺主編《跨文化中的當代儒學——工夫論與內在超越性》，臺北：中研院文哲學，103年出版，頁206。原文出於賴品超：〈超越者的內在性與內在者超越性——評牟宗三對儒、耶的分判〉，收於劉述先、林月里主編：《當代儒學與西方文化——宗教篇》，臺北：中央院文哲所，2005年出版，頁80。

由此著手，特別在當代著重身體或多元歧異的文化「他者」對話上，這樣的「內在超越」區分更顯得不需要。

三、以「面容」概念來看孟子、陸象山與王陽明他者倫理學

孟子「盡心知性與知天」，陸象山的「吾心宇宙」觀念，以及王陽明的「心外無物」，這些所建構的天地合一儒學系統用語，其實就是在談自我與他者之間關係，這樣的高度醒察，在當今全球化問題嚴重氾濫的同時，如何建立排除己見建立互惠共利的共同體關係變成很重要，所以著名哲學家彼得・辛格（Peter Singer）在《一個世界：全球化的倫理學》（On World: The Ethics of Globalization）[15]中提及全球化的倫理學，就是私己的主體去建構出觀看世界問題的主體際性，不同詮釋角度帶來不同的倫理省思。

用彼得・辛格的語言來看他說我們都生活在一個世界，氣層變遷、科技文明改變的經濟體、不同族群流動的共同體裡，裡頭充斥著人與機器、動物權、正義公平問題、生物醫療基因工程、環境與生態平衡等問題，裡頭不會只有主體我的省思，而是必須擴延到所謂廣義的「他者」來省思。

當代最有名探討他者倫理學或者面容倫理學就是列維那斯，而在列維那斯裏，他特別提到「孺子入井」，列維那斯在中國哲學對比裏，「他者」倫理學最有名乃是「孺子入井」概念。

換句話說，「孺子入井」乃是由他人的「面容」看見油然而生的初發善心，我不認為這是由外在強迫我去做些什麼？而是自然而然，不學而能，不教而成的初發善心，這善心在孟子是良知，去做便是良能，這樣人性關懷面向便是超越又內在去做些自然而然的善行，如見換句話說，由他人的「面容」看見油然而生的初發善心，我不認為這是由外在強迫我去做些什麼？而是自然而然，不學而能，不教而成的初發善心，這善心在孟子是良知，去做便是良能，這樣人性關懷面向便是超越又內在去做些自然而然的善行。

如由「孺子入井」啟發善心，這個見地很有意思的，道與神的部分，最後走向是默觀，默觀到最後，由己沛然充之，則塞之宇宙之間，無非道矣，這道便是心外無物，由己體物，體恤到最後，天道與人道合一；默觀神也是一樣，默觀

15　Singer, Peter, One *World:The Ethics of Globalization*.New Haven: Yale UP, 2002.

神後，自我宛若「他者」，愛鄰如己，發揮博愛的精神，則行在弱小弟兄身上也如同行在我身上邊，這樣的「他者」倫理學，將形上抽象論述落實，成為實踐的哲學智慧，堪為由身體體現出形上先驗性落實於人性「內在超越」，由他人『面容』中看見生命關懷的面向，最終關懷本身，乃是回應生命本源的要求，本源建構在人與形上天道與神的合一的先驗性。

以列維納斯來看，這樣的「他者」有著後現代多元歧異特色鮮明旗幟，在尊重他人，容納異己的時代裡，我們以列維納斯「他者」的「面容」來貫穿中國哲學，特別是孟子、陸象山與王陽明之間的相通性。

參、理解列維納斯的他者面容

一、他者

《整體性與無限性》是列維納斯重要著作，「整體性」摧毀「他者」的他異性，而將它們化為同一者或「同一性」，它吞噬了個體性[16]。筆者以為而這樣行為可以聯想暴力與極權，或者說是儒家所謂的禮教殺人，海德格要反對的也是這種存有的一言堂說法，基本上傳統哲學都是一種整體論。

列維那斯倫理學是建立於同一與他者之間同一先驗關係上，以身體文本來看就是如何涵攝我與他者之間或者說天人之間或者說是同一與差異之間互詮關係，所以賴俊雄以為「列維納斯的倫理學是建基於他者與同一先驗關係上，……他者倫理學的重點在於其超驗的他異性」[17]。

筆者以為列維那斯倫理學就是說明：我與他者，就是同一與差異之關本體先驗的辯證關係，這些關係看似他異性，但其實都是在身體文本現象體察觀照內，它根植於原型與非原型的辯證關係，因此唯有不斷離開本質的局限，才能建立我與他人的關係，這關係使我們隸屬於絕對的同一，如此他者才能成為他者，我才能在絕對同一而非相對同一上真正體恤關懷別人，人必須不斷離開那限制我們的可能發展，才能成為我是我，他人是他人，我才能真正關懷他人他異性，由心底做起。

---

[16]　馮俊《從現代走向後現代——以法國哲學重點的西方哲學研究》，北京：北京師範大學出版社，2008年出版，頁298-299。

[17]　賴俊雄著，《回應他者——列維那斯再探》，臺北：書林，2014，頁64。

　　我們可以看到列維納斯如何講這樣的事「要使他異性成為可能，惟有與自我關係本質不斷保持在一種『離開』的狀態，成為與他者建立關係的通道，成為絕對的同一而非相對的同一，惟有如此他者才有可能成為他者。只有『我』才能使倫理關係維繫在絕對而不斷離開的狀態」。[18]

　　馮俊進一步認為：而能逃離這整體，乃是「他者」，「他者」的他異性、「他者」的「面容」、「他者」的言語。

　　這樣的「他者」不同於胡塞爾的「他者」，胡塞爾的「他者」是另一個自我，我透過認識自我而推及「他者」，兩者是同一。

　　而列維納斯來說，這「他者」絕不是另一個自我，「他者」是一個不同於我的「他者」，不同於物的「他者」，不同許多「他者」的「他者」，是純粹的「他者」性、外在性、超越性、獨特性及無限性。

　　我們甚至可以說列維納斯較是由海德格那啟發，海氏的此在是在世界中的存在，而列維納斯是自我乃是透過「他者」來定位道德自我存在；海氏的存在就是在與我相關世界中發現自己，而列維納斯的存在關係更是看成是與絕對「他者」的關係。

　　存在者賴以超越自身和「同一性」的運動，是朝向他異性的運動，這是超越性，這「他者」的他異性不斷地、無休止地、無限地超越存在者的整體性。[19]

　　筆者以為列維那斯絕對同一，而不是相對同一比較像是告知我們神聖的原型觀點，這神聖原型的理解是絕對同一，它是不同於我絕對他異性，而這他異性召喚著我們進入此，它是不止息的朝向無限絕對本體，然這整體並不摧毀私有的個體性，所以進入神聖原型的歷程，也就是進入身體文本的原型與非原型，同一與差異辯證閱讀，我的身體文本在生活世界之中，進行我與他人之間互詮閱讀，如此他人遭遇與我之間較有能深刻的同理共感，也能轉化成為真正孺子入井的倫理動力。

　　所以列維納斯的「他者」不是如沙特所言的地獄「他者」，而是有著無限善意的「他者」。列維納斯希望能以現象學描述一種與「他者」面對面遭逢與關係，「他者促成『存有』永遠向他人或他處的移動，具有深層的意義。……形而

---

[18] Levinas, Emmanuel, *Totality and Infinity.* Trans. Alphonso Ligis. Pittsburgh: Duquesne UP. 1969. p.36.

[19] 馮俊《從現代走向後現代——以法國哲學重點的西方哲學研究》，北京：北京師範大學出版社，2008年出版，頁299。

上所欲求的他者…是像有時我為了自己，為了個別他者的自己。」[20]

　　而這些「列維納斯激進、深奧與神祕的他者哲學，實際上意圖呈現與回歸的卻是一種最原初、最簡單也最清晰的本體哲學：自我與『他者』之間基本、單純與原始的倫理關係。此種他者哲學即列維納斯所謂的第一哲學。」[21]

　　列維那斯看：他者哲學就是第一哲學，這種深奧神祕他者哲學意欲要人回歸最初的本體哲學，回到最初才能檢視自我與他人之間原始的倫理關係，這回到最初本體，就是回到道根源處或者說神聖根源處，唯有根源合一回歸才能察覺人與生活世界之間互動互詮的可能性。再接下來我們談到面容。

二、面容

　　列維納斯將他異性形象稱為「臉」、「面容」、「他者的臉」，這樣的臉，馮俊歸結了幾項特點：[22]

1. 「面容」不能被認識，因為認識理解代表抓取，臉不能被抓取或者占有，他異性就是超越者，「他者」性是「面容」的他異性，這是不能被壓制的奇異性。

2. 「面容」是要求及需要，他虛弱，它需要某物，因之提出要求。

3. 「面容」是命令、權威、義務及道德價值，但這權威又常常沒有力量。沒有力量的權威是種道德的悖論，裡面沒有律法、暴力，甚至沒有懲罰力量。

4. 「面容」代表我與「他者」關係的不對稱（dissymmetry），這不對稱列維納斯使用了杜斯妥也夫斯基說到「每個人在其他人面前都是有罪的，而我比其他所有的人更有罪」、「在我和他者的關係中，如果我們忘記了我比其他人更有罪，正義本身將不能持久」[23]這關係是他虛弱，他提出要求，而喚起我仁慈，我對他承擔責任，而權威乃是說明「他者」是上帝，是主人，我是僕人，要聽命於他。

[20]　Levinas, Emmanuel, *Totality and Infinity*. Trans. Alphonso Ligis. Pittsburgh: Duquesne UP.1969. p.33.

[21]　賴俊雄著，《回應他者——列維那斯再探》，臺北：書林，2014，頁54。

[22]　馮俊《從現代走向後現代——以法國哲學重點的西方哲學研究》，北京：北京師範大學出版社，2008年出版，頁300-305。

[23]　這段原文間引自馮俊《從現代走向後現代——以法國哲學重點的西方哲學研究》，北京：北京師範大學出版社，2008年出版，頁301。原文出於《道德的悖論，和伊曼努爾·勒維納斯的會談》參見羅伯特·伯納科尼和大衛·伍德主編《勒維納斯的刺激：他者的反思》，頁179。

5. 「面容」與語言同時出現，語言乃是我與「他者」關係的體現，全部語言的可能性理解和意義是臉，對「他者」「面容」的回答就是對於「他者」的責任，面對「他者」，回答「他者」的呼喚，承對「他者」的責任，這就是語言。

6. 「他者」「面容」傳達了無限的觀念，列維納斯反對知識本體論，「他者」的臉永遠過我對它觀念，因此它像笛卡兒《第一哲學沉思》中所說無限者，這是列維納斯借用笛卡無限者觀念分析的形式結構來說明「他者」的「面容」的特性，列維納斯「他者」「面容」比作無限者，其目的是要說明「他者」的他異性不能取消的，是不能在思想它的思想中消滅的。列維納斯無限者概念與笛卡兒又有些許不同，笛卡兒分析無限者乃是證明實際存在的無限上帝，說明人與上帝的關係，而列維納斯對無限者分析乃是說明「他者」優越性。

7. 與「他者」面對面的關係是我們接近上帝的唯一途徑。與「他者」關係，開始了我們與神聖者的關係。「神聖者的領域從人的面容開始展現，和超驗者的關係是一種社會關係，正是在那裡超驗者、無限的『他者』懇求我們、呼喚我們。」[24]人與上帝關係不是神學關係，而是倫理關係，我們與人的關係在那裡發生，形上學就是裡生。他人是形上真理所在，是與我和上帝關係不可分旳，透過他的「面容」，上帝至高無上的表現才揭示出來。[25]

8. 「面容」是正義同義語。正義就是面對面的直接性，正義乃是回應「面容」的方式，正義是整體倫理學決裂的必要條件，離了與「他者」的關係，也就離開了倫理學。

　　依馮俊歸結，我們看到列維那斯的「面容」是他異性，不能被壓制；它脆弱需要某物；它代表著某權威要求，然它又沒有力量；我與他不對稱關係，我聽令於他者；我面對他者及回應他者的呼喚與責任就是語言顯現；他者面容伙無限優於我對他概念解析；我與他者面對面展開了我與上帝關係；這種面對面的直接性就是正義。

---

[24] [法]勒維納斯：《整體性和無限性》，法文版，50頁，1961。
[25] [法]勒維納斯：《整體性和無限性》，法文版，50頁，1961。

　　回過頭，我們來看列維納斯的形上學乃以討論「面容」開始，列維納斯以為隨著「面容」靠近，肉體化為行動，不是聖言成了血肉而已，而是肉體化為行動，列維納斯特別以母愛來說明對他人的付出及責任，這甚至可以代人受苦及受過，這使得《存在的彼在或在本質之外》超越了《整體與無限》。這使得他形上學超越傳統本體說去。[26]

> 列維納斯強調與他者面對面接觸乃是人根本的體驗，從建立人類的責任感。透過具現在化人身上的深度感性和情意，關懷於焉開展。此非既已確立的人際關係，而是在特定情境中臨近他者得到原初感受性，然後方有人際關係的萌生。………理解人類存在的問題。人類不是預設的自然存在，而是必須融入世界來具現化、實現化自身，以及界定自我意識。人類生命乃是在深刻的投射感知中，透過認識他人來認識自己的過程，因此不能與我們的感覺和情感分離。列維納斯認為，這意謂著朝向約束自我與他者的善之方向去超越存在，承認他人。[27]

　　筆者以為面對他者的體驗，是直接的，關懷產生在實質關係感受上，那種臨現情境上，自然湧入原初感受，它是身體為文本納入在生活世界裏所有發生，因著知覺感受所有一切身體圖式，而了解自我與他者之間同一與差異關係，這種深刻投入，是有向度的，他向著神聖原型超越，因著自我與他人共同連結的根源性去展開倫理向度，而這時自我宛若他人，我感受他人的受苦，也因他人與我深刻連結，我願意挺身而出，投射我的感情，自然悲憫到別人難處，因為他人召喚，而感到自我的責任。

　　所以列維那斯以為以為與「他者」面對面接觸乃是人性根本體驗，依此建立責任感，感受到他人和投射情意，因此產生關懷，此乃是由「他者」的原初感受爾後有人際關係萌生。這些不是依憑我血氣方剛的相對自我同一性而產生的，它是無限心的他者聖顯面容中灌注精神在我身體上，我以神聖之眼，去看自我與他人關係，在與自我的他異性身上，打開了人性自然倫理面向，而這就是神聖倫理面向。

---

[26]　見[法]單士宏（Michaëlde Saint-Cleron）著，姜丹丹、趙鳴、張引弘譯《列維納斯與神聖性的對話》（*Entretiens avec Emmanuel Levians*），上海華東師範大學出版社，頁59-63。

[27]　賴俊雄著《回應他者——列維納斯再探》，臺北：書林，2014出版，頁435。

列維納斯在《整體與無限》提到了"épiphanic"（聖顯），他說到「神顯的面孔在那些看向我的眼睛中打開了人性」[28]。

單士宏認為在《整體與無限》中，列維納斯提到了「面容的神聖」，這是指存在、形上學或者社會超驗顯示，超驗顯示在鄰人「面容」的赤裸中，當「面容」在疾病、謀殺和死亡裡，這「面容」的神聖性的呼召我的責任，我的意向的意識，那是無貪欲的愛的本身。[29]

筆者以為「神聖面容」召喚出屬己本真責任，它是無貪欲的無限心的上揚，在孟子或王陽明叫做「良知」本能，是種「不慮而得、不學而能」的能動驅力，這良知良能本乎心，源於至善之體，是自己而然，自自然然的能動驅力，它表現出來是無偏執貪欲的神聖本能。孟子「見孺子入井」，我們可以用《聖經》「愛鄰如己」來進一步說明自我與他人之間無有礙的本心良知展現，由列維那斯來看這是「他者面容」召喚著我的悲憫之愛入住吾人身體意識感，我自然會去做無代價不求回報的仁愛本身。

單士宏進一步說到列維那斯的「他人倫理學」：在《存在的彼在或在本質之外》，「面容」的神顯有了本質的、完整的意義，由存在的此在（dasein）走向了存在的彼在（autrement qu'être），

> 這是從內在性到超越性，從本體性到倫理性的過渡，是通往神聖性的道路之一，它本身代表著一種高尚的責任感，這種責任感可以延伸到代替他人，甚至是『為他人而死這一最高形式的犧牲』。[30]

我們看到列維那斯的「面容」是他異性，不能被壓制；它脆弱需要某物；它代表著某權威要求，然它又沒有力量；我與他不對稱關係，我聽令於他者；我面對他者及回應他者的呼喚與責任就是語言顯現；他者面容伙無限優於我對他概念解析；我與他者面對面展開了我與上帝關係；這種面對面的直接性就是正義。

---

[28] 間引見[法]單士宏（Michaëlde Saint-Cleron）著，姜丹丹、趙鳴、張引弘譯《列維納斯與神聖性的對話》（*Entretiens avec Emmanuel Levians*），上海華東師範大學出版社，頁57。原文出於《整體與無限》，第234-235。

[29] 見[法]單士宏（Michaëlde Saint-Cleron）著，姜丹丹、趙鳴、張引弘譯《列維納斯與神聖性的對話》（*Entretiens avec Emmanuel Levians*），上海華東師範大學出版社，頁128。

[30] 見[法]單士宏（Michaëlde Saint-Cleron）著，姜丹丹、趙鳴、張引弘譯《列維納斯與神聖性的對話》（*Entretiens avec Emmanuel Levians*），上海華東師範大學出版社，頁58。

列維那斯的「他人倫理學」可見是由存在的此在走向了存在的彼在，這種脈絡走向乃是自我走向他者關懷，它是本體論到倫理性的過渡，這種過渡代表者內在到超越的脈絡，也就是說這是「神聖面容」召喚出屬己本真責任，它是無貪欲的無限心的上揚，孟子等心學稱之為「良知良能」，它帶來高尚責任感，甚至無代價無報償地不假思索可以為對方死去，達到『為他人而死這一最高形式的犧牲』。孟子講「捨生取義」即是在此。

　　總而言之，當我們以「見孺子入井」對比列維那斯的他者倫理學之前，我們先來爬梳孟子、王陽明與陸象山傳統中國哲學心學說法。

肆、傳統孟子、王陽明與陸象山說法

一、孟子四心人性論

　　孟子的四心人性論接近於列維納斯的先驗人性論。由孟子來看人有四心：側隱、羞惡、辭讓及是非之心，這四心是仁、義、禮與智的開端。這四心就是孟子的性善論根源，這是人生而有之。仁、義、禮、智是我本心所固有的善性，亦即「天爵」，只要求必可得之。

　　孟子云：

> 惻隱之心，仁之端也；羞惡之心，義之端也；辭讓之心，禮之端也；是非之心，智之端也。」《孟子·公孫丑》故君主為政需要有不忍人之心才能有不忍人之政。如「人皆有不忍人之心。先王有不忍人之心，斯有不忍人之政矣。以不忍人之心，行不忍人之政，治天下可運之掌上。《孟子·公孫丑》

　　孟子又曰：

> 人之所不學而能者，其良能也；所不慮而知者，其良知也。孩提之童，無不知愛其親者；及其長也，無不知敬其兄也。親親，仁也；敬長，義也。無他，達之天下也。《孟子·盡心下》

由孟子來看，仁義禮智乃是不學而能，不慮而知的良知本心，這些都是內在於我，乃是天爵是也，所以這樣的人性論是先驗性，因此是我固有之也。孟子曰：「仁、義、禮、智，非由外鑠我也，我固有之也。」《孟子·盡心下》

二、陸象山的心即理

陸象山，也就是陸九淵（1139-1192），他承繼孟子思想，發揮程顥心性，提出了「吾心即是宇宙」和「心即理」著名命題，使主體之心本體化。

承繼孟子心學之後的陸王心學，整體而言是保握了孟子的盡心知性以知天脈絡。

陸王心性論，認為心即是理，心即是性，不強調區分心、性、情與理等，陸九淵談到「心即是理」，這是強調本體與主體冥合的宇宙觀，整個盡心知性以知天在此得到詮釋圓融處。

蔡方鹿談到：「陸九淵把主體之心提升為宇宙本體，這是他與朱熹心性之學的最大區別，正是由於有了這個區別，才產生朱陸心性論的一系列分歧。陸九淵不僅以心為宇宙本體和思維主體，而且把仁義道德視為人固有的本心。」[31]

所以「吾心即是宇宙」和「心即理」在陸象山看來就是：

> 「萬物森然於方寸之間，滿心而發，充塞宇宙，無非此理」[32]
> 「故夫子曰：『吾道一以貫之』。孟子曰：『夫道一而已矣』。又曰：『道二，仁與不仁而已矣』。」[33]

吾道一以貫之就是仁，這一貫之道，通徹宇宙及內心之理，結合主體與本體之間的裂隙，將心、性、天道人倫聯結成為一理，而作為人只求盡己成物以成就天道。所以孟子講心體與天同。陸九淵的「此心此理，實不容有二」。

這無疑是將孟子天人思想承繼的非常到位。如他說：

> 「心只是一個心，某之心，吾友之心，上而千百載聖賢之心，下而千百載

---

[31] 蔡方鹿著《宋明理學心性論》，成都：巴蜀書社，2009年，頁193。
[32] 《陸九淵集》卷三十四《語錄上》。
[33] 《陸九淵集》卷一《與曾宅之》。

復有一聖賢，其心亦只如此。心之體甚大，若能盡我之心，便與天同」[34]

陸象山思想乃承繼了孟子思維是很明顯的，如陸象山說到：「萬物皆備於我」，其門人曾問「先生之學亦有所受乎？」曰：「因讀《孟子》而自得之」。[35]

陸象山講本心，性本善，善乃性固有，就性善心也善也是孟子思想繼承，如「人性本善，其不善者遷於物也。知物之為害，而能自反，則知善者乃吾性之固有。」[36]人性本善，其本心也善「其本心無有不善」[37]，強調內求於心，而不重邏輯思辯論證，輕經典，認為《六經》皆為我心的注腳。

故此，陸九淵強調內心靈明自覺面向，如「人心至靈，此理至明，人皆有是心，心皆具是理」[38]、「仁義者，人之本心也」[39]、「此心之靈自有其仁」。[40]

三、王陽明良知及心即是性說法

王守仁（1472-1529）繼承了陸九淵的心性一元說，援良知以論心性，提出「良知是心之本體」和「心即性」思想，建立了以良知為本的心性合一思想，王陽明發展陸九淵思想，在陸九淵的「心即理」思想上，提出了良知為心之本體，而提出致良知之學。[41]

王陽明說：

> 心者，天地萬物之主也。心即天，言心則天地萬物皆舉之矣。[42]

孟子盡心知性則知天到王陽明說明白，心即天，盡心則天地萬物皆舉也，盡心則知天也，心是良知本體，王陽明直接說致良知，援良知以為心性本體。王

---

[34] 《陸九淵集》卷三十五《語錄下》。
[35] 《陸九淵集》卷三十五《語錄下》。
[36] 《陸九淵集》卷三十四《語錄上》。
[37] 《陸九淵集》卷十一《與王順伯（二）》。
[38] 《陸九淵集》卷二十《雜說》。
[39] 《陸九淵集》卷一《與趙監》。
[40] 《陸九淵集》卷十五《與傅克明》。
[41] 蔡方鹿著《宋明理學心性論》，成都：巴蜀書社，2009年，頁273-27421。
[42] 出於《王文成公全書》，卷六《答季明德》。

陽明說：

> 心也者，吾所於天之地，無間於天人，無分於古今。苟盡吾心以求焉，則
> 不中不遠矣。[43]

王陽明以為理與心等同，得出「心外無物，心外無事，心外無理」[44]，如此一來，天地萬物與吾心無間，「夫人者，天地之心，天地萬物本吾一體也。」[45]

王陽明的心是至善道德本體，如：

> 心一而已，以其全體惻恆而言，謂之仁；以其得宜而言，謂之義；以其條
> 理而言，謂之理。不可外心以求仁。[46]

陸九淵講「其本心無有不善」[47]，王陽明也是這麼認為：

> 至善者，心之本體也。心之本體，那有不善？[48]

王陽明突出了良知，乃是發揮陸九淵「心即是理」思想，「心者，身之主也，而心之虛靈明覺即所謂本然之良知也」[49]「良知者，心之本體，即前所謂恆照者也」。[50]

此良知發用，乃是體現於日常生活的道德情感流露，如「見父自然知孝，見兄自然知弟，見孺子入井自然知惻隱，此便是良知，不假外求。」[51]

陸九淵不重視氣，但到了王陽明便說到氣。他說到：

---

[43] 出於《王文成公全書》，卷二十一《答徐成之（二）》。
[44] 出於《王文成公全書》，卷四《與王純甫（二）》
[45] 出於《王文成公全書》，卷二《傳習錄中答聶文蔚》
[46] 出於《王文成公全書》，卷二《傳習錄中答顧東橋書》。
[47] 《陸九淵集》卷十一《與王順伯（二）》。
[48] 出於《王文成公全書》，卷三《傳習錄下》。
[49] 出於《王文成公全書》，卷二《傳習錄中答顧東橋書》。
[50] 出於《王文成公全書》，卷二《傳習錄中答陸原靜書》。
[51] 出於《王文成公全書》，卷一《傳習錄上》。

「孟子性善是從本原上說，然性善之端，須在氣上始見得，若無氣亦無可見矣。惻隱羞惡辭讓是非即是氣。」[52]

「良知乃天命之性，吾心之本體，自然靈昭明覺者也。」[53]

王守仁以良知論心性，「天命之性，靈昭不昧，而萬理之所從出也。」[54]「心也、性也、天也，一也。」[55]

小結：由此可看出：儒家孟子乃至陸象山到王陽明，其性善論由仁連結內聖與外王，仁由孟子盡心知天，而陸王心學繼承孟子，由內而天發揮極致，如王陽明所言：「大仁者以天地萬物為一體」著重心性，經由自我修養，而成就「富貴不能淫，威武不能屈，貧賤不能苦其心志，勞其筋骨，餓其體膚，空乏其身，行拂亂其所為，所以動心忍性，增益其所不能。」《孟子‧告子下》。

我想孟子及陸王心學的脈絡強調稟其天性，充實先驗在心性的基礎認知，而後外推以致於貫穿我與群體，自然與天道之間，而達到天人合一的境界，完善化君子的崇高主體性。這樣的完善崇高主體性在儒家來講叫做知天命，也就是由內在聖道的修持到外擴及群體人倫的和諧，這與列維那斯「他者倫理學」是很相近的。

伍、由列維納斯來看孟子「孺子入井」命題

我們看到列維那斯的「面容」是他異性，不能被壓制；它脆弱需要某物；它代表著某權威要求，然它又沒有力量；我與他不對稱關係，我聽令於他者；我面對他者及回應他者的呼喚與責任就是語言顯現；他者面容無限優於我對他概念解析；我與他者面對面展開了我與上帝關係；這種面對面的直接性就是正義。我們受到神聖他者面容召喚回應我們應有的責任，即便是對待異己者，也能渡化存有到存在彼岸。若按單士宏解讀「存在的彼在」看法，他以為這是中國哲學家的孟子所講的「不忍人之心」，「存在的彼在」別名就是「仁慈、無限性或者說善」。[56]

---

[52] 出於《王文成公全書》，卷二《傳習錄中啟問道通書》。

[53] 出於《王文成公全書》，卷二十六《大學問》。

[54] 出於《王文成公全書》，卷七《親民堂記》。

[55] 出於《王文成公全書》，卷二《傳習錄中答聶文蔚》。

[56] 單士宏這樣的說法，來自於弗朗索瓦‧于連《道德對話》（*Dialogue sur la Morale*）一書，出於口出版社，1998年出版。間引自見[法]單士宏（Michaëlde Saint-Cleron）著，姜丹丹、趙鳴、張引

這樣的別名就是指「存在的彼在」是吾心良知本體，也是宇宙萬物的良知本體，吾心即宇宙，宇宙即吾心。

孟子強調「舍生取義」，「舍生」中最重要範例便是「孺子入井」。孺子是異於我的他異性，這他異性與我不相涉，見孺子「面容」的他異性，脆弱需要某物，雖然我與他關係不對稱，但我仍回應他的呼求，展開對他的責任，這時的我良心不是學，也不是慮就能達至，這不是概念分析，而是良知本體心性論使然，這在康德來看就是神聖道德律體現在吾人身上，誠如見「孺子入井」，那個「見」是直接面對面，油然而生惻隱之心使然，這良知本體乃是與天地萬物的良知本體，心外無理，心外無理，所以我們所能做的乃是致吾心之良知。

一、孺子入井之前神祕共同體的交流

筆者以為孟子的惻隱之心乃是見「孺子入井」，也是同樣展現在這形上學、存在本身及社會超驗顯示，由他人「面容」召喚我內在的神聖感受，使我不假思索油然而生責任感，務必救人脫離危險或死亡的深淵。

這樣的心由感受性著手，「聖靈是自由的，使存有（Being）之所以為存有的自由」[57]，這樣的自由向度與中國哲學道的自然說相仿，可見可以說明，道與存有或說是神都有神聖面向，落實於身上體現出靈化身體的可能時，這樣的境界當然是「內在超越」，由他人「面容」召喚我的參與，達到我與他人之間神祕共同體感受，內在與超越的神祕經驗，是我與你或者是「他者」之間交流的神祕經驗，身體感知到的一體感，天人之間或者基督與人之間那種緊密結合神聖身體觀點來說明，這樣的感知一體就是生命的共同體，亦是自我與「他者」之間圓成的智慧本身。

這也就是呂格爾所言的自我宛若「他者」，當然見「孺子入井」，自然而然就會去救他。

身體感知的共同體裡，強調心的感受力問題，伍曉明的〈孟子與列維納斯：心與感受力〉（*Mengzi and Levinas:the Heart and Sensibility*）談到列維納斯自我

弘譯《列維納斯與神聖性的對話》（*Entretiens avec Emmanuel Levians*），上海華東師範大學出版社，頁55。

[57] 潘尼卡說法可參潘鳳娟（2002），〈宗教內與宗教際性的對話：簡介潘尼卡（Ramion Panikkar）之宗教會遇方法論〉，《神學論集》，131，頁62-81。

的主體性中的「感受性」與孟子性善論的君子「四心」之間有高度的相似性。

　　先天感受性具體感知「他者」存在，這啟動了自我對「他者」者形上超越欲望運動，「他者」的先驗無盡至善要求形塑了主體脆弱性及被動性的主體性，就伍曉明的看法來說，孟子四心暴露於列維納斯「他者」的圍繞，展現出主體四心的脆弱、被動及感受性。[58]

二、先驗性面向：內聖性存在之基礎

　　孟子的四心除了感受性強外，另有「先驗性」面向，如盡性知性則天，天人通透一貫之道乃在於「先驗性」，也就是道本體或神本體先在概念。由「先驗性」來談到內在與超越性將是差異與衝突的形上學東西融貫之比較方法，由「先驗性」來進行「內在超越」的對話，這是一種將形上生命活出來的神祕體驗，也就是將區分內在與超越的差異當中跳出，將存有視為存有體驗，著重於內在體驗，這是一種去除概念區分包袱，成為存有的可能性，它是呈現動態的生命樣貌。

　　筆者以為此時「先驗性」已不偏重形上色彩，而是回歸到存有關係論，去談對他人關懷，藉由關懷他人去突顯神性在人性在價值，也就是基督論講到道成肉身後，如何在人內在性裡去除傳統自戀封閉性的抽象關懷而走向他人關懷的真實生命關懷。

　　此內在性呈現出來便是『見』的本體即現象的關懷本身，在「一……即……」的大見當然，我體會到神或道與我同在，這先驗形上抽象的天道理則落實於人身上，是具有神祕的我與他人合一一體感，我在他們身上看見我應有的責任，不假外求，這召喚的強勢性，使我柔弱如僕，應聲回應這內在的需求本身，於是我擺脫我經驗的束縛，將我的生命直接呈現，甚至為他人犧牲，心甘情願為他人奉獻，不假思索，出於良知而做了應該做的義行，不再顧及我們自己的「面容」，而是徹底看到他人的「面容」本身，存有花朵也就綻放開來了。

　　成中英講到：「先驗性是與他者的經驗，也是與整體的分離，藉著重新界定自由尋回自身。換言之，內在性是呈現先驗性的具象，因此可被視為內在的超越，一種儒學本體論所信奉人性內聖。列維納斯表示，『存有』（Being）應以其動詞形

---

[58]　此應該出自於成中英主編的《列維納斯專輯：中西觀點》（*Levinas and Chinese Philosophy*）一書。此書乃中西方學者從各種觀點解析列維納斯與中國的哲學思想。間引自賴俊雄著《回應他者──列維納斯再探》，臺北：書林，2014出版，頁443。

態『存在』（to be）來表示其『生成性』（becoming），以呈現出動態的生命形式。職是，先驗性和內在性被視為對立方向的相互活動，開展了自我作為他者和他者作為自我的人類存在本質。」[59]

三、自我責任的神聖性

海德格的存有，大量談到此有，作為存有光輝的展現，然而到列維納斯則是轉向彼在的探討，這代表著自我關懷逐漸轉向他人關懷的倫理學，無論如何，這裡談到的神聖性將是兩者共通的交流。

由孟子的「孺子入井」，我們可以看到內在呈現的象，我看到他人召喚，出於內在的見，我看到我神聖的責任本身，在「他者」「面容」召喚著自我責任，這責任來自於神聖性，是自然而然由內在的良知良能所發抒的倫理，這倫理來自「神聖性」。對比列維納斯「他者」「面容」，這「面容」也有著神聖面向，列維那斯談到：「神聖者的領域從人的面容開始展現。和超驗者的關係是一種社會關係。正是在那裡超驗者、無限的他者懇求我們、呼喚我們。」[60]

這「神聖性」是源自於宛若自我的「他者」來召喚而來，見「孺子入井」，而生怵惕惻隱之心，而能不假思索，將人之痛苦猶如己痛的同體大悲，不忍人之心沛然而生，這是既超越又內在的神聖存在體驗，也顯現看見他人「面容」，召喚面對他人的責任，這「神聖性」甚至可以犧牲自我以成就他人，讓渡存在於存在的彼在，這便是善的本體，也就是孟子所講的良知，這樣的良知有著形上學的厚度，也編織了人之所以為人善的交流的可能性，甚至超越被物化的狹礙，而使人與物、自然甚至宇宙都感受到全然的善的可能性，這可能性是超越的，也是內在於每個人的心的本體。

四、自我成為他人人質，甚至犧牲成就存在的彼在

引領人們由此在走向存在的彼此，這本體向倫理性的過渡，也是為何立其大者的君子可以無保留走向「他者」，甚至為他人犧牲的可能性，它代表著一種

---

[59] 此乃賴俊雄摘成中英見解。見賴俊雄著《回應他者——列維納斯再探》，臺北：書林，2014出版，頁435。

[60] [法]勒維納斯：《整體性和無限性》，法文版，50頁，1961。

無私奉獻，取生取義的可能性。

見「孺子入井」不假索就努力去營救孺子的生命，使我走出自我轉向「他者」的「面容」，這「面容」代表著神聖使命的召喚，使我將「他者」的生命成全看成為自己的，自我宛若「他者」的不捨之生油然而生。神聖「面容」呼召了的我的責任，責任使我回應來自生命底層良知的召喚，因而超越了個人生死。存在彼在是不代表著不假思索，這不假思索說明著良知的本然「先驗性」，自然而然，見而起行，不是爭辯計較之心使然，而是出於「即現象即本體」，一種自然而然的「本體良知」之說。

更甚而遠之，列維納斯的另一本著作《存在的彼在或在本質之外》，這談到了透過深入挖掘對「他者」存在責任的深淵，甚至讓自我成為「他者」的人質[61]，賴俊雄解釋列維納斯說到了：

> 列維納斯認為，人際關係是不對等的，正如儒家所提出的四種關係「孟子四端」。此外，孔子至為推崇的道德責任往往是個人最為重視的度量原則。若將一個邦國的正義置於道德的尺度之上，則吾人可明白，不論是主管者或被領導者（同時也是家庭單位的成員），必須時時不忘將他者置於自身之前，這是非常列維納斯式的。[62]

見「孺子入井」，這孺子是不同於我的異己者，然而這樣的異己者為何可以放在我生死之來進行考量呢？乃是因為人良知良能，使吾人內心因著神聖道德律而放下私己考量，所以列維納斯認為這是人際關係不對等，這不對等乃是我將自己需求屈居於別異者之下去做考量，這是列維那斯式等量。所以賴俊雄提到了由四種心來講關係的不對等，這不對等乃是突顯我為僕，而他人為我主要的考量，這已然不是由我主體出發，而是由仁、義、禮、智出發，去由人與人之間仁慈、羞恥、判準、謙虛進退來定義心的狀態。

筆者以為儒家當然在人與人對待上也有遠近親疏的關係，然而推到最高原則是，就我而言，是不可違反仁慈及責任，我對他人有相當責任充斥在吾人良知

---

[61] 見[法]單士宏（Michaëlde Saint-Cleron）著，姜丹丹、趙鳴、張引弘譯《列維納斯與神聖性的對話》（*Entretiens avec Emmanuel Levians*），上海華東師範大學出版社，頁128。

[62] *Levinasian Meditation*179，間引自賴俊雄著《回應他者──列維納斯再探》，臺北：書林，2014出版，頁434。

本體，甚至在孟子及陸王心性哲學裡，而超越了自我格局限制，進行高尚的取生取義行為。

這與列維納斯也是一致的，因為高尚的責任感才使得存在可以邁向存在的「彼在」。

所以列維納斯的《存在的彼在或在本質之外》裡頭談到了「超越性」，這「超越性」打破了由上帝定義的傳統，相反地，它由仁慈、責任來定義這「超越性」，這「超越性」在此書開端這樣地被談到：

> 如果說超越性有意義的話，它的意義就在於這一事實，即存在，本質，邁向存在的彼在的事實。邁向存在的另一面，存在的彼在。不是「別樣的存在」，而是「存在的彼在」。[63]

孟子的良知本體的確是內在本性有之的良知本體，而這與列維納斯先驗人性論也是一致，而這裡我們也解釋了超越性，孟子盡性知性則知天，或者陸王吾心宇宙，或者致良知說法如何上達天聽，乃是因為這「存在的彼在」的超越性。

所以對比看來：孟子見「孺子入井」就是列維納斯見他者面容，直接產生良知本體的「他者倫理學」。

這又再一次證明了，列維納斯不看著形上超越向度的描寫，而是就人的存有關懷面向來去談此有如何邁向存在的彼在，如何關懷他人，如何在他人身上見證上帝存在「面容」，這存在「面容」如同我活得像基督，如何體現我與基督一體，而對他人身上的痛苦感同身受，以致於愛鄰如己，或者能施予愛於陌異於己者的他人。

對他人負責就是成為人質，成為人質是不公，這不公是責任的本質。[64]這不公甚至讓人犧牲了生命，使自我成為他人的人質，在孟子裡也有闡述，《孟子·告子》上說到：

---

[63]　這段原文間引自[法]單士宏（Michaëlde Saint-Cleron）著，姜丹丹、趙鳴、張引弘譯《列維納斯與神聖性的對話》（*Entretiens avec Emmanuel Levians*），上海華東師範大學出版社，頁53。原文出於海牙，馬提努斯·尼捷霍夫出版社，1974年；法國口袋出版社，1990年出版。

[64]　見列維納斯與單士宏的對話，請參考見[法]單士宏（Michaëlde Saint-Cleron）著，姜丹丹、趙鳴、張引弘譯《列維納斯與神聖性的對話》（*Entretiens avec Emmanuel Levians*），上海華東師範大學出版社，頁46。

生，亦我所欲也；義，亦我所欲也；二者不可得兼，舍生取義者也。

這種責任召喚，讓我不再拘執於生命的苟且，而能替別人犧牲，讓渡生命於大我生命的成全，它甚至是在思慮之外，而成就了所謂的「存在的彼在」[65]，誠如列維納斯所言，也如呂格爾所講「自我宛若他者」，這「面容」的「神聖性」使自我與「他者」之間化歸於一，而這一就在這「神聖性」上，也可以說它等同於全然的善的可能性，這也符合了列維納斯所說的存有的善，這是哲學的本原。若按單士宏解讀「存在的彼在」看法，他以為這是中國哲學家的孟子所講的「不忍人之心」，存在的彼在別名就是「仁慈、無限性或者說善」。[66]

總結

在進行列維納斯與中國哲學對話時，大部分對話者也會以「超越內在」做文章，列維納斯與儒家都有形上關懷的特質，然而兩者不同在於，一個具有形上外在超越，如列維納斯的自我與絕對「他者」的相遇；另一個則具有形上「內在超越」，因為，儒家沒有一個無限外在的絕對「他者」的超越，[67]在東西方比較哲學部分，大部分都會區分儒家與西方基督教傳統有著不同的形上特質，儒家具有形上的特質，它有終極關懷，內含「超越」，這超越是「內在超越」，不是基督教的外在超越。

筆者此篇文章不由此進路著手，也不仔細差異區別，而是要談到差異或衝突的形上融合，列維納斯的「他者」哲學與儒家哲學兩者之間比較算是種「差異或衝突的形上融合」（transcendaental integration of the different or conflicting）。[68]

---

[65] 對列維納斯來講，『存在的彼在』是在思考之外，愛之外，屬於我的責任成為我對他人過錯及至對他人罪行的責任。

[66] 單士宏這樣的說法，來自於弗朗索瓦‧于連《道德對話》（*Dialogue sur la Morale*）一書，出於口出版社，1998年出版。間引自見[法]單士宏（Michaëlde Saint-Cleron）著，姜丹丹、趙鳴、張引弘譯《列維納斯與神聖性的對話》（*Entretiens avec Emmanuel Levians*），上海華東師範大學出版社，頁55。

[67] 賴俊雄著《回應他者──列維納斯再探》，臺北：書林，2014出版，頁438。

[68] 成中英主編的英文學術期刊《中國哲學期刊》（*Journal of Chinese Philosophy*）於2008年出版了《列維納斯與中國哲學思想》（*Levinas and Chinese Philosophy*）（第35期第4卷）專輯，此段文字出現於〈序〉，頁3。同年出版《列維納斯專輯：中西觀點》（*Levinas and Chinese Philosophy*）。

　　沈清松在《對比、外推與交談》[69]一書中說到儒家式外推是解決人類困境之良藥，此書運用外推解決二元對立，在多元情境之外，彼此互為主體，相互尊重與關懷長養彼此，才能真正對話。特別是列維納斯與孟、陸與王之間有著不可思議神聖心性論面向。此篇文章乃是神聖「面容」來連結存有的善在此有身上的責任召喚。以列維納斯來看這是本體倫理學回應神聖生命召喚的可能性，這種召叫甚至使「自我成為他人人質，甚至犧牲以成就存在的彼在，這是非常美東西方共感對談與交流」。

　　筆者以為與他人之間的互動，或者說是與「他者」面對面人性根本體驗，或由自我看見「他者」，或由「他者」看見自我，構出天人之間的自我宛若「他者」的倫理關懷，這樣的倫理關懷的「先驗性」在列維納斯與儒家都有，特別是孟子、陸象山與王陽明講到的心性本體合一，何以「先驗性」成為宋明心學與列維納斯關注的焦點：「先驗性」具有「內在超越」性，內在性是呈現先驗的象，換句話說，心即理當中呈現先驗的象，這些現象就是本體，本體就是現象，是內在心性本體呈現出來先驗的象，這是種儒家信奉的內聖，是「內在超越」，這「內在超越」是有形上根源性做為基礎，換句話說，內聖必有終極價值根源所在，建構在最終實體上，這實體在西方是上帝或說是存有，在東方則是天或道，而「內在超越」則是挺立出來的此有，一種存有的綻出，這綻出的具象存有落實人身上為內聖光輝閃耀，一種靈明自覺明光，也就是存有的光輝在此有身上展現，那不就是一種心性的靈明自覺展現出來的天理人道嗎？所以列維納斯特別用「存有」（Being）去「存在」（to be）來展現其生成性（becoming），呈現出千姿百能的生命樣貌，猶如孔子所言「逝者如斯夫，不捨晝夜」，天與人之間連結，猶如自我與「他者」之間的聯結，既是內在，也是外在，兩者內外連在「先驗性」的道的根源上，或說上帝，或說是存有的根源上。

---

[69]　沈清松著《類比、外推與交談》，臺北：五南，頁202。

參考書目

杜維明的《儒教》，臺北：麥田，2002。

沈清松著《類比、外推與交談》，臺北：五南。

賴俊雄著《回應他者──列維納斯再探》，臺北：書林，2014。

馮俊《從現代走向後現代──以法國哲學重點的西方哲學研究》，北京：北京師範大學出版社，2008年出版。

馮耀明：〈皇帝的新心：「超越內在」說再論〉，收錄於馮耀明：《超越內在的迷思──從分析哲學的觀點看當代新儒學》。

蔡方鹿著《宋明理學心性論》，成都：巴蜀書社，2009年。

唐君毅：《說中華民族文花果飄零》，臺北：三民書局，1974年出版

郭鴻標：〈基督教的超越與內在神觀：對劉述先純粹超越神觀的回應〉，數於賴品超、李景雄編：《儒耶對話新里程》，香港：崇基學院宗教與中國社會研究中心，2001年。

陳家富：〈人性與基督：巴特的基督論人觀與耶儒對話〉，收入鄧紹光、賴品超合編：《巴特與漢語神學》，香港：漢語基督教文化研究所，2000年。

林維杰與黃雅嫻主編《跨文化中的當代儒學──工夫論與內在超越性》，臺北：中研院文哲學，103年出版。

李明輝：〈儒家思想中的內在性與超越性〉一文，見《當代儒學之「自我」轉化》，臺北：中央研究院中國文哲研究所，1984年。

潘鳳娟（2002），〈宗教內與宗教際性的對話：簡介潘尼卡（Ramion Panikkar）之宗教會遇方法論〉，《神學論集》，131。

賴品超：〈超越者的內在性與內在者超越性──評牟宗三對儒、耶的分判〉，收於劉述先、林月里主編：《當代儒學與西方文化──宗教篇》，臺北：中央院文哲所，2005年出版。

邱黃海〈儒學的超越與內在問題〉，收錄於林維杰與黃雅嫻主編《跨文化中的當代儒學──工夫論與內在超越性》，臺北：中研院文哲學，103年出版。

[法]單士宏（Michaëlde Saint-Cleron）著，姜丹丹、趙鳴、張引弘譯《列維納斯與神聖性的對話》（*Entretiens avec Emmanuel Levians*），上海華東師範大學出版社。

成中英主編的英文學術期刊《中國哲學期刊》（*Journal of Chinese Philosophy*）於2008

年出版了《列維納斯與中國哲學思想》（*Levinas and Chinese Philosophy*）（第35期第4卷）。

Levinas, Emmanuel, *Totality and Infinity.* Trans. Alphonso Ligis. Pittsburgh: Duquesne UP. 1969.

Singer, Peter, *One World: The Ethics of Globalization.* New Haven:Yale UP, 2002.

Hill, Jack *A .Ethics in the Global Village: Moral Insights for the Post* 9-11 USA. Santa Rosa: Polebridge p, 2008.

Adrian Hough, *God is not "Green": A Re-examination of Eco-theology,* Leominister Herefordshire: Gracewing, 1997.

第九章　淨土佛教當中關於念佛的思維：
在差異中念佛
──是念己佛？還是念他佛？

前言

　　本文脈胳進路乃透過當代詮釋觀點給予些傳統與創新對話，東西方不同文化及宗教當中哲學觀點來進行「創造的詮釋學」，在於指出一個思想傳統（如佛教思想傳統）的延續、繼承、重建、轉化或現代化，可以怎樣進行。傅偉勳先生說到：「創造的詮釋學反對任何徹底破壞傳統的『暴力』方式，也不承認不經過這些課題的認真探討，而兀自開創全新的思想傳統的可能性。」[1]

　　本書由於乃是就身體文本同一與差異當進行閱讀的實踐智慧，因此特就淨土宗的「唸佛號」來探討「差異」當中「唸佛」。到底唸的是己佛，還是唸的「他佛」呢？

　　本文要思維的便是淨土佛教當中關於「阿彌陀佛」為信仰中心的思想觀念與實踐體系，如此簡約易行的實踐方式，在中國佛教歷史進路中逐漸取得廣泛的教勢，是最多人實修的進路。

　　而本文當中所談到的淨土法門是以直截易簡方便修持實踐，而這易簡方式廣泛流行在華人圈裡，一般淨土佛教理解，乃在於「持念彌陀名號」或者是「觀想彌陀」，以感佛的他力，如此佛是「他者」，爾後轉生往生淨土。

　　但是念佛的簡明易行，易誤植局限於持念「彌陀」名號或觀想「彌陀」身土，如此一來，佛就成為外在對象，認識客體，如此不是淨土註釋家滿足的方式，以當代詮釋來看，甚可理解如此淺化間接方式，並無法落實念佛的義理內涵。

　　因此在此篇文章當中將「念佛」概念抽離出來，並輔以「自我與他者」、「自性與他性」與「自境與他境」做個辯證理解將有易深化念佛與最高真理體證接軌路徑。換言之，就是就「念佛」法門來進行同一與他者之間辯證理解，使真

---

[1]　傅偉勳，〈創造的詮釋學及其運用〉，《從創造的詮釋學到大乘佛學》，頁46，臺北，東大圖書公司，民國79年7月初版。

理進入主體，真理使之存有化，那這樣的「自我與他者」、「自性與他性」與「自境與他境」再也無差異，存乎吾人身體中混然一體也。

這篇文章是佛教自身內部「自我與他者」的對話展現在這場念「他佛」與念己佛身上，這是一場關於淨土佛教思想的考察，我企圖用後現代關注的同一與差異議題來進行這場淨土佛教思想內部察考。

壹、傳統經典

一、先由「三經一論」經典來看念佛的緣起

中國淨土經典依據是「三經一論」，三經是《無量壽經》（大本《阿彌陀經》），《阿彌陀經》（小本《阿彌陀經》），《觀無量壽佛經》，而一論則是指印度唯識祖師世親所造《無量壽經優婆提舍願生偈》（《往生論》[2]）。

《阿彌陀經》乃是五世紀由羅什譯出，約晚《無量壽經》漢譯三百年，這部經已發展出「持名念佛」的修法。接著淨土佛教的開展，如何融通說明佛教義理學說，淨土深化及拓展，「念佛」是念「己佛」或念「他佛」是很重要的，若只是念「他佛」，會限制淨土義理發展深度，若只是念「己佛」，則會失去他力救度的意趣。

（一）《無量壽經（大本的阿彌陀經）》的現在說法，現在實是繼續存活，也具體標明暸時間與空間，指的彌陀佛及其國土是在此土之外的時空中的現實存在者，隨著二諦，世俗諦與第一義諦的義理影響下，也沾染了「彌陀」時空是世俗觀點的真理[3]《無量壽經（大本的阿彌陀經）》是「念佛」，念由口唸與讀誦達到內心思念與懷念，「念佛」動詞是隨念，隨念是憶念於心，憶念於心是一向專念無量壽佛，一心專注，有作意的翻法，作意及隨念是原始淨土一起作用。

（二）《阿彌陀經（小本的阿彌陀經）》持名「念佛」可理解為稱名「念

---

[2] 《無量壽經》經典最早在東漢譯出，目前通行本為曹魏康僧鎧所譯經本，但也有學者存疑，而《阿彌陀經》遲至五世紀初才由鳩摩羅什首度漢譯，《觀無量壽佛經》傳由劉宋畺良耶舍所譯，但也有懷疑。

[3] 世俗諦是指約定俗成，因緣和合的假有，可由此見諸法的差別相，而第一義諦則是聖者所見的真實，相即於萬法的無分別真理，對諸法的平等一如的觀照，這兩者不見於《無量壽經（大本的阿彌陀經）》

佛」，心中憶念名號，後來此念佛法已轉為包含阿彌陀佛在內的諸佛菩薩名號專心稱念，只是將諸佛菩薩化約成「彌陀」一佛，此名號已成為佛的完全代表。憶念佛十號或者念佛專名都是說是佛是修行者的對境，神與信者有差距，淨土以「念佛」來與「彌陀」交感，依此轉向淨土，這是一心稱其名號的易行法門。

（三）《觀無量壽佛經》轉向說此土與彼土距離並非像兩經中所言如此遙遠，像想中出現是心是佛，行者可觀自心中的彌佛而與之相印，此時心即是佛，佛與眾生心成了有差別又可合一弔詭關係，在《般舟三昧經・行品》論說觀想阿彌陀佛及十方佛令其現前的「念佛」三昧行法，先是觀想「彌陀」現前，再其次是夢中見佛，之後進入三昧，見彌院現前，討教往生西方淨土之法，指點方法為念名號，所以此經是「念佛」三昧於定中見佛是往生淨土的要門，但問題是佛若由心見，心念非實，有匯流般若空思想，如此由《觀無量壽佛經》正面看待心中的佛，到《般舟三昧經・行品》現前的佛既由心所造，見佛亦是妄念，還需空性觀照。

　　漢藏淨土「念佛」，早期受到《觀無量壽佛經》，佛入眾人心想觀念啟發，念「己佛」與念「他佛」並行，「念佛」法門內在轉向，再加上般若空義注入，成為最高真理的觀照，發展了無生之生真理體證，而後淨土詮釋者隨著中國心性論開展，主張眾生心本自具足，「念佛」成為念自心佛，念「他佛」乃是為助顯「己佛」的方便，持名念當下就在自淨己心，開顯佛性，往生淨土，由娑婆國土而參與安樂淨土。

（四）《往生論》是世親詮解《觀無量壽經》之作，它透過「五念門」，來表達對「彌陀」身土的全心歸向，佛是信仰及止觀對象。

二、由經典來看念佛本身

　　經典可以看出佛教修行方式分為兩種，一個是自力修學波羅蜜行的菩薩道，另一是將彌陀佛視為外在對象的修持，稱為「方便易行道」[4]。這裡經典涉

---

[4]　《十住毘婆沙論》卷5，將正常修學的長時艱苦菩薩行道稱為「難行道」，依憑稱念菩薩名號而

及了宗教內各種派系或者經典內部的對話，或者說是一場關於「念佛」本身「差異」的詮釋而呈現的多元的對話。

　　（一）《無量壽經》（大本的阿彌陀經）強調「念佛」是心念而非口念，這裡說完後談到口號與「念佛」之間，六隨念的「念佛」思維內容，透過佛的名號來憶念其功德的修行，名號是種讚歎美號，可藉此來思維如來的偉大功德，是聽聞彌名號，而隨念於佛。

　　（二）《阿彌陀經》（小本的阿彌陀經）持名「念佛」可理解為稱名「念佛」，心中憶念名號，佛號就是佛的代表。

　　（三）《觀無量壽佛經》轉向說此土與彼土距離並非像兩經中所言如此遙遠，像想中出現是心是佛，行者可觀自心中的彌佛而與之相印，此時心即是佛，佛與眾生心成了有差別又可合一弔詭關係。所以此經是「念佛」三昧於定中見佛是往生淨土的要門，但問題是佛若由心見，見佛亦是妄念，還需空性觀照。

　　（四）《往生論》是世親詮解《觀無量壽經》之作，佛是信仰與此觀之對象。

　　整體而言，經典強調：「念佛」是心念，而非口念，「念佛號」當中，所謂佛號就是佛本身，而心是佛，佛也是心，但當中有差別及弔詭的關係，所以有情眾生得救方式不同，最後仍在念佛本身的「差異」而呈現多元的對話方式，特別是展現在「自我與他者」，「自力與他力」，「自心境與他心境」的「差異」當中的對話裡。

三、由念佛來看這差異的對話

　　《大智度論》說到，在大乘佛教中，「念佛」是所有的菩薩行者共同的行持，也是最重要、最殊勝的法門之一。

　　　問曰：如菩薩三昧種種無量，何以故但讚是菩薩念佛三昧常現在前？答
　　　曰：是菩薩念佛故，得入佛道中，以是故念佛三昧常現在前。復次，念佛
　　　三昧能除種種煩惱及先世罪。餘諸三昧，有能除婬，不能除瞋；有能除
　　　瞋，不能除婬；有能除癡，不能除婬恚；有能除三毒，不能除先世罪。是

得快速成就的修行方式為「方便易行道」，參見《大正藏》冊26，頁40下，41上。

念佛三昧能除種種煩惱、種種罪。（T25・108c）《大智度論》

在整個淨土佛教當中，「念佛」是最方便易行的快速修行方式，但是這麼方便易行的快速修行方式，與禪宗「直指本心」卻有著異曲同工之妙，換句話說，所以淨土佛教修行方法雖然直接簡要，但仍暗含著所謂「差異」的詮釋的可能性。

所謂「念佛號」強調修行透過口號，文字符號本身得以落實，也就是涉及「自力與他力」，及「自我與他者」之間，「自境」心境與「他境」之間同一與差異的辯證問題。就「念佛者」與「所念佛」之間，其實就是在念之間談到「念佛者」與「所念佛」之間的關係，放在身體文本的觀看上，就是能觀者與所觀者之間關係。

淨土念法門當中念佛者與所念佛之間交往以及「差異」念佛之間是互斥或者是融通，本身就值得思考，在經典當中其實是希望圓融方式來融，「自力與他力」、「自我與他者」，或者說是「心境與淨土境」，其實這些都是佛教的主軸核心議題或者是佛教在生死議題上藉由「唸佛號」直截方式來達到破取執著，而使殊勝義因此被辨明出。

歸結之，筆者以為「念佛號」為淨土佛教的修行方式，「念佛者」與「所念佛」之間「差異」詮釋表現在三方面：

（一）自我與他者之間

整個淨土佛教的詮釋幾乎在念「己佛」便是念「他佛」的同一與差異辯證詮釋上面打轉，我們要問的是：念佛是念「己佛」？還是念「他佛」？「己佛」與「他佛」有何差別？客觀對象是「己佛」，還是「他佛」，在整個淨土的詮釋當中，幾乎都是鎖定了心性真實本體為兩者匯通的可能性橋樑，那心性當中又為何可以有如此的轉換？

（二）自力與他力之間

整個淨土佛教的「念佛」詮釋，也會談到「念佛」之後，救贖力量究竟來自於何方？「念佛」的存有力量引動是否與「念佛」直接相關，是「念佛」後自己產生力量，還是他者的力量使得「念佛」者得以救贖，自我與他力之間同一與差異辯證為何？很顯然地，這個問題是建基於「自我與他者」的唸佛同一與差異辯證上面，所以整個淨土佛教的詮釋幾乎也產生了曖昧的循環詮釋，幾乎都無法

獨立分解來說明這種聯結關係。

（三）自境與他境之間

　　整個淨土佛教幾乎在談淨土佛教往生淨土，淨土即是指一個他境，他境與自境之間，其實在淨土佛教的預設之下是可以互轉的，自境與他境其實就是此岸與彼岸的說法，此岸即是彼岸，彼岸即是此岸，自境即是他境，他境即是自境，這種說法其實在淨土佛教詮釋當中仍然不脫離「自我與他者」、「自力與他力」之間的「念佛」心性本體融通問題。

貳、由念佛的差異談起

　　淨土宗以唸佛號為著稱，所以我們應該關注這佛名問題。如果我們使用符號學的說法來講「念佛」者與所「念佛」之間其實就是一場主體「念佛者」與客觀的「所念者」之間的問題探討，或者說是「自我與他者」之間關係同一與差異辯證問題。符號本身，究竟佛號與佛本身關係為何？在淨土宗本身討論就是值得探索的議題，大抵上，他們以易簡唸佛號方式當成是方便法門，幫助佛教修行者不容易迷惑退轉。

　　淨土佛教修行方法雖然直接簡要，但仍暗含著所謂身體文本同一與差異的現象辯證詮釋的可能性。「念佛號」為淨土佛教的修行方式，「念佛」者與所「念佛」之間「差異」詮釋表現在三方面：「自我與他者」、「自力與他力」、「自境與他境」之間。

一、由「「差異」」談起「念佛號」

　　「念佛號」本身是不斷重複誦念口號本身，當然「念佛」，是由口唸與讀誦，隨念到專心一意，作意到達到內心思念與懷念。「念佛號」重複單一口號究竟有何意義呢？其實這涉及到對語言系統的反省。

　　索緒爾指出語言意義在於「差異」，卻未指出「差異」之源，[5]德希達指出了符號是由「差異」因素所構成，而「差異」因素只能被當成是「差異之物」

5　劉千美著《差異與實踐》，臺北：立緒文化，2001，頁17。

（different）來把握。

德希達以為「不可以用已經臨在過的，已經成為過去了的留滯事物，作為衡差異蹤跡的依據。只可以依據當下現前，或是當下現前的臨在，來思考蹤跡──思考延異。」

筆者認為蹤跡不是現前，所以經由語言符號對原始意義的理解是不可能的，只有掌握不斷飄移及延遲了的意義，依其當下臨現思考蹤跡，思考延異問題，而這蹤跡「是不斷自我消解、自我移置、自我轉換之現前的擬像。」[6]

這其實說明著：意義在於「能指」不限定地「所指」向「所指」，「能指」是一再地指向「差異」，製造「差異」。

能指與所指不是單一限定關係，誠如念佛者與所念佛之間。如果按照德勒茲反省語言的脈胳，語言其實涉及了理性與非理性區塊，非理性就像在詩與文學的曖昧表達方式，所傳達的乃是不能說的元素，而這可能是不合乎文法、沒有意義的東西。在當代思維中說到：「不是我們說語言，而是語言在說我們。」語言若成了理性的法西斯主義，那人只不過活在牢籠中，成了語言的奴隸。[7]

「念佛號」明顯是非理性的修行路徑，他傳達出不能說的元素，既無章法，也沒有意義，在德勒茲眼中語言與權威重疊，語言發號施令，要求服從的，語言系統潛在著壓制的結構，而「差異」的詮釋在此結構當中極為重要，因為「差異」對立在此結構中，是唯一能夠產生語言意義的元素。

按德勒茲說法：德勒茲要揭露出語言其實應由結構系統規範中解放出來，德勒茲強調語言實際運作是一味在複述與複述之間的不斷纏繞，所以語言不過是複述，對德勒茲而言，語言不過是口令。[8]一方面有規限性，一方面有變異，逃離意義及表達範疇的控制。如此互相繁殖，構成了語言密麻及重疊的地層，無窮變化的千高原。[9]

換句話說，整個「念佛」包含念佛者與所念「佛號」本身，包含著一種聲

---

[6]　間引自劉千美著《差異與實踐》，臺北：立緒文化，2001，頁18-19。此乃德希達法文著作Jacque Derrida, *Marges de la Philosophie*, (Paris: Les Editions de Minuit, 1972), p.22, 25, 28.德希達撰寫了「文字邏輯學」批西方以邏輯為中心的語言思想，在《書寫與差異》探索差異思想的解構方法，而在1986《論延異》（*la diféerance ontologique*）創造了延異「différance」這個詞，說明了差在西方文化的消亡歷程，以期重立差異思想的本質。

[7]　羅貴祥著《德勒茲》，臺北：東大，2008，頁51-53。

[8]　羅貴祥著《德勒茲》，臺北：東大，2008，頁54-61。

[9]　羅貴祥著《德勒茲》，臺北：東大，2008，頁64。

音已存在於眾人知曉的聲音，語言作為口令，其實就是一切的語言是間接的，重複是對歷史或集體意識敘述的挑戰及越軌，去拯救那被覆蓋及隱藏的空白，它不是成文的規定使用，而是「差異」的創造，自由變更，透過它，歷史不斷自我繁衍，創造與本質不同甚至對抗性的「「差異」」，打垮原有秩序，又再混沌中尋找有活力的新組合。[10]

　　整個德勒茲反省是有關結構暴力及歷史法西斯敘寫的打破，放在「念佛」的脈絡上面，我們可以說，透過複述及口令或口號的誦念，不斷打破生命歷史的框限，在「差異」中創造，自由變更，去找出在佛號之下佛的真正示現的千高原。

二、由索緒爾到德勒茲當中的符號理論來看誦念當中的念佛號

　　念由口唸與讀誦達到內心思念與懷念，「念佛」動詞是隨念，隨念是憶念於心，憶念於心是一向專念無量壽佛，一心專注，有作意的翻法，作意及隨念是與原始淨土一起作用。所以我們可以身體知覺來談口唸與心唸以致於達到「唸而無唸」的深層潛意識的狀態。這裡可以由索緒爾符號的意義談起到語言當中的無意識問題。

　　索緒爾以為符號由由符徵及符旨的「差異」兩極構成，而符徵是指符號物質，符旨則指非物質的概念或觀念，符號結構呈現不「在場」之指涉的替代。

　　按羅貴祥的理解為，索緒爾以為日常使用的詞句稱為言語（parole），而整個規範的符號系統，則稱為語言系統（langue），語言系統規範了言語的意義，這是潛在結構或系統，這系統杭士基（N.Chomky）叫做能力，能力是種「思想的現實」，它潛伏在語言之內，支配我們使用語言的邏輯。

　　索緒爾以為符號並無固定意義，它的意義完全是與其他不同符號對立產生，「差異」對立是能夠產生語言意義的重要因素，索緒爾認為內容（即思想）及表達（即聲音）先於語言而存在，在內容與表達中抽取元素來建立符徵及符旨。[11]

　　德勒茲甚至以為語言是間接性，我們說話其實包含了其他人說話，一句說話其實包含了許多歷史時間及集體智慧，是潛藏著無數時間與空間的匯集，是眾聲喧嘩著。[12]

---

[10]　羅貴祥著《德勒茲》，臺北：東大，2008，頁166。

[11]　羅貴祥著《德勒茲》，臺北：東大圖書公司，2008，初版二刷，頁63。

[12]　羅貴祥著《德勒茲》，臺北：東大圖書公司，2008，初版二刷，頁55-63。

　　筆者以為如果按照「念佛號」來看，所念的佛號，這口令或口號裡頭暗含符徵與符旨部分，佛號最終無固定意義，有難以盡數無量壽，而最重要是因應有情眾生，不同根器，使入涅槃，讓眾生藉由借由借量光，使往生淨土，這裡《無量壽經》意趣應是「彌陀」存在面向的彰顯，也就是「彌陀」用示現方式來接引有情到西方淨土。

　　這樣子，這「念佛」即是見佛，「念佛號」即是眾聲喧嘩的「念佛號」，既是「己佛」，也是「他佛」，而符號力量喚醒無限佛性的泛在，這泛在是存在力量彰顯，而如此無限光量即在內在觀照裡，解脫生死，往生淨土，自境與他境即是圓融，此岸亦是彼岸也。

　　所以在佛經裡談到若就作為「彌陀」存在而言，有無量壽（難以盡數），但終入涅槃時節，而其無量光，是眾生得救媒介，如經文言「其有眾生遇斯光者，三垢消滅，身意柔軟，歡喜踊躍，善心生焉。若在三塗勤苦之處，見此光明，皆得休息，無復苦惱，壽終之後皆蒙解脫。」[13]

三、念佛號當中的關於游牧名字的思考

　　德勒茲解放了名字的單一指示功能。

　　若我們說「念佛號」，佛號代表名字的話，按德勒茲來看，佛號只是流動代名詞，就像我一樣，是個轉換體（shifter），是個空洞符號，名字只是一個指示，而不是一個內涵，所指示乃是這裡，有某事情發生。

　　對德勒茲而言，名字是多重性在那一瞬間的領悟，是個浮游的多重性，也是變向過程，它是動詞，是標示著流離不止，連續不息，且互相關聯的流量與動力。[14]

　　筆者以為若以「自我與他者」來看，「念佛號」在游牧名字的思考即是「自我是他者」交流，無限多重主體顯現，而「念佛」當中，是個動態呼持名字口令，是不斷解開限制，而又回歸的狀態，也不斷在變向當中呈現流量與動力，更是在「自境與他境」當中「佛示現」這事在這裡的可能性，它雖是空洞，但他召喚出的存在力量充滿在佛號複述中。

---

[13]　見《大正藏》，冊12，頁270中。
[14]　羅貴祥著《德勒茲》，臺北：東大圖書公司，2008，初版二刷，第二章。

持名「念佛」可理解為稱名「念佛」，心中憶念名號，後來此「念佛」法已轉為包含「阿彌陀佛」在內的諸佛菩薩名號專心稱念，只是將諸佛菩薩化約成「彌陀」一佛，此名號已成為佛的完全代表。

「念佛號」意味著在詮釋「差異」拒絕給予封閉的內在空間，而是向外開放，打破劃定疆界：「自我與他者」、「自力與他力」與自境與他境之間，分解被占據的領土，名字亦是缺口，從此岸到彼岸，將時間引入「自我」封閉的穩定主體之內，是無量壽，名字「所指」示是力量或運動在這裡發生，無論是自力或他力，變向何方，無定向的無量光，我們所有只是變向他人的面具或名字。

比方說到憶念佛十號或者念佛專名都是說是佛是修行者的對境，是種種的可能生，游牧名字四處尋求可能性，語言的衍生出去，與其他力量相遇、結合或者排斥、分歧與擴散、回歸並且再出發。[15]

筆者更進一步以為「念佛號」本身無意義，是個空名，看起來是胡言亂語，然而它意義反而被解放了，誠如德勒茲所言把意義推至極限，變成無意義，而在沒意義盡頭，也就浮現出意義，意義與無意義之間關係就像「牡比亞斯帶」。

「牡比亞斯帶」是將紙扭曲，兩端接上，成了「8」字模式，意義就德勒茲而言是「呼喚的字」（breath-words），是「叫喊的字」（scream words）[16]，它不是一個示意或指明的口號，意義的複述，是重複一連串無意義的口令，而這口令，用意乃由再現世界現實束縛中解放，向四面擴散浮游，意義不在於「存在」，而在於「堅持」（insister）與「維持」（subsister）。

筆者以為「念佛號」，其實就是文字（或聲音）遊戲，在念誦同時，再現規律有時會把文字流動壓制，而遊走文字會不斷侵略著再現現實，荒誕但有意義，其中可能會產生「空格」，「空格」顯示製造意義東西本身，往往是沒有意義的，詞的意義往往都是依賴「空格」這個沒有意義東西才可產生，因為一切意義源於「空格」所製造的差異性。[17]

參、念佛當中心性本體的潛意識觀想

「詞」（words）與「物」（things）是不太穩定的游牧狀態，這造成了「能

---

[15] 羅貴祥著《德勒茲》，臺北：東大圖書公司，2008，初版二刷，頁72-73。

[16] 羅貴祥著《德勒茲》，臺北：東大圖書公司，2008，初版二刷，頁75-76。

[17] 羅貴祥著《德勒茲》，臺北：東大圖書公司，2008，初版二刷，頁75-76。

指」與「所指」的斷裂狀態時，在《後現代哲學思潮概論》寫到傅柯的《詞與物》以考古學或系譜學方法對於知識作了全方位的探討和分析。

傅柯闡明了結構認識的方法，這種一個認識論如何被取代，所依據乃是不連續的分裂，[18]精神分析會認為語言中結構之斷裂與異質性，才是我們掌握主體流動性的起點。從佛洛伊德到拉岡，再到克莉絲蒂娃，他們所持續探索的，都是語言的斷裂以及語言中主體的分裂狀態。我們來看這些脈胳，再找出符號所召喚的無意識力量何在？筆者以為這好比是念佛號「念佛號」透過不斷的發聲，聲音律動穿透外在現象的紛進，而默觀到真實實體朗現。「念佛號」所喚醒是原型的朗現，而這原型是古代殘存物，是種混沌的穿越，它顯示自身清明，詞指向物，詞本身的結構性必被打破，透過口號的不斷複述，重溫那原型的創生記憶，回到那母性空間裡，因此我們由佛洛依德再到克莉絲蒂娃脈絡來開始進階探討之。

一、佛洛依德到克莉絲蒂娃

筆者以為念佛號空名，看似無意義的無意識的念佛，這念佛讓人想起了精神分析學派所談的無意識。

佛洛依德談到「無意識」，要接近「無意識」，要進行夢的詮釋，再來進行的夢的過程及作業，「整個符號界實際要依賴無意識才可以存在，無意識的弔詭是，符號世界無法將之變成有意義符號，但整個符號世界實際是依靠這個無意義的核心才可以運作」[19]，要理解「無意識」必須要夢、無心之失說話著手。

「無意識」是拉岡的核心概念，他想法與佛氏最大不同乃是他不將「無意識」簡單歸結為被壓抑的東西，另外他也與佛氏不同在於佛氏將「無意識」與語言有間接關係，也就是說拉岡的「無意識」概念「所指」應是壓抑所形成的機制，它與語言結構有關。[20]他的核心表述為「無意識與語言有同樣的結構」「無意識是他人話語」[21]。

克莉絲蒂娃所討論的「過程中的主體」（subject in process），是「在危機

---

[18] 程立民所著《後現代哲學思潮概論》，臺北：康德，2008，頁129。

[19] 羅貴祥著《德勒茲》，臺北：東大圖書公司，2008，初版二刷，頁35。

[20] 夏光著《後結構主義思潮與後現代社會理論》，北京：社會科學文獻，2003，頁122-124。

[21] 夏光著，《後結構主義思潮與後現代社會理論》，北京：社會科學文獻，2003，頁122。

狀態中的主體」[22]，也是無政府的主體，是流動的主體，也是游牧的主體，主體能知將對象內化成為所知，而所知是替代對象（1923:29），「自我」建構意義認知得要認同內化而排除異質，而這便是克莉絲蒂娃所探討的「賤斥」作用。

主體所推離賤斥的，是「無意識」當中的原型生命，是屬己本質，所以拉岡談到[23]然而因為符號界意謂著進入他人的話語，意識著進入「無意識」領域，主體是說話的主體，主體是語言產物，主體存在於語言中，語言是對個人或真正主體的否定，也就是語言中主體被殺死了，所以海德格曾說：語言是存在之所。

紀蕙在《恐怖的力量》導讀中指出：

> 符號界，根據克莉絲蒂娃的說法，是佛洛伊德所謂的無意識原初過程。它既是能量的釋放也是精神刻痕的欲力，構成了如同柏拉圖所說的chora，一個有滋養孕育而尚未定型的語言之前的「母性空間」，它只能透過聲音、姿勢或運動節奏的方式呈現。[24]

在〈詩語言的革命〉（La Révolution du language poétique）一文中，克莉絲蒂娃用兩個相互依存而共同構成指涉模式——符號界與象徵界（the semiotic and the symbolic）——說明說話主體的發言過程。

符號界，根據克莉絲蒂娃的說法，類似佛洛伊德所謂的「無意識」原初過程，既是能量的釋放，也是造成精神銘刻痕跡的欲力，構成了如同柏拉圖所說的chora，一個有滋養孕育而尚未定型的前語言空間，它只能透過聲音、姿勢或運動節奏的方式呈現。這個節奏空間沒有任何固定或統一的身分，但只依循著一種規律的驅動過程而運作。

這種符號欲力，永遠朝向「母親」的身體發動，立即具有吸納與摧毀的反向矛盾，而這個做為對象的「母親」便是占據著「他性」的空間（the place of alterity）

---

[22] 克莉絲蒂娃在〈詩語言的革命〉便已經提出此概念，在後期的《歐洲主體的危機》（*Crisis of the (European) Subject*, 1999），《沒有國家主義的國家》（*Nations Without Nationalism*, 1990）、《我們的異鄉人》（*Strangers to Ourselves*, 1991）等書都有延續發揮此概念。

[23] 夏光著《後結構主義思潮與後現代社會理論》，北京：社會科學文獻，2003，頁135。

[24] 在〈詩語言的革命〉（*Revolution in Poetic Language*）一文中，克莉絲蒂娃用兩個相互依存而共同構成指涉過程的樣式，符號界與象徵界（the semiotic and the symbolic），說明說話主體的發言過程。符號界，根據克莉絲蒂娃的說法，是佛洛伊德所謂的無意識原初過程。來自於《恐怖的力量》中〈導論〉，臺北：桂冠，2003出版。

（Kristeva 1986:101）。

筆者以為由佛氏到克莉絲蒂娃的歷程思維，我們可以這樣說「念佛」來說，符號界透過聲音節奏，展現「無意識」的原初過程，它是無無定型的語言之前的母性空間，所以它回到道家所言的「谷神不死，是謂玄牝」狀態，這樣看起來，當我們在誦唸佛號時，主體能念者與所念的佛號，在「自我與他者」，自力與他人與自境與他境當中出現了超越二者的他人話語，他人話語，這他人話語是超越能念者與所「念佛號」的第三者，這是對語言結構的「無意識」。[25]「念佛」本身是回到「無意識」的原初的過程，它是存有之力量根源重新開啟，它是製造意義的無意義東西，這詞或說是口令或口號呼喚出一個原型世界。

以號喚出原型世界，我們談到原型，就會談到榮格。

榮格在夢與潛意識關係中談到心靈意識參照過去語言和其他文化傳統方法來建立自己，這原始人類，生物史前「無意識」的階段，原型或說是原始意象，是古代殘存物，它是本能傾向，它是以象徵意象去顯露自己，夢可以說是集體意象，[26]。

筆者以為這集體意象透過口號的誦唸，口號誦念是「呼喚的字」（breath-words），是「叫喊的字」（scream words）[27]，它不是一個示意或指明的口號，它是意義的複述，是重複一連串無意義的口令，而這口令，用意乃由再現世界現實束縛中解放，向四面擴散浮游。

筆者以為也就是說由「念佛號」本身呼喚出原型，這原型體驗透過一些觀照有所同一與差異辯證。這樣他所呼喚出來的或叫喊出來乃是所有歷史的共時性的總名，穿越時空，破除個別的意識，成為是歷史當中的總名。這呼喊叫喚出的總名，打破劃定疆界：「自我與他者」、「自力與他力」與自境與他境之間，分解被占據的領土，名字亦是缺口，可由從此岸到彼岸，它是游牧名字，不斷游牧在無何有之鄉。

如同榮格[28]所言基督教的默想般，像羅耀拉的《靈操》，集中一切感覺，捕捉聖像，使之具體化，在此基礎上，建立他所謂的大地，或者心靈建構實體，藉由實體，他賦予內在心靈的諸形象的具體實在性，這實在性取代外在世界，如同

---

[25] 夏光著，《後結構主義思潮與後現代社會理論》，北京：社會科學文獻，2003，頁124。

[26] 榮格著，高適編繹《榮格說潛意識與生存》，武漢：華中科技大學出版社，2012，頁155-162。

[27] 羅貴祥著《德勒茲》，臺北：東大圖書公司，2008，初版二刷，頁75-76。

[28] 榮格著，高適編繹《榮格說潛意識與生存》，武漢：華中科技大學出版社，2012，頁192-193。

湖水反射陽光時湛清水狀，這靈操神修歷程如同淨土宗念佛號一般，將所操練熟稔到進入無意識裏，而形構出特殊的身體圖式，也就是所謂的象上，依此，這像可以說可以說是西方的「無意識」的象徵，而在水面下，又有悄然深遠的玄之又玄的祕密深度，當意識之光不再照耀外在世界，即可朗現漆黑的「無意識」，如同禪定般，冥想者進入深沉的境地時，原來覺知不到的，至此便顯露明顯形狀。

　　筆者以為這好比是「念佛號」透過不斷的發聲，聲音律動穿透外在現象的紛進，而默觀到真實實體朗現。

　　「念佛號」所喚醒是原型的朗現，而這原型是古代殘存物，是種混沌的穿越，它顯示自身清明，詞指向物，詞本身的結構性必被打破，透過口號的不斷複述，重溫那原型的創生記憶，回到那母性空間裡，「谷神不死，是謂玄牝」，這是超越對立的他人話語，是回到「無意識」的原初，開啟了存有力量，心靈建構了實體，而也讓佛朗現，建立所謂大地，這就是淨土佛教裡頭所講的心淨與國土。

　　誠如德希達在《文字與差異》一書當中收錄《佛洛伊德與文字的場景》一文中，德希達引用了佛洛伊德的「魔本」[29]譬喻，魔本是深色塗蠟本，它蒙上一層玻璃紙膜，而每寫字後揭開紙膜，字跡便消失，然每次寫在紙膜的字都很清楚，而蠟本卻一次比一次難以辨識，這裡德希達以此譬喻來說明文字現本身，文字將自身痕跡刻寫在與它無關事物之下，產生文字同時，又不斷將它摒棄，誠如「念佛號」一樣，「語言知識與實踐的過程本質上是朝向無限開放的」。[30]

二、無意識當中的能指與所指的辯證關係

　　「無意識」是結構主義語言學中的核心概念，就結構主義看來，「無意識」是某種集體或結構現象，「無意識」乃是個人結構的「無意識」，有很多對客體或現實中某些深層的東西是意識不到的，誠如「念佛號」當中，所對應的客體物，所「念佛」是無法如實掌握的，它是呈現空格，也就是索緒爾所言不「在場」狀態。而我們所能掌握便是「能指」而已，而這能指乃是一連串的漂浮的能指錬，不斷一個接著一個，如同意識流般。

---

[29] 間引自陸揚著《後現代的文本闡釋：福柯與德里達》，上海：上海三聯書店，2000年，頁113。

[30] 原文出於德里達：《文字與差異》，芝加哥，1978年，頁307-308。

　　當我們反省到索緒爾理論當中，「能指」與「所指」是統一的，因為有共同的指稱物，但事實上「能指」和「所指」與現實之間並不存在對應關係，或者更好說是這對應關係是種幻覺。

　　到了拉岡，他說在與「所指」與現實無關情況之下各種互相聯繫的「能指」就足以構成一個意義體系（即語言），一個「無意識」的意義體系，所以到拉岡這，整個索緒爾「能指」與「所指」構成的符號體系被簡化為「能指」體系[31]。

　　拉岡將「能指」與「所指」分離開來而專注於「能指」。拉岡以為「能指」一向是自相矛盾，「能指」一方面為主體提供了幾乎是永生的、穩定的再現，另一方面，這種再現不可能再現主體的個性，「所指」從中迷失了，所以詞語是事物殺手。……主體在尋求自己之誕生的地方被石化和異化了。[32]

　　而且拉岡以為正是在不同「能指」的自由聯結中我們會發現「無意識」的語言深藏結構，誠如雅克布森所言，意義並不是自發或直接出現，在語言中有兩種基本修辭方法：隱喻與轉喻，而這跟佛洛依德的壓縮與移置相關聯。拉岡聲稱對「無意識」內容壓縮是以隱喻模式來實現，而對「無意識」內容的移置是以轉喻模式來實現。[33]

　　如拉岡認為「潛意識的凝縮過程是透過省略或組合而創造一個新形象，即一個能指對其他相似的能指的替代，被替代的能指能以潛隱的方式出現；移置過程是透過接近關係而使顯現內容和潛隱內容連接起來，即一個能指對具有接近或鄰近關係另一能指的替代，被替代的能指可進入顯現的內容中。」（王國芳，郭本禹，1997，77頁）。

　　按照拉岡來說，真實界是拒絕符號化，也就是不「在場」不讓「在場」定義自身，然而「真實的東西之缺乏使人在意義建構過程中不得不對真實界產生想像，這種想像最終是透過符號界完成，符號界的『能指』使人把想像『所指』當成是真實的『所指』。」[34]

　　筆者以為潛意識凝縮及移置所造成的新象，是透過想像的方式製造出一個新形象，使新形象連接顯現與潛隱的內容，這樣能夠有「能指」的替代。「能指」

---

[31]　夏光著，《後結構主義思潮與後現代社會理論》，北京：社會科學文獻，2003，頁132。

[32]　夏光著，《後結構主義思潮與後現代社會理論》，北京：社會科學文獻，2003，頁135。

[33]　夏光著，《後結構主義思潮與後現代社會理論》，北京：社會科學文獻，2003，頁132-133。

[34]　出於第三章〈拉岡的結構主義精神分析學〉，夏光著，《後結構主義思潮與後現代社會理論》，北京：社會科學文獻，2003，頁141。

一方是穩定再現，但另一方面不可能再現主體個性，「所指」不會是真實的。

換句話說，筆者以為念佛號意謂著：在叫喊呼喚當中，所喚出的原型，正是主體「能指」再現的嚮往，然而這再現的佛身有可能是想像「所指」，被當成真實「所指」，這些都是符號的「能指」，在主體意義建構當中可能的迷惘。在念佛的歷程中也履履談到這樣迷惘。

《無量壽經》意趣應是「彌陀」存在面向的彰顯，也就是「彌陀」用示現方式來接引有情到西方淨土。

如經文言「其有眾生遇斯光者，三垢消滅，身意柔軟，歡喜踊躍，善心生焉。若在三塗勤苦之處，見此光明，皆得休息，無復苦惱，壽終之後皆蒙解脫。」[35]然在唸佛過程中，你看到許多不同階層的人，看到許多所念佛的幻像。幻像也可以成為真實，但若不真實就會是虛假的鬼臉。經上談到因著有情眾生得救方式不同，在「三輩往生」講述中看到：[36]

上輩行者	今世臨終前觀見真佛現前
中輩行者	所見為佛神力所化現的佛身
下輩行者	夢中見佛

上中下輩淨土行者，其實所見都是「念佛號」的「念佛」者，這主體「念佛」者藉由符號界「能指」，使人將想像的「所指」當作真實「所指」，「念佛」者的主體無法理解難以想像形式出現的真實界，但又不得不面對想像的真實界，於是在可能對幻想或妄想的執著中獲得現實感。所以在中輩或下輩的所念的佛者可能是真實界所看到的鬼臉，而執著於此鬼臉的現實而有所沉溺。[37]

三、念佛號所呈現的神聖顯現狀態

在諸世界宗教不同解救學傳統的脈絡中，世俗與神聖之間的指涉關係該如何被闡釋？換言之，現實世界中「能指」的符號與「「所指」」的神聖義之間的相對應，應該成為宗教符號學的哲學問題。唸「己佛」或唸「他佛」，涉及到佛

---

[35] 見《大正藏》，冊12，頁270中。

[36] 見《大正藏》，冊12，頁272中、272下。

[37] 夏光著，《後結構主義思潮與後現代社會理論》，北京：社會科學文獻，2003，頁141-142。

是神聖者，而己與他本身說明了佛是在己，還是在他。

　　文字符號本身就是蹤跡，它本來就是指涉佛本體，它絕不是佛，文字符號絕對不是佛體本身，佛的「在場」卻必須以「不在場」的蹤跡來表現。「在場」與不「在場」之間的對話如同同一與差異的辯證對話，設法在過去、現在、未來，跨文化當中，意識與集體潛意識交錯達到一種理解與溝通，要人還原出一個原型來，不再處於陷溺中。

　　「在場」與不「在場」的對話乃是要進行一場原型的追求之旅，我們設法由文字符號的蹤跡中去找尋佛本體蛛絲螞跡，「原型」可以說是柏拉圖的形式，也可以說是神話的母題，它代表一原始思維，也是想像範疇，它是某知覺型態，具有神聖的氛圍，它代表精神世界，也是永恆形象及意義發源地，體現原型，也代表某些神祕體驗，它是與終極理想合一。

　　原型的體驗與重複代表著在對比中，「差異」的生命體驗詮釋「所指」向的目標是一致的，在一致當中才能真正溝通、對話與交談的可能性，它是生命哲學重要概念，也可以說是生命現象學的一環。[38]

　　「念佛號」乃是藉由口誦習到心念之中，使佛呈現深居我體內，不再藉文字符號，而是在極度的感受覺知當中現身體同一與差異辯證詮釋，洗代表用身體感知覺受部分，來發揮極度的知覺體認，進而精神意涵刻劃在吾人心中。

　　換句話說，是極度身體感受覺知體現在吾人自身，它是一個關乎某地、某時刻，在某氛圍之下集體潛意識所經歷的神聖時刻，裝備好自己的「面容」來遇見神，在某地、某時刻、在某氛圍之下，事件的重現，可以被聽聞，然而身歷其境，直接將其精神藉由「念佛」方式體現在吾人自身。

　　如此一來，加強其身體感受覺知其事件敘事的張力，敘事事件的文本刻劃在身體上，人參與「念佛」的運作當中，身體也成為儀式的實踐場域，身體感受覺知深刻加強了整個精神，並藉由此「念佛」，當作一個世俗與神聖詮釋的分歧點，敘事事件的文本刻劃在吾人自身上，身體感受覺知體會到一個儀式的啟迪意涵，藉由「念佛」體現敘事深層意義，身體文本的深刻的記憶內涵，由身體覺知感受留下記號，這代表一種入門，由俗入聖，打開神聖回憶，藉由儀式複製，彷彿也回到某地、某時刻、某氛圍之下，那段神聖的體驗本身。

　　「念佛號」藉由口號及口令的叫喊呼喚佛的示現，佛的示現是表明那不

---

[38]　陳永勝著《現代西方宗教心理學理論流派》，北京：人民，2010年，頁92-93。

「在場」的佛身如今「在場」了，「在場」的文字符號呼喚不「在場」的存有力量讓我們感到佛的意義被完整掌握，「念佛號」決定語言意義的關鍵，不在於「在場」替代不「在場」，而在於「差異」，「作為『呈現』／『在場』的存在意義史中的確斷融合，與有關這普遍形式並且在它內部組織其體系及歷史關聯（如客體於視覺的呈現，做為物質、本質、存在的呈現，成為瞬一點上的時間的呈現，思想、意識和主體性的『自我』呈現，『自我與他者』的並列呈現以及作為『自我』之某種意向現象的交互主體性等等）的全部確斷融合」（Derrida,1967:23）。

　　「念佛」所呈現的「空格」迴音，在身體空間所展現場域上有所迴響，以致於那律動提振靈魂之眼得以觀照到存有的原型，將所有語言文字束縛解構，不斷在複述盤旋回到內在本心，以致於主體內在石化不斷瓦解，而呈現本質的清明，而這便是主體「念佛」與神聖相遇之境，我心即不斷死亡而重生，得以往生淨土。

肆、以德希達來看這樣的念佛的聲音與現象問題

一、由德希達來看聲音同一與差異乃是喚回在場

　　德希達的《聲音與現象》乃是要處理胡塞爾的現象學中的符號問題，德希達以為胡塞爾批判形上學的思辨運動，就像海德格所言一樣的存有的遺忘，形上學要談的那物是否成為一種墮落，這是一種失明存在，「為了確保能夠不定地在自身『在場』的『同一性』中為了『同一性』而被重複，即使它並不實存。」[39]

　　所以德里達要做的便是思維不「在場」文字符號甚或聲音所談那物是否「在場」，我強力要去談那物是否是一種存有遺忘，即便它並不實存，可是我也是「為了確保能夠不定地在自身『在場』的『同一性』中為了『同一性』而被重複」，所以我也是努力去使用文字符號去談論它。

　　用此觀點來看去區分念「己佛」或者念「他佛」到底孰為殊勝呢？會不會也是不「在場」的方式去談「在場」經驗乍現呢？「念佛」所呈現的「空格」迴音，應該是設法使在身體空間所展現場域上有所迴響，以致於那律動提振靈魂之眼得以觀照到存有的原型，是同一性，也是非同一性，是念己佛，也是念他佛。

---

[39] 杜小真譯，[法]雅克・德里達，《聲音與現象》，臺北：商務印書館，2010次版，頁4-5。

　　在德希達解析胡塞爾文章中談到就是：話語最終要求的要求便是一種「在場」，這種「在場」便是使存有存在著，這是活生生的生命體驗，也是做為生活世界中的此有與神聖會遇的經驗，它轉化了主體的對立，使成為主體際性交流，是種活生生的現在中面對現在自我「在場」的可能性。

　　「念佛」不是單一佛號再現而已，它的文字符號召喚出一種可能性，那就是回到原型，回到自身，或者說回到康德意義中的理念形式，在同一與重複之間擺盪著，在意義不確定中當中呈現一種「在場」感，或者說是一種臨現感，這樣的臨現感是類似處在一種「非我」與非「非我」，我、他與你或者天地萬物乍現的存有感受，而我們在修行的歷程當中，例如「念佛號」其實就是要喚醒這樣的「在場」的價值。

　　如同德希達所言：「我們在《邏輯研究》第一卷中在為胡塞爾以前的話語所從未震撼的根基定位時所要指出的。『在場』的價值，即全部話語的最終要求，每當涉及（在作為一種直觀的對象而被陳述的東西並賦予對象清楚、現時的直觀以形式的兩種相近的意義上講）一個任意的對象，在充實的直觀的自明性中面對意識的『在場』或涉及在意識中的面對『自我』的『在場』時候，它都『自我』變更而並不消失，『意識』要說的不是別的，而只是在活生生的現在中面對現在『自我』、『在場』的可能性。每當這種「在場」的價值受到威脅時，胡塞爾就要喚醒它，提醒它，使它以最終目標的式回到自身；也就是說回到康德意義的理念形式。」[40]

二、聲音的唸出乃是活生生語言

　　當我們在「念佛」時，嘴巴發出氣流的震動，這是活生生語言，它是生命哲學展現，我們身體感知到這活生生的存在的活動和活力，如同德希達所言：「它是活生生的言語，是作為方（音素）的氣流的精神性；另一方面，我們還應注意到，現象學，在理想性的形式下的『在場』的形上學同樣是一種生命的哲學。它之所以是生命哲學，……意義的根源總是被視規定為一種生命的活動，一個活生生的存在的活動和活力。」[41]

---

[40]　杜小真譯，[法]雅克‧德里達，《聲音與現象》，臺北：商務印書館，2010次版，頁9。
[41]　杜小真譯，[法]雅克‧德里達，《聲音與現象》，臺北：商務印書館，2010次版，頁10。

　　話語如同活生生的先驗意識，或者我們可以說是一種「原型」的回歸，回到素樸的道本身或者說是佛本身，「念佛」中止所有的判斷本身進到到純粹原初意識的先驗領域，這「先驗性」看似同一實則亦有「差異」，誠如德希達所言，「靈魂同樣的來自一（單子的自我），並且能夠在還原中朝著它自由的改宗。」[42]

　　「念佛」所呈現的聲音的迴盪，聲音活生生呈現震盪，在空間場域當中迴旋不已，德希達用畫廊來說明這樣的迴旋的空間場域，它是聲音現象的「迷宮」，而我們在「念佛」當中體察身體空間迴廊，並去除理性的意識束縛，是同一當中不斷迴返當中呈現如真理般的佛現自身，是種再現的再現本身，「畫廊是在自身中包含自己出路的『迷宮』：……那剩下的是話，要使聲音在走廊裡響起以補充『在場』的光輝。現象，那"I'akoumène"是『迷宮』的現象，這就是音素的情況。它向著『在場』的陽光升起，它就是伊卡洛斯[43]的道路。」[44]

　　這種無限延異的聲音，像是氣流在身體內與外，整個氣場無分內外，「自我與他者」、「自我」與他力或者自境與他境，就在「念佛」當中無分內與外，我與他，所有的聲音看似同一卻又重複迴旋不已，看似沒有分延的聲音，這樣的再也無延異的聲音感呈現的「在場」，逼顯真理本身，也就是說透過「念佛」的文字話語召喚的「在場」的價值，在看似不「在場」的空間場域裡召喚出「在場」價值，它近乎死亡，是在生當中體悟生死一如，猶如臨視死亡深淵，而這聲音現象的呈現乃是要呈現形上學真實的歷史，也是活生生的生命存有。

　　如德希達所言：「形上學的歷史是絕對要自言自語。這種歷史，在絕對無限顯現為自身死亡時，它是關閉的。一沒有分延的聲音，一種無書寫的聲音絕對是活生生的，而同時又是絕對死亡的。」[45]

　　內心獨白的自言自語說明著心靈對越在天，超越文字符號的框架呈現內心意識流的觀看，觀看存有存在著呈現的現象，這是內觀的身體，呈現是「在場」的歷史，聆聽身體沒有延異的聲音，或者說是同一與差異共同體現的圓融的聲音流。

---

[42] 杜小真譯，[法]雅克・德里達，《聲音與現象》，臺北：商務印書館，2010次版，頁13。

[43] Icare乃是希臘神話中的人物，他用蠟將鳥翼黏於雙肩，因飛進太陽，而導致蠟融翼落，最後墜海而亡。

[44] 杜小真譯，[法]雅克・德里達，《聲音與現象》，臺北：商務印書館，2010次版，頁133。

[45] 杜小真譯，[法]雅克・德里達，《聲音與現象》，臺北：商務印書館，2010次版，頁131。

誠如R.C.戴維斯所編《當代文學批評》的所言：「德希達的文本密室是一個全封閉的回音室，其間意義被化解成一種無窮的言語模仿，一種從符號到符號的縱向和橫向的反響，這些符號似幽靈般無有蹤影，不是源出於任何聲音，不具有任何人的意向，什麼也不意指，只是在真空中跳蕩。」[46]

使用德希達的文字符號或者聲音的描繪，去形容那不在場空谷筑音者，筆者認為可以類比於念佛號的念佛者內心狀態。它是設去要在同一與差異當中，由於無法掌握的幽靈佛號當中，沒有任何意指，在真空中跳躍，它有如在密室中迴音，意義被拆解無指盡的迴音旋盪於身體殿堂中，彷彿是延盪中沒有分延的聲音，是又死又活的無書寫聲音，呈現出極大的氣流穿越在場域中。

三、無聲之聲的觀看本身

德希達的聲音拿來說明聲音與現象本身，的確最後不是源於任何聲音，也不具有任何意向，不意指些什麼，而整個聲音顯現為「在場」，好比在空間環繞的聲音立現在眼前，已無他方與我方的「差異」，似在真空中跳蕩，無障礙的傳遞在你我之間。如同淨土「念佛」，此聲最後綿延不絕，聲音直入你耳，你眼與你心中，在內與在外之間，是極端虛無當中感受到佛號本身，所以「不是源出於任何聲音，不具有任何人的意向，什麼也不意指，只是在真空中跳蕩」。

當然在德希達信仰背景裡，德希達用「耶穌再臨人間」，而我們也可以轉化為「佛再現人間」，「念佛」使「自我」「在場」，在佛再現人間的無限性中的「自我」意識的存在歷史，這歷史是存在的呈現，也就是使佛再現。「作為在絕對知的『在場』、『自我』『在場』，作為『耶穌再人間』的無限性中的『自我』意識的存在歷史，這種歷史是關閉的口。『在場』的歷史是關閉的，因為歷史從來要說的只是『存在的呈現』。」[47]

---

[46] 間引自陸揚著《後現代的文本闡釋：福柯與德里達》，上海：上海三聯書店，2000年，頁31。原文為R.C.戴維斯所編《當代文學批評》，紐約，1986年，頁433。

[47] 杜小真譯，[法]雅克·德里達，《聲音與現象》，臺北：商務印書館，2010次版，頁130-131。

總結

在這篇文章裡，我們試圖要去淨土本身最核心修行法門：「念佛」，「念佛」涉及主觀念佛者與所「念佛號」之間引發的對境的觀看，這對境境又涉及了「自我與他者」、「自力與他力」與「自境與他境」的互轉。「念佛」涉及了能知與所知之間的問題，它是繁瑣的複述，透過文字（符號誦唸所表達出的聲音律動，使主體修行石化不斷瓦解，將佛名呈現出游牧名字，所呈現出來乃是存有的名字，在名字的徹底湛然下直指本心，而這便是禪宗與淨土之所以匯流的可能性。本篇文章雖然寫完了，但遺留更多的線索有待之後的探究，僅以此篇做為暫時的驛站。

參考書目

傅偉勳，〈創造的詮釋學及其運用〉，《從創造的詮釋學到大乘佛學》，臺北，東大
　　圖書公司，民國79年7月初版。

劉千美著《差異與實踐》，臺北：立緒文化，2001。

羅貴祥著《德勒茲》，臺北：東大，2008。

程立民所著《後現代哲學思潮概論》，臺北：康德，2008。

克莉絲蒂娃所著《恐怖的力量》，臺北：桂冠，2003。

陸揚著《後現代的文本闡釋：福柯與德里達》，上海：上海三聯書店，2000年。

[法]雅克·德里達，杜小真譯，《聲音與現象》，臺北：商務印書館，2010次版。

R.C.戴維斯所編《當代文學批評》，紐約，1986年。

夏光著，《後結構主義思潮與後現代社會理論》，北京：社會科學文獻，2003。

陳永勝著《現代西方宗教心理學理論流派》，北京：人民，2010年。

榮格著，高適編繹《榮格說潛意識與生存》，武漢：華中科技大學出版社，2012。

結語

第一章　生命體驗詮釋

全球化代表的是世界時間與空間的壓縮融全使形成一整體意識之強化。特別是二十世紀以來，全球化意識不斷加速成，使世界形成一個單一的全球場域（global field），「文化全球化」毫無疑問將加深了這樣繁複連結與整合性認知，也就是在文化全球化之下所造成可能性危機乃是文化記憶的滅亡，存有滅亡，甚或是「自我」關注、「自我」理解「技術」的滅亡

所以，筆者提出了能夠解決這種危機的可能性的方法，也是匯通東西文化的可能性方法，它是「自我」關注或者說自我理解「技術」方法那便是：「生命體驗詮釋」。

「生命體驗詮釋」乃是由「主體到達真理」的方式，藉由主體本身對「真理」或「道」理解詮釋，而主體有所轉化或形變的方式，以致於對「真理」與「道」理解詮釋本身，落實在吾人主體上，藉由種種的苦修或「工夫」，主體本身一方面在達到形變或轉化「修養歷程」，也獲得了進入真理，進入「境界」開展，同時主體也獲得了救贖，而這救贖表現乃是「主體進入真理」，到最後便是主體際性的交融。

「生命體驗詮釋」就詮釋學面向，它是方法，但這方法已經不只是方法而已，而是生命對話的歷程。筆者以為海德格的此有現象的詮釋學乃是「生命體驗詮釋」，海德格著重詮釋學面向是關注那理解的存在者是如何存在問題，也就是理解者的存在方式，呂格爾認為，詮釋即是將隱藏在文本背後的意義加以揭示出來。

筆者以為呂格爾此在在生活世界脈絡互動中，蘊含著生命這個大文本，藉由不同遭遇或者說是行動或者說是重述生命故事裡，不斷同一與差異辯證說出生命這文本該是什麼，而解說與理解在不斷非互斥，而是互詮的狀態之中，將生命文本所有體驗狀態，給予忠實把握，在隱而未顯具有張力的存有開放與遮蔽當中，存有的意義因此在當中突然被理解了也把握了。用海德格的話語來說便是「存有揭露」了。用狄爾泰的話語來說，便是在「體驗」中穿越時空理解了生命本質。

爾後的高達美則是以為要去澄清理解如何發生問題，他以為文本有著與我們自身參與不可分的更多東西，因此在高達美的《真理與方法》當中，他使用了藝術、歷史與語言來說明這個問題本身。

傅柯關心主體與真理的連結問題，他一直想要兩者之間能夠真正融通，而不是讓兩者成為僵化而無法融通。[1]「主體如何進入真理遊戲之中？」或者是說換成這種問題為「主體與真理以何種技術被結合起來？」

「生命體驗詮釋」乃是一種「自我理解」技術，而這種「自我理解」技術如何得以達到「存有的開顯」；換句話說，主體如何藉由「生命體驗詮釋」以致於進入真理層次，達到「主體際性交融」、「道與萬物合一」境界。

傅柯的自我理解「技術」可以說是「工夫」[2]。

傅柯肯定的是工夫，而非工夫主義，他傾向歸類基督教禁欲為工夫主義，是棄絕快感的，但工夫則是進行主體自我的轉化工夫，就傅柯而言，「工夫」乃是超越自我自我修養「技術」，透過此「技術」能夠達到新的自我，展現生命新動能，向著不斷躍進新的自我邁進。這並非呆板的練習就可以，而是按照自我特殊形式，去解讀自我這個文本，以符應自我特殊生命形式的表露出來的美或者藝術境界。

自我「技術」導致形構簡單來說便是心靈陶冶後，主體心境轉化成為境界展現，所以已不拘於小大之辨，是徹底心境的轉換，由日常生活提拔超升成為無有執著的主體性境界，這個主體性較是主體際性的境界，是天地物我合一的神聖美境，這是透過剝損工夫的「界限經驗」轉化而成，也可以說是透過心靈黑夜的不可明言的共同體經歷轉化而成，在布朗肖的作品即有這樣的心靈黑夜描寫。

傅柯的「使主體進入真理」就是也就是我們常講的「工夫論」、「修養論」與「境界論」的結合說法。換句話說透過知性形上學，自我理解「技術」工夫，使吾人自身修養經過冶煉，可以轉化超升，提升吾人視野境界，以致於達到「全福神視」層次，這進路說明了精神同一與差異辯證歷程，不是將學問放之外，而是納學問於生命徹底實踐中，它是實踐的方式，也是真理體現方式，更是主體進入主體際性融合的可能性。

---

[1]　在1980年代傅柯反覆指出，以主體性與真理關係為核心的「真理的歷史」是他所關注的議題。

[2]　傅柯有關「工夫」的思索，深受古希臘、羅馬哲學的啟發，但又不是禁慾說法，在既是考古學的又是系譜學的雙重批判進路下，他走出一條新徑，比較類似東方世界的「工夫」、「修養」與「境界」論。

　　「生命體驗詮釋」就是一種精神性的轉化歷程，若用莊子的語句來看便是「鯤化為鵬」生命歷程的轉化。「生命體驗詮釋」歷程是動態精神轉化，是不斷在修正與形變中。當主體在下「工夫」同時，在過程中，「修養」當中自我變化現象狀態，不斷在自我詮釋，所以了解「生命體驗詮釋」乃是一種「自我理解」「技術」，而這種「自我理解」技術如何在動態同一與差異辯證裡得以達到「存有的開顯」。

　　傅柯的自我理解「技術」其實我所講的「生命體驗詮釋」，也就是一種「工夫」，這些「工夫」得以轉化自身，關注自身可體現真理在實際生命體驗裡展現出來。換句話說，「生命體驗詮釋」是「工夫」，也是自我生命提升，更是一個主體精神超升的生命歷程。這樣的哲學工夫其實就是一種朝聖工夫，是種損的工夫，傅柯哲學工夫近於為道，哲學工夫看起來像是為學，但這個為學近乎為道，哲學工夫是為了自我形構轉化而存在，所以不是為學而已，而是將文本的閱讀轉化為自我形構，以身體為文本閱讀的實踐而存在。

第二章　中西「工夫」與「體驗」對比哲學當中的身體觀

　　中國哲學觀點一向是對比典範，如易經「一陰一陽之謂道」，老子道德經：「萬物負陰而抱陽，沖氣以為和」，就是如此。在中國哲學當中強調對比的和諧，可以在差異、連續、互補及斷裂當中找到相互同一與差異辯證及互動關係的可能性，而這對比哲學首重便是修身工夫論，修身工夫論中身體觀可以說是「生命體驗詮釋」。在中國哲學當中強調對比的和諧，可以在差異、連續、互補及斷裂當中可以找到相互同一與差異辯證及互動關係的可能性，中國哲學是蘊含著工夫論與境界論的一個完整生命學問的體系，這個體系乃建基於存在根本存有意涵，工夫乃是指能體現本體說法，透過工夫修練，才能把握本體，達致可致境界的呈現，對比哲學。

　　沈清松所提到所謂對比（contrast），關係中彼此督促，在此在現象場域當中，不斷與存有韻律激盪，在張力當中，對依此對比對生活世界有所觀看。對比乃決定經驗、歷史與存有的呈現與演進的基本律則，蔡瑞霖教授說到對比其實就是差異還原法（reduction of difference），在「對比方法或對比研究方法論上，亦即在現象學方法的改造及應用上」，所謂對比乃是就整個對比情境的存有脈動有所領略感受，所以其實就對比者本身來自在觀看世界，亦即現象學式真實面對

著對比者自身所週遭世界，而這是由經驗、歷史與有的呈現及演進所決定。

對比方法是其實就是現象學改造，簡單來講中國哲學使用對比法去看工夫、修養，其實就是就其生命現象學本身去看此在的詮釋為何。生命現象學，意指以身體做為場域對象來進行生命現象探索，去了解歷史、經驗與存有，展現在身體自身時，如何透過這樣的體驗本身去進行詮釋探索。

中國哲學一向是文化的對比、動態的對比、歷史的對比及文本的對比，從文化的對比裡，流動的動態對比裡，歷史生命的對比及文本的對比當中，中國哲學尋求一個生命危機的解決之道，生命是有歷史的，在生命歷史裡，生命體驗透過文化對比、動態對比、歷史對比及文本對比當中找到此有的生命詮釋，由此有的發問，向整體存有探究，此有在生活世界中如何彰顯存有來。在異質生命，自我、你與他人、如何形構出對存有本身的交流與溝通呢？

首先由不同文化交錯裡，符號替換更新，透過語言傳遞跨文化生活世界觀，其次是在這樣的氛圍當中，經驗成了交流的最佳管道，經驗是流動的，我對生命現象理解也是流動的，它是動態座標軸，不斷在游離當中達到對存有面向的理解與交融，再其次則是說明了生命是有歷史的，無論過去、現在與未來都在進行比對切換，而此在所處的生活世界，透過歷史之流而不可分地與他人相互隸屬，交互編織而形成整體影響的生活世界。

生命現象學，法國哲學家米歇爾‧亨利（Michel Henry, 1920-2002）「生命現象學」（phenomenology of life）所關注的，是超越內在的生命的事，他也提出了「生命自感」說法，亨利乃透過「情感」以言「自感」。情感就是自感，它是內在地對自身的自身體驗（Michel Henry, 1990），依此生命現象學所觀察乃是就其自身體驗和感知生命運動，是不斷在歷史、經驗與存有當中有所往返，藉由對內在自身的自身體驗，產生參與，進入生命核心本質去參透所有虛幻外表，而進入身體現象流變的觀察中，去體會超越又內在的生命「原型」。

此有詮釋，也是生命體驗詮釋，在許多面向對比哲學當中（文化、動態、歷史與文本當中），在差異當中尋求交流、認同與對話，而形構出整體人文精神的此在詮釋。當然就生命體驗詮釋，他不是單一直線型說明，而是在結構、動態及同一與差異辯證當中不斷互文性的詮釋出來的人的生命整體，我們可以說這個一就是整體，整體就是一，同中有異，異中有同，合中有分，分中有合，它去除掉意識型態宰制與割裂，要人還原出一個「原型」來，不再處於陷溺中。

中國人習慣從身體經驗裡去理解去文化，形構出文化的身體，也習慣由身

體經驗裡去了解人倫生活世界的社會關係，形構出社會身體，也習慣由身體經驗裡去了解生命本身是動態同一與差異辯證的，因此形成動態的身體，也習慣由傳統與現代的處境當中去理解歷史，而形構出歷史的身體，因此由身體經驗中去實踐解讀文本時，也會形成相異卻激盪的文本身體。

　　身體歷練總是在身體與情境的運動中完成。整體身體與情境互動，宛如身體在生活世界的互動，身體在整個生活世界關係脈絡如何覺知，參與存有的脈動，呈現文化、社會、歷史、傳統、當代、文學、等身體意義來。此在的身體乃是頂天立地於生活世界當中，當下展現對生命意義的詮釋，對存有本身展現自身，如同習舞過程中，舞蹈者乃是在過程中去觀察身體律動，去觀察意識與潛意識流動，去觀察自我與他者之間的交融，去觀察神聖與世俗之間的交替的空隙。當我用身體直接感受到編舞者的故事或思維架構時，我也彷彿參與了整個創作的歷程，重新用我身體語言去編纂詮釋所有的舞作本身，這身體語言所展現出來的神韻氣勢，在我的觀察當下，不斷呈現新的意義，不斷與我對談、交流與共鳴，這種身體感受的極度開發，可達到視域融合的高峰經驗來，我就是身體，身體就是我，我就是他者，他者就是我，這種境遇即是神聖。

　　如何藉由身體操作技巧，於精神歷程淬鍊中有所轉換，使得身體成為文化的身體，與社會關係脈胳下的身體，歷史的身體與文本當中的身體，而此身體如何成為自我治理對象即為重要的關鍵。

　　體驗身體觀，如何透過對生命終極向度的關懷來去除生命之弊，將是哲學實踐智慧的重點，換言之，如何營造出身心合一神祕實踐智慧，找出生命「原型」來，並且體現這個生命「原型」將是哲學關懷重點，中國哲學中修身（self-cultivation）所修之「身」（self）擁有心（heart）、物兩面性，這特有的身體觀使得身體成為主客觀、身與心交互感知的存在。透過身體深觀以達到身體文本在不同對比當中呈現的同一與差異的辯證，詮釋生命的整體意義來。

第三章　以「身體」為「文本」的實踐智慧

　　以身體為文本的詮釋方法，它是文化的、動態的、歷史的、對比交交流的文本閱讀詮釋經驗。

　　以「身體為文本的閱讀經驗」說明著：在人文化成的符號世界裡，如何透過在生活世界的此在，將自我轉化為他者，以致於達到文化與文化之間溝通交流

在東西方文化交流之下，身為一個生命體驗者如何在他所接觸文化當中去詮釋出屬於他自己特有生命實有呢？他的存在自身如何互文性當中，在一種氛圍當中去說出生命該是如何？

以身體為文本的詮釋閱讀方式也說明著文本總是在延異當中，當我們向著文本敞開心靈之眼去看去聽時，總是有如進入文字的「迷宮」當中，我參與了這場文本「迷宮」的閱讀，而最後文本閱讀的我，也成了創作的我，也許是種誤讀，在不斷差異詮釋當中，閱讀過程中，我也成為一種創造的詮釋，在差異當中，互補、動盪、擺布裡我形構了自身對文本的理解、詮釋與對話。我、文本與閱讀歷程就好比是丟球遊戲一樣，不斷回復往返，在歷程當中修正，以達到一種循環的詮釋，甚至是一種生命歷程的循環詮釋一樣。以達到對身體文本的閱讀詮釋。[3]誠如德希達言：進入文本乃是一種冒險，一種沒有保留的耗費。

呂格爾要講生命本身是行動中的文本，當我在自我詮釋反省時，也代表著「文本的生命體驗詮釋」，它是透過此有不斷去重說故事，經由重說當中，找尋生命價值意義。爾後的高達美則是以為要去澄清理解如何發生問題，他以為文本有著與我們自身參與不可分的更多東西，因此在高達美的《真理與方法》當中，他使用了藝術、歷史與語言來說明這個問題本身。這樣的文本觀點比較是動態或說是參贊式生命文本概念，也可以說是行動式的生命文本，這樣的文本不是停滯不前的文本概念。按德希達來說文本的話，文本的生成是自身的播撒，而播散乃是主體參與的書寫，如此，文本是開放的，生成與理解相輔相成，它是在流變生命時間裡掌握。當讀者在閱讀經典「文本」時，如何透過閱讀行動轉化成為我內在生命的動力，以致於與存有接軌，讀者在閱讀經典「文本」時，那根源的力量如何以「身體」作為場域，以致於我透過我對「身體」的「文本」閱讀來呈現主體際性的溝通與交流，換句話說，這些思考乃是扣緊一個問題：「主體性的我如何以『身體』為『文本』，呈現出我與神聖者之間的溝通呢？」我如何透過理性辯證思維話語的可能性，到默觀以「身體」為「文本」場域現象，以致於呈現主體現象心理的轉變。

以「身體」為「文本」的閱讀策略，也就是說明了「道成肉身」的可能性，換句話說，當讀者在閱讀經典「文本」時，透過閱讀。行動轉化成為我內在

---

[3] 文本的詮釋在於拒斥邏各斯中心主義，它不承認中心的存在，認為在場與不在場都不是獨立自主的，每一方都在喚起、激發、暗示和需要另一方，在場與不在場是相互延異、相互增補和相互印證的，語言和文本具有多義性和不確定性。

生命的動力，以致於與存有接軌，讀者在閱讀經典「文本」時，那根源的力量如何以「身體」作為場域，以致於我透過我對「身體」的「文本」閱讀來呈現主體際性的溝通與交流，「以『身體』為『文本』的實踐智慧」是實踐的動態智慧，它說明著一個被書寫和被閱讀的「身體」就是一個「文本」。

　　梅露・龐蒂指出，現象學的任務是要揭示任何先於科學理論過濾的人類「原初生存經驗」。在二十世紀後期和這世紀初期一些後現代理論家、社會史學家、女權主義者和文化學者的看法，更進一步就直接挑明說到「身體」就是「文本」（Bonnie Mann,2003）。所以我們由東西方文化當中來看待以「以『身體』為『文本』的實踐智慧」，西方文化，我選的是《聖經》裡的「道成肉身」來進行說明，東方文化，我選的是《莊子》「為道者同於道」來進行說明。

　　「以『身體』為『文本』的實踐智慧」說明著「身體」辯證運動現象學）：「身體」它更是動態、流動不斷變化的載體，它說明「身體」是一個有不同情緒感受的、一個動態的、流動的和一直改變的活體（A moving, flowing and changing organism）。以「身體」為「文本」說明著「身體」本身是各種力量的發生及開展的基本「空間」場域，如同曖昧交織的各種鮮活意義，所以我們可以由「身體」想像所依循創造性想像和圖像思考來回歸「最原初的奧祕」為何。再由「身體」觀照去建完形般的「身體」主體際性的交流。

　　中國人講「心、氣、形、性、天人合一」，西方人講「聖神三位一體」，其實都在使「身體」與自然、人文、超越界，達到對話，以致於回復感通交流，這是「凝然觀照涵攝」活動。

　　透過不同的人，不同的信仰，不同的經典，不同的領域範疇被看見，透過「以『身體』為『文本』的實踐智慧」說明了這件事──「身體」「原型」被看見──是有可能可以成就的。無論是道學或是神學，實踐「身體」現象本然面貌，還原成「身體」的「原型」，若用海德格語言來看便是「存在一剎那間被彰顯開來」，海德格談到：「時間就是此在。此在是我的當下性，海德格這句話意謂著，此在現象學當下呈現即是時間性，那是不斷迴返的本然狀態，每次本真揭露不是同樣的狀態，而是當下呈現的時間性現象，它是在先行流逝的可能性當中，這讓我們想起老子的「逝曰遠，遠曰反，反者道的動」的說法，在動態參贊宇宙大化之流當，我們觀照無以名之之道，而呈現無現本源的現象時間性，那不斷消逝的此在現象，當下即是。

　　「身體想像」或「身體觀照」，其實都是建構在以「身體」為「文本」的

實踐智慧上，接著筆者談到「身體想像」到「身體觀照」都是在說明我與神聖者之間溝通，「身體想像」到「身體觀照」是落實在「身體」辯證運動現象的「感知詮釋」裡，我是「創作者也是閱讀者」，「詮釋者變成被詮釋者」，「話語」透過「身體」這個空間場域而有所切換，呈現出「道」的境界在身上體現。所以「身體想像」好比是我不斷切換精彩片段，而「身體觀照」使我定格在某一個精彩片段，因著那個片段，某種超越及內在的全知觀點而昇華了。「身體」「原型」是可以「無限想像的變更」，在很早期就已存在，它具有能量的概念，於是「身體想像」具有動力論。「身體觀照」其「經驗現象」，於是乎一種「爆炸性經驗之知」便出現了，這裡關乎主體性「神祕經驗」，「身體觀照」就是透過「無限想像的變更」把握無限的觀念。「無限想像的變更」如何把握無限呢？其實就是透過一種爆炸性的知的開展而來。它是柏拉圖講到「靈魂回溯」，「靈魂回溯」透過「無限想像的變更」現象的把握，進行「感受知覺」身體辯證運動，最後達到「現象即是本質，本質即是現象的呈現」，達到光知覺顯現，這是一種神祕知識。

　　以身體為文本的實踐智慧，是透過想像與觀照方式自我關懷話語文本與主體之間感知關係，這樣的閱讀方式將是劃破主客體之間的對立，不斷透過迴返本源的記憶本身，這是靈魂回溯法，梅露・龐蒂甚至談到完形心理學與現象學的結合來說明知覺經驗的結構，由現象出而又超越現象，自動成內在規律的結構整體，「在場」與不「在場」之間的辯證，在模糊中成就不斷改變的意義，如梅露・龐蒂所言：「以結構方式描述心理過程，應該能夠滿足哲學對於意義秩序的要求」，他的完形心理學（Gestalt Psycholgy）立基於現象學而重新思考。

　　以「身體」為「文本」，乃是作為與世界接軌的根本迂迴詮釋之起點，透過「觀看」，來說明「身體」原初「文本」的脈絡迴返，我們不斷透過「回憶」來說明過去活生生體驗，活絡原初的「身體」體驗感知現象，而曾經活生生的那段經驗，將我們不斷帶入存有脈路中，與之共舞。

　　「回憶」身體辯證現象學當中說明著，所有的「觀者」與「被觀者」進入了這一場遊戲當中，而詮釋者進前這場「遊戲」之中，而分享了真理，此時「詮釋者」也等同於「被詮釋者」。所以這樣的經驗的本性乃是對「存有的開放」，這往返之間就是一種「詮釋的迂迴」，觀看「回憶」說明著「身體」本身不是知識的來源，而是各種力量的發生及開展的基本空間場域，如同曖昧交織的各種鮮活意義，藉由文字咀嚼，來進行一場讀者與創作者主客觀、內在與外在、形上與

形上、詮釋者與被詮釋者之間「遊戲」觀看整個「身體體驗」實質內涵，然後在觀看過程中，讓「身體」自然而然，接受真理的降臨，不帶著成見，給予現象完整觀察，還原本然的面貌。

「回憶」是一種凝視觀照自身，正如拉岡說「凝視觀察自身」，「回憶」是有關過去經驗的「喚回」，或者說是活過來的經驗，它涉及某事件的發生，時空中，好比是拍電影一樣，看著一幕幕，不斷切換拉回，重新回到「身體」「原型」。我們可以由柏拉圖的藉由「回憶」回返到神聖的理想世界來說明，神聖的理想的世界就是此有與生活互界之間達到神聖的「身體」「原型」當中互動與交流。

「以『身體』為『文本』的實踐智慧」給予我們新的閱讀策略，要我們不斷回溯返回經典與我們之間的互動，透過「身體想像」與「身體觀照」的建構出的「詮釋循環」，讓我們反身而誠，得到一種智的直觀，完形般的智慧啟迪，就像柏拉圖所說的「回憶治療」。

而這正足以說明神學或道學必須轉化成為內在智慧或者被體現出來的聖神充滿或道的充滿，才能夠成為足以法式的道路，當我們在閱讀經典時，才能將經典讀進去生命本質，成為此有內在核心，與生活世界有所共融。不同生命情調得以整合為一，所有的歧出異路總會匯成河，所有生命情境修養本身，都告知我們意識中的現象不可執著，於是我們隨著生命體驗而有所詮釋，因著現象流變，而在觀者與所觀者之間、「能指」與「所指」之間產生微妙的變化。

第四章　身體文本的「同一性」與「非『同一性』」（「差異性」）的辯證

當代思潮裡，針對「同一性」，有著深刻思考，「同一性」其實究其源就是「思想與存有的『同一性』問題，筆者以為傳統形上學是存有神學，但此形上學使存有者陷入控制及無意義的解釋當中，比方以矛盾律排除虛無，再以充足理由律來解釋存有者的出現，以套邏輯的方式來界定存有，它不會去問存有與存有者之間的「差異」，而事實上虛無即是存有與存有者之間「差異」，人若遺忘了「差異」，只想研究存有者，進而加以組織與控制，那就是不知存有，而遺忘了存有，這是最大的危機，在當代思維所謂「同一性」已將範疇打破，而做為一種對傳統形上學的反思，一種僵化固著的神學、哲學、美學、社會學等概念的反

思，它甚至涉及一種身分認同與「暴力」之間的意識型態的抗爭。

當代可以說是一種反「同一性」運動的浪潮，而這浪潮順延著後現代、後結構甚至後殖民運動以來的思維方向是一致的。

「思想與存有的『同一性』」，來自於巴門尼德斯古老命題，「同一性」傳統也可追溯到柏拉圖對「同一性」的理解。西方巴門尼德斯指出了思想與存有的「同一性」，這是追問共屬問題，對這種同一者的意義的追問就是對「同一性」的本質的追問，也就是存有與思想歸屬於「同一性」，這「同一性」本質源於那種「讓共屬」（Gehörenlassen），這「讓共屬」叫做「本有」，此給予「同一律」奠基。「同一性」表象化及概念窄化自身，也就是以同一方式為同一事件「逼迫」著思想。這「同一性」為當代哲學家思維的事便是這樣「逼迫」本身應被檢討，以致於我們必須反思「同一性」的「暴力」問題，「同一性」的「暴力」與傳統形上學的存有論述相關，或者與宗教中談到「原型」的「暴力」相關，甚至於話語「暴力」相關，或者說在當中所產生的權力「暴力」相關，而這都跟我們思維這生活世界有關，當我們面對在這現今生活世界，互融交涉已是不可免的狀態時，多元「差異」以及對談成了主旋律時，我們讓如何跨越這概念窄化及表象化思維，「同一性」是必談問題。

當我們省思「同一性」其實是要推到〈「非『同一性』」〉，「非『同一性』」思考其實就是拋棄固著「同一性」思維，回到「差異」本身，就像德勒茲所言，思考「差異」思想，必「自我」「差異」化，「差異」地思考「差異」，前面「差異」地是副詞，後面的「差異」是思考的及物動詞部分，這「非『同一性』」思考的運動，其實就是「同一性」思考，「差異」地思考「差異」，本身在思維運動的掌握，呈現出辯證生命現象的無限可能性，它可以是「有」，它可以是「無」，它也可以是「有無」當中的合一，它可以是「有無」當中的非合一性，是辯證式的運動存在歷程，它不拘執任一埠，它在無數否定、否定的否定、否定的否定的否定等蔓延開來，這「非『同一性』」思考，是要打破主體、語言、「原型」的框架，重新還原生之可能性，也就是回到柏格森（Henri Bergson, 1859-1941）[4]所講的生命衝力（elan vital）的面向。

---

[4] 柏格森不僅是法國當代著名的形上學家，也在1927年獲得諾貝爾文學獎，柏格森的生命哲學從批判實證科學開始，強調智者應洞察到物質變化的成因、過程與發展，這是「直觀」，將已放到客體之中，與無法描述的對象合而為一，這是訴諸內心的體驗，直接把握存在的本質與真相。柏格森把永不停歇的變化稱之為「綿延」（duration）時間不只是現在到未來的過程，而是連續不斷、

　　當代以為「做哲學」，其實就是從「差異」開始，而「差異」其實就是「非『同一性』」思考，「非『同一性』」思考就是對反「同一性」思考，它是希望擺脫理性為中心的邏輯思維，而能夠由「自我」封閉的內在「同一性」走出，非教條式去思考「非『同一性』」在己「差異」問題，所以在思考最後轉向以「身體為文本」的現象默觀，如此思考成了實踐智慧，哲學成了實踐，思考與被思考之物決定方法與目的，理論與實踐，思考沒有另外於其自身，它是思考「差異」於它自身，「差異」必返自身，它是「差異」的「差異」，「差異」在「差異」，「差異」以「差異」，「差異」為「差異」，「差異」再「差異」[5]，「自我」奠定，為己「重複」再確認，也就是說思考「同一性」與思考「非『同一性』」是一體兩面，思考「同一性」與思考「差異」也是一體兩面，它是「自我」摧毀，也是「自我」不斷再建構，是意義的消融，意義總是在無意義當中，意義的建構中，再解構，再重建構，而這也是意義的催生狀態，它是重複的再確認。

　　思考「重複」，這思考其實就是「非『同一性』」思考「非『同一性』」這件事，這否定其實就是重思「同一性」的這件事，以矛盾方式來進行思考，並以概念換置方式來進行創造概念的實踐，思維變成「差異」的主體思維主體「差異」本身，思維由符號起動，由「符徵」與「符旨」始，「能思」及的「同一性」其實就是「非『同一性』」，「非『同一性』」由「差異」的論述開始，而論述「差異」其實就是論述「重複」，「重複」就是「同一性」的不斷迴返。

　　我是「能思」的主體，「所思」的「同一性」，其實不應在「所思」的範疇內，「同一性」總是逃離此範疇，在範疇之外游離，這是無何有之鄉，但我們弔詭的是又受到無何有之鄉的吸引，我們將之劃約於「同一性」的範疇，好讓其符應於理性的追求，但它是又是非理性的追求的方式，它甚至不是「所思」，而我能確定的「能思」，已不盡然在思維裡去掌握，而是游離於起心動念（「能思」的現象）的觀照裡，每一吋的觀照中掌握「自我」，也建構屬己的意義，縱然是意義是在逃離的狀態中，我們也希望是不斷永恆回歸中搜尋，是由「差異」的主體去默觀「差異」本身身體覺知到的現象本身。

互相滲透互相交融的狀態。而意識是一種整合、交互作用與互相滲透的「流」，於是他稱意識狀態為意識流。

5　楊凱麟著〈起源與重覆：德勒茲的「差異」問題性〉，《國立政治大學學報》，第三十一期，2014年1月，頁107-140。

　　當代不講「同一性」，但講「非『同一性』」，「非『同一性』」講成「差異」也是挺自然的一件事，於是當代由過去「同一性」講到「差異」，「差異」會由文本書寫進入，在閱讀中看出「差異」，在聽聞中看見「差異」，在感知中覺知「差異」，當代是種「差異」現象學的大本營，從阿多諾的《否定辯證法》批判「同一性」的問題，再到德希達的《書寫與「差異」》，再到德勒茲的《「差異」與「重複」》，再到傅柯的《詞與物》，這些都是「同一性」當中的「非『同一性』」思考。

　　我們可以由不同面向談「同一性」「非『同一性』」思維，例如宗教與神話當中談到「同一性」「非『同一性』」思維，「同一性」思維展現在宗教與神話的共同元素：「原型」思考上頭，「同一性」思維，用宗教現象學專家伊利亞德來看就是「原型」，那是永遠的鄉愁。所以迴返樂園是透過不斷周而復始的節慶禮儀而重返那時刻，這是「同一性」，然而不是回到刻版印象的「同一性」意識型態裡。若只是某類型的「同一性」，那這「同一性」是「原型」的「暴力」，我們拒絕「原型」「暴力」，但我們不斷重返這「原型」的可能，裡頭有「原型」的詮釋的差異，差異藉由不斷迴返而彰顯「原型」的無限可能性，裡頭展現「原型」的動力學。

　　又例如：文本與文化談到談到「同一性」、「非『同一性』」思維，「非『同一性』」思維在文本當中呈現出多元、差異及延異特點，關於文本的解讀，「作者已死」的概念早已說明作品非絕對的標準，後現代認為誤讀也是一種閱讀是非常清楚的事，假設我們說文本泛在世界裡，世界文本的閱讀絕非單一面向，單一對應關係，世界所展現的文化現象觀也絕非只有「同一性」思維，且看後殖民時代對殖民帝國文化的反省即可明白，優越「同一性」思維始終為建構自身殖民方式而貶抑他者，文本與文化當中藉由話語反省在於話語的權力運作方式必須被審視，話語涉及溝通，而溝通的平臺絕非站在「同一性」思維談論的。

　　再例如：哲學與方法當中談到「同一性」、「非『同一性』」思維，傳統哲學論述上，針對「非『同一性』」思維會偏重對「同一性」的反省，由邏輯出發考察「同一性」源頭，再針對「同一性」的否定層面所帶來辯證法的優點，進一步說明，我想這是偏現象學及詮釋面向，它甚至是非邏輯為中心或說是非語音為中心的思考，它打算去除工具理性的危害，重新思維真理與方法問題。「非『同一性』」乃在為了去除「暴力」的意識型態，爾後回歸意識型態的「滌除玄覽」方式來要求「同一性」勿成為「暴力」詮釋自身的打手。

「非『同一性』」著重意識每一階段真實顯現自身，所以我們可以看到意識流的講法在量充斥在這些哲學家的寫作身上，對意識流感受的描寫，成為現象學「非『同一性』」思維實踐方法。

第五章　由老子來進行身體的同一與差異進行辯證思考

〈第一章〉所顯示出來的生命文本現象的詮釋學，作為一個為道者現身說法，在開始即已告知你符號的無能為力，他很清楚解構符號的蒼白感，絕不會是單一對應關係的解讀，而是無限開展的塊莖可能性，它說明的是道體無限的解讀的可能性，因緣著為道者體道本身的差異的詮釋經驗，它不是神聖形上幻影，不是單一根源宰制，它來自於你對「原型」──道的不同生命情境的體悟，它是無限差異生命現象學，當我們不斷返之又返時，它所展現的生命精神追求，已不再受限於同一性單一「原型」詮釋，而是在非「同一性」的差異地思考差異本身覺知到身體體道之的所有流變存有現象呈現在吾人身上，它是無限延展的生命境界，至此「同一性」與非「同一性」已消弭其疆域，而呈現和解的天均狀態，它是「越界」後又永恆回歸的人類命運交響曲。

道家著重的是更內在生命冥合的本體論與工夫論的合一，所以在老子〈第一章〉已然揭示了道體本身為何？以及言詮的限制性，老子不只是在一個地方不斷提及了身體部分，老子的用意在於本體與工夫合一乃是透過操作的修養身體經驗做起。

老子〈第一章〉「所指」的道本身，它其實要指出的不容許「同一性」僵化與宰制來體會所謂道本身。這與西方批評的邏輯為中心的語言思想如出一轍，眾所皆知，「同一性」的思維是當代四方思維的反省，它與知識的轉向與語言學[6]的轉向有關，「同一性」思維更與當代科技發展、全球化思潮、跨領域的研究有關，「同一性」也可以說是全面反省在科技之下形上學的走向脫胎換骨，它由遺忘存有開始反省，走向存有的開顯，透過存有體驗，默觀生命現象學，以去

[6] http://teacher.yuntech.edu.tw/yangyf/dhs/pr003.html其中談到近代語源學與符號學多自皮爾斯與索緒爾開始論起，而近代語言學有兩次重要的轉向。第一次的轉向，是從語言學轉向符號學，主要的學者為皮爾斯與索緒爾。第二次的轉向，則從符號學轉向文化學，主要的學者為羅蘭巴特與葉柯。羅蘭巴特則將符號學轉向為文化學，除了擴充符徵與符旨的論述外，更提出神話語言共構系（楊裕富，1998：148-161）。

除獨斷傳統形上學霸權。或許老子會說請革老子的道,讓你的道存活也不定。

當我們一必追求「同一性」,要求「同一性」復原時,這「同一性」會產生一種體制的「暴力」問題,然與不然、可與不可、說與不說、意識與潛意識之間的張力即在生命體驗詮釋動力詮釋場域中彰顯,是有待,亦是無待,無待於外、無待於內,而在自由自在遊戲中詮釋彰顯出來。

當你認同「自我」是「自我」,存有是存有,道是道時,道的宰製性油然而生,「同一性」所欲達到的道的原初,會進一步形成道的原初的虛假性來控訴自己,這是主體可能產生的「同一性」執著幻像,這幻像會是將他人的「面容」加以討伐,而忘了原始天真的「面容」,一個全然他者會被迫消亡在「同一性」的追求上,所以在思維上面。

〈第一章〉裡藉由對立與矛盾的概念,要你消解主體的城牆,讓城牆倒塌,以致於我們無主體,或者是游牧主體,游離在邊界之上,不斷使己身參與其中,呈現跨主體的「越界」狀態,使主體與客體消失,使主觀與客觀消失,使「原型」與非「原型」消失,它是不斷復返狀態,不斷馳緣「越界」的挑戰邊線。所呈現是跨主體游離狀態的噴發創作能量。老莊思想的之道就是要破除對立,達到天人合一想法,面對道,話語是無力的,也很蒼白說明瞭話語的無能為力,但是他還是要嘗試要去說它,「強說之」,「同一律」語言的陳述,但是這樣說法並沒有增益我們對其本身內涵的了解,甚至會框架住我們對它的理解,這也是為什麼當代會批評過去對「同一性」的解讀問題。後現代德勒茲(Gilles Deleuze)《差異與重複》導言:同一性的無上優先性,曾確定了表象世界的建立,而在同一表象之下,已難找到激發的行動的力量,剩下只是僵化與宰制而已,因此思考差異變成後現代哲學很重要一環。

它由一個「泛在」現象描寫來說明「道是什麼」,換句話說,它不是由直接肯定陳述句去說明它是什麼,而是間接觀察描述句去說明它是什麼,再進一步去肯定它在。有與無或者有名與無名當中呈現出矛盾對立說明瞭語言的蒼白無力,面對那東西,只能是失語狀態,蒼白自己以呈顯自己,這裡的拉拔說明著思維本身的體證與存有之間有著一條鴻溝與斷裂,若我們說存有的道要設法被思維完全了解,那是不可能的事,因為主體常是話語所構成,我們說話常是在體系當中藉由習語去說話,這習語並不能彰顯存有,習語出現在我們所處社會體制,它是一套語言系統的架構,而道總是逃離體制與架構,它不是一套習語的應用方式,它是幽魂的語言,游離在文字符號邊緣之外,是「強」為之名。

　　在老子文本當中，確切說明二元對立強勢觀念都不應該太執著，當這些主客二元對立的符號砌起人心恐懼與欲求時，就以框死人的所有想像力與創造力了。文本要有動力必先突破二元對主客框架。

　　老子與莊子對道的解讀，一如對文本解讀一樣，他是「在場」形上學的解讀，在文本的痕跡中，不斷理解產生延異的遊戲活動。[7]換句話說，文本不是絕對，在對道的理解體悟中，應有如編織物般多元交統，呈現出道的開放性。

　　「身體文本同一與差異」的辯證方式最後朝一物體前進般，而在這不斷往返的過程中難免遭遇到挫折，於是有了「失落伊甸園」說法，當我們以「身體為文本的閱讀經驗」開啟了存有可能性時，對物的無力感正突顯出以文字符號掌握的無力感，誠如老子〈第一章〉所言：「道可道，非常道；名可名，非常名」一般，向著物前進或者說向著道前進的修道鍛鍊者，以術來掌握的無確定性，誠如後現代的特色一般，是無確定意義掌握，是「能指」與「所指」之間的斷裂。

　　話語其實當代反省起來，話語具有集體社會意識型態的架構，當你嘗試說出時，很容易陷入結構的「暴力」之中，或者是「同一性」的「暴力」之中，你無法真正說出「「所指」」的部分。

　　話語本身就有偏執，所以必須不斷地「差異」地思考，以致於呈現無主體或者游離於各主體間或者說是游牧的主體來思考。

　　話語或者說文字符號與道之間關係充滿無限張力的可能，誠語言本身必須解放開來，不能只是「同一性」巴別塔的語言建構，必須有五湖四海的開放性話語交流。聖經說到有人提議要建立巴別塔，巴別塔是使用同一語言，若只是「同一性」的語系裡，那語言的話語必須是「非『同一性』」符號，「非『同一性』」符號放在「同一性」的歷程中是種辯證的歷程，經由「非『同一性』」符號而達到「同一性」，為避免「同一性」而又逃離「同一性」，所以是種「返之又返」的反覆歷程，它是不斷「非『同一性』」符號，又非「非『同一性』」符號，又非非「非『同一性』」符號，它是意識型態的束縛的不斷打破。

　　老莊語言型態多是恢詭譎怪，最後以言去言，歸於無言，如老子曰「無名天地之始」、「聖人無名」、「名與身孰親？」，莊子也言「謬悠之說，荒唐之言，無端崖之辭」，從這些說法看來，語言不應為御用，不應被擁有，話語本身應去除集體意識型態的固著，而呈現出一種打開狀態，語言不應是石化或異化狀

7　德里德著，楊恆達等譯，《立場》，臺北：桂冠，1998，頁29。

態，語言應由封閉當中打開存有根源力量，主體為道參與了道本身的詮釋循環時，主體應消解自身，以遙而遠之，遊於無何有之鄉，而這是去除「同一性」存有固著思維所呈現的存有開顯。

詞從來就不等於物自身，詞指向物，但它絕非就是物，詞本身的理解就其性質而言永遠是固著在某些框架之上，而道是在域外之境，不會被詞所宰製，這詞代表某時空的凝結物，而這物是要逃離這凝結的規則之外，它是屬於「非『同一性』」符號，非固化或異化的那物。

〈第一章〉要問當中的道與名號（符號）之間的關係，它由對舉兩概念來說明，這概念本身的困難性，這是意識心的打破，它是「是與不是」、「否與非否」當中不斷辯證它是什麼，它是動態的辯證詮釋問題，找出動態座標軸，去勾勒出生命藍圖所在，也就是生命意義及我們對它理解如何？如何在過去、現在與未來當中有所切換，在傳統與現在、異時空當中，去達成生命體驗詮釋，而這是知性形上學面向，去說明出在差異與互補，延續與斷裂之間的一種相互的辯證，在現象浮現動態狀態當中找出生命本質

周所皆知的「道」其實是「不知道」的狀態，這在人間世的論證上常是康德的「物自身」，也就是「物如」狀態，物能如其所是，那是「那物」呈顯，那物絕非詞所能拘執，當代「差異」思維比較是放在文字符號或聲音所產生的「差異」問題來做思考，「差異」地思考「差異」（德勒茲語言）成為一個必經路徑。

老子側重宇宙論的描寫很多，而莊子則側重人生哲學的描寫，這是有趣的立場，老子的道好比是西方傳統形上學的表述，而莊子的體道人生則是為了不遺忘存有，是存有能為吾人所體驗到，換句話說，參道者或體道者遠遠比知道「道是什麼」來得重要。這道是什麼就是符旨的可能性，這代表意義無法被定義，意義充滿許多不確定性。

道的「可道」或名的「可名」部分，可以說存有與思維之間辯證，思維藉由符號來表達，符號分為「能指」與「所指」，然「能指」不一定能夠指向「所指」，「所指」的意義永遠不可能藉由痕跡而被說完成或者陳述完畢，這是語言的界限，它總是逃離語言框架之外，所以「可道」、「可名」部分都不是「常道」、「常名」，拉岡甚至認為「能指」與「所指」，只剩「能指」部分。

一個為道者參與道的生化歷程，它是「同一性」，亦是「非同一性」，它是一又是二，二與一又是三，它是「同一」，它是「差異」，它又是差異的「差異」，它是「道生一，一生二，二生三」《老子‧四十二章》的差異歷程，它

是生命現象詮釋歷程，不斷迴反的「同一性」，不斷在「重複」當中產生「差異」，在「差異」當中又不斷覺知感思到「差異」本身。

「差異」地思考「差異」本身，透過主體所命的名（「差異」地）所召喚道的本體（「差異」）以致於反之又反，無限回歸於宇宙大化之流，呈顯出動態的道的歷程詮釋，它是在主體身上，但也是不斷消解主體，是「吾喪我」的天機顯明。也就是說為道者同於道，這道是一，也是二，也是三，在無限延異過程中，我不斷消解主體，到達最後喪我的階段，我們可以由莊子來看這樣的以身體為文本的差異與重複辯證，如莊子言：「天地與我並生，而萬物與我為一。既已為之一矣，且得有言乎？既已謂之一矣，且得無言乎？一與言為二，二與一為三。自此而往，巧歷不能得，而況其凡乎！」〈齊物論〉。

「非『同一性』」爾後又進入「同一性」，爾後又由「同一性」進入「非『同一性』」，最後「同一性」與「非『同一性』」界限泯除，以達為道者同於道，就身體文本的辯證而言，「差異」就是重複，而重複就是「差異」。「非『同一性』」就是「同一性」，而「同一性」就是「非『同一性』」。

《千高原》要講的，也是《老子‧第一章》要講的。

身體文本的閱讀，是「地下莖」文本的說讀，它是不斷延異以及解疆域化的過程中去閱讀所讀的一切，是不斷在堆疊中閱讀，又是「差異」與重複當中讀出那「同一性」與「非『同一性』」。並且設法不讓文本成為拙劣的文字遊戰，如德勒茲所言：「一條生成之線則既沒有開端，也沒有終結，既沒有起點，也沒有終點，既沒有起源，也沒有目的：談論起源的不『在場』，將某種起源的不『在場』當作起源，這是拙劣的文字遊戰。」

第六章　東方修養工夫論──乃是以身體為文本閱讀策略以致神聖境界呈顯

整個「修養工夫」論其實就是在闡釋思維與存有之間關係，它是存有詮釋學，屬於知性形上學，也是以身體為文本的實踐智慧，換句話說，如何透過身體讀出文本間的感通之道成了整個東亞哲學最重要的一環，我認為這是如何以「道、意、象、形、言」當中，穿越可道之道與可言之言去了解不可道之道與不可言之言，於身體文本當中進行深度閱讀，而進行閱讀當中，閱讀即是創作，創作即是閱讀，這樣的文本現象的身體觀照閱讀乃是進一步將所言之道與己本身進行主體際

性的結合。誠如林安梧老師提到:「這時候『道』和『六經』自然合而為一。」

老子的用意在於本體與工夫合一乃是透過操作的修養身體經驗做起,以此有詮釋學來說明生命的創造詮釋「生命的超升」。[8]這樣的身體經驗操練其實以身體為文本的閱讀策略。

「修養工夫」可以說是「回溯於道」的活動,這樣的回溯方式乃是知性形上學的落實,也是以身體為文本的道的實踐落實,這樣的內在葆光,真君靈光可治療生命史之創傷。重新回到一個存有的詮釋,回復到生命創發的可能性來深究其意涵何在,這是生命史學的詮釋,屬於每個人以及當中的生命共同體所必須理解及詮釋的方式,當然它絕不是單一敘事而已。

回溯於道的活動,這樣的回溯不是整體歷史的宰制,而是回到存有之所以存有的每個存有者身體文本的詮釋策略來進行。

生命史學回溯無有拘執,那麼會呈現出別有一番天地的綻出視野,這樣的此在才能真正呈現天大地闊的空間,這樣的生命現象所呈現的歷史性是長遠久生之貌,而所有的空間描述可以見《莊子・逍遙遊》。

回到歷史性就是回到本真存在的時間性,這時間性呈現出一種當下此在現象學,是生命史學的每個當下即是,看似是他者,然而在默觀當中,這個他者時間性又同步地如實地向我呈現出來,每個當下即下。

觀照無以名之之道,而呈現無現本源的現象時間性,那不斷消逝的此在現象,知覺主動所建構的意義乃在於當下即是的整體,這樣的生命體悟乃在生活世界之中,在生命大化之流的體驗詮釋當中建構主客、內外交參的互為主體的時間性,在生命史當中覺知到完形的意義建構整體。

以身體為文本的詮釋閱讀經驗也猶如靈修或神操的「迷宮」之旅。在靈修或神操歷程之中常有「迷宮」的探險,「迷宮」其實是朝聖之旅的必經設計。「迷宮」中的皺摺宛如生命迂迴循環,每歷經一道皺摺,生命便有所蛻變,這些「迷宮」的設計無非是要我們在彎曲起伏的荒原死亡境遇尋找生之可能性。「迷宮」是由迷走向悟的生命設計,正如宗教所啟迪我們一般,然而當中有可能走入歧路花園,產生生命的枷鎖,凝視「自我」當中會遇見皺摺,而皺摺正足以讓「迷宮」成為「迷宮」的可能性。

8　葉海煙著《莊子的生命哲學》,臺北:東大,民79年,頁43。葉老師間引鄔昆如老師《莊子與古希臘哲學中的道》,臺北:國立編譯館,民61初版,頁72。說到:「莊子致力於『超升』的運用,這種『超升』概念在《莊子》書中,就是『遊』概念。」

　　「迷宮」與主體詮釋學有關，迷宮是指我們可能迷走在「能指」之中，文字召喚有可能使我們誤入歧途，然只要你持續觀入，也許這觀看的迴反自身乃在虛擬距離中由「自我」到「自我」，當中可能會產生分裂主體遊魂，但或許我們試圖以身體中時間、空間、記憶及身分認同來進行召喚，便能以進行存有「技術」深層探索，使得一場神聖之旅能抗拒暴力的同一壓抑，而不致於進入荒原、廢墟，最後進入「原型」的母胎中，既非此亦非彼，是在地且現前的無何有之鄉，以便安身立命。如此由域內到域外不可指、不可定位或不可思考的擺脫所是、所說及所思，到達一種解疆域的越界可能性，而這正是走出迷離著魔狀態，以進入悟的可能性啟迪。

　　意義不是在文字符號或語詞上完全把握，意義是實踐的意義，它是透過身體體證之後，將意義的空靈呈現出來，它甚或不能表達為概念或觀念而已，它不侷限自身，它不是「同一性」意義顯明，意義是不斷建構中，不斷解構又不斷結構以及再結構化，從來沒有人宣稱它已登峰造極。

　　「正言若反」方式來進行道的論述。任何認真嚴重道的文本的人，會覺得這本書的所有文字符號充滿著跳躍與斷裂，彷彿按圖索驥，永遠將是一種不可理解的謎，這謎像迷宮一般，有無限出路與指涉，裡頭會有出路，但更多時候是不可理解的「迷宮」，而話語就像這「迷宮」般，彷彿進入黑森林裡，無法有更多光亮指引，它就像黑夜來臨。

　　老子〈第一章〉特別說到「同出而異名，同謂之玄。玄之又玄，眾妙之門。」這句話就是在談到「身體文本同一與差異」閱讀時，我們會陷入某種詮釋的循環，或者說是漩渦式的閱讀，在「原型」與反「原型」的「差異」閱讀歷程，或者同一性與非同一性當中進行辯詰性的閱讀，意義的不確定性當中，使我們面臨深淵式的閱讀，如同對道的詮釋般，在道的本體閱讀中，如何不以存有的遺忘方式，以參與化育的方式進行玄之又玄的深淵式閱讀，以眾聲喧嘩的方式，進入神聖的門檻閱讀，然而這樣的無限延異與同一辯證將會使從事於道之人陷入無底黑洞「迷宮」中。所以老子言：「玄之又玄，眾妙之門。」這玄牝的大海般閱讀方式，將無所拘執進行開放文本閱讀。以身體為文本的閱讀其實就是一種生命敘事的創作，我觀看著這生命敘事，萬般迷離，或隱或顯，猶如在意識與潛意識之間，在可見與不可見之間，不斷歧出，也不斷在找尋之中迷路。

　　以身體為文本的詮釋，我們可以說是一場「迷宮」的追尋之旅，誠如在普魯斯特的《追憶似水年華》說到，此書它呈現出無序，不可交流形態，圍繞著

「追憶」，德勒茲談到這是一個碎片化的宇宙，無法用邏各斯凝聚起所有碎片，在記憶的追憶中，這蛛網式或星座式的構造隨時可辨。

傅柯以為這是主體化。主體化意著轉化，而轉化（transformation）乃是對形構（formation）的轉變與位移。[9]這是筆者仍想到「鯤化為鵬」其中便有轉變與位移的可能性。

傅柯談損，不談益，它是損之又損的工夫，當老子言：「為學日益，為道日損。」傅柯也不約而同談類似的概念「將主體從自身剝落」[10]，這是傅柯由尼采、布朗肖及巴塔耶的閱讀中得到一種「界限經驗」，「界限經驗」描述「將主體從自身剝落」進入歷史中。老子哲學損之又損以致於無我，這便是進入了徹底剝落工夫，而這剝落工夫的「界限經驗」討論常是進入生死議題當中的討論，這樣的談死亡問題即是追問去問如何去生的議題，生死一如在老子而言是種界線經驗的討論。

從自身剝落下來，類似損之又損工夫，以致於如同道家的無為而無不為也，阻止那成為相同的讓我們反思若同謂之玄，玄之又玄，這玄便是同一與差異辯證，一個為道者參與道的生化歷程，它是「同一性」，亦是「非同一性」，它是一又是二，二與一又是三，它是「同一」，它是「差異」，它又是差異的「差異」，它是「道生一，一生二，二生三」《老子·四十二章》的「差異」歷程，它是生命現象詮釋歷程，不斷迴反的「同一性」，不斷在「重複」當中產生「差異」，在「差異」當中又不斷覺知感思到「差異」本身。這是由自身剝落，避免為相同的，為何要避免成為相同的，那是因為不受追求這「同一性」可能會產生一種體制形上學的「暴力」問題，然與不然、可與不可、說與不說、意識與潛意識之間的張力即在生命體驗詮釋動力詮釋場域中彰顯。

阻止那成為相同的，意謂著不限於同一主體形式的控制，在同一與差異的辯證之下走向「自我」的轉化，這是透過精神黑夜的鍛煉，最後物我一體，生死一如呈現出主體的「界限經驗」來。

以身體為文本的差異與重複思考其實乃是語言與存有的辯證，透過思維存有體驗化得以使之結合一起。

---

[9] 間引自黃瑞祺主編《再見福柯——福柯晚期思想研究》浙江：浙江大學出版社，2008年出版，頁81。

[10] 這概念是1978年傅柯接受托姆巴多禮（Trombadori）的訪談談到。間引自黃瑞祺主編《再見福柯——福柯晚期思想研究》浙江：浙江大學出版社，2008年出版，頁80。

　　事實上丹尼爾・湯瑪斯[11]說到身體存在喚起了把自身呈現出，並且透過出神 "ek-stase"（或說透過離己而朝向他者），知覺到某物在而走向它，這裡其實已進身體與世界、他者與「自我」的思考，或說是思維與存在之間的思考路徑，如梅露・龐蒂所言：「當我反思主體性的本質的時候，我發現它和身體的本質、世界的本質聯在一起。」「自我」「技術」導致形構簡單來說便是心靈陶冶後，主體心境轉化成為境界展現，所以已不拘於小大之辨，是徹底心境的轉換，由日常生活提拔超升成為無有執著的主體性境界，這個主體性較是主體際性的境界，是天地物我合一的神聖美境，這是透過剝損工夫的「界限經驗」轉化而成，也可以說是透過心靈黑夜的不可明言的共同體經歷轉化而成，在布朗肖的作品即有這樣的心靈黑夜描寫，同一與差異的無限循環辯證黑夜，文本的所突顯的存有狀態也被召喚出來，這已然超越所謂的語言體系，而追尋與他者同感的關鍵，這是此在生活世界的共感，也是對生活世界理解感知，是種互動、溝通交流、辯證的現象呈現，這是所謂的「罔兩問景」文本生命體驗詮釋。

　　「非『同一性』」符號思維擺放在生命層級來看，就是「自我」「修養工夫」境界論，也就是傅柯所言的境界美學，這境界的說法，中國哲學講的很深，中國哲學都是一種生命體驗詮釋的美學，它是生存美學，是此有在生活世界在動態辯證詮釋當中，所呈顯出來的境界美學，它也是一種空間美學，以人作為當體，呈現出身體為空間美學的展現，它是身體詮釋現象學，以主體的參與者為中心呈現，而參與道的運行，「為道者同於道」是非常特別在詮釋「非『同一性』」符號思維的說法。

　　西方形上學的發展傾向同一性被表象為存在身上的一個特徵，然而我們需要脫離這樣的表象性思維，這種脫離是種跳躍，如海德格所言：「這種跳躍擺脫了作在者之根據的存在，並因而跳入深淵我們必須以離根方式不再以形上學表象方式規定人與存在，而是透過本真的方式來體驗存在歸屬於一種同一性，如同在巴門尼德斯所言的思想與存在歸屬於同一，而不是存有的遺忘來進行表象思維而已。」

　　如同海德格所言：「透過巴門尼德斯的句子——『因為思想和在是同一者』——我們才得以隨行入那個追問一種共屬的問題之中，在這種共屬中，屬優

---

[11] [美]丹尼爾・托馬斯・普里莫茲克著，關群德譯《梅露・龐蒂》（On Merleau-Ponty），北京：中華書局，2014年，頁41。

先於共。對這種同一者的意義的追問就是對同一性的本質的追問。」[12]

以身體為文本現象學就是強調非「同一性」的宰制，不是名道方式來進行外在閱讀，而是內在進行深觀的閱讀方式，所以老子言：「以身觀身。」這樣的觀不再是形上學表象般解讀思維與存在之間的互動關係，不是存在遺忘來進行思維，而是透過深觀進行離根的跳躍閱讀，在觀看中喚起自己去體驗人與存在的共同隸屬，如此才能真正達成存在與思維的「同一性」辯證思維。

傅柯由古代希臘羅馬時期來找出建構真理與主體聯繫的方法，發現他們必須是經過長期節制和「自我」訓練，不斷在精神及心靈深處進行修練，以體現真理的可能性，這是由關懷自身到他人互動的倫理開展。[13]

我想這樣的生存美學符合現代人的生活風格，其實也符合以身體為文本的實踐智慧，他將自身生活展現出美學的可能性，也將自身活出境界美學的可能性，它是不斷解消，去我執的逍遙境界，在充滿虛擬的幻境當中，尤能莊周夢蝶達成主體際性的交流，這也是傅柯思維這世代的重點，它是不斷剝損的過程，是「非『同一性』」符號思維，去除單一邏輯架構的宰制，也就是若將此去單一符號歷程擺放在生命層級來看，就是「自我」「修養工夫」境界論，也就是傅柯所言的境界美學。

道德經言：「美之為美，斯惡矣。」其實就是對「同一性」的批判本身，所以修養論就是進行「非『同一性』」符號反省。

當代裡論及差異往往放在美學上有所著墨，我們可以由劉千美《差異與實踐看到──當代藝術哲學研究》[14]，美感是種全面感知，不同於邏輯思維表象思，將整體生命提升於日常經驗之上，將在在整合於整體觀照裡，不再是言語，而且試圖在差異及混沌中找秩序。

東方哲學「修養工夫」論其實就是將人活出境界美學的樣貌，這樣貌不是同一宰制下的僵化美學而已，它不存活於形式內，而是不斷動而愈出的生發狀態，具有無限潛能的動力狀態，它是不斷延異過程，是差異的差異，無限「差異」的游牧狀態，它尋求走出「自我」，並且達到「莊周夢蝶」主體際性交融，它是玄之又玄的狀態，「修養工夫」就是以身體為文本的閱讀方式，在方法中找尋道體，最後不再有方法，達到無方之方的道體本身，六經即我注，我注六經，

---

[12] [德]馬丁・海德格著《同一與差異》，陳小文，余明峰譯，北京：商務印書館，2014年二版，頁45。

[13] 高宣揚著《傅柯的生存美學──西方思想的起點與終結》，臺北：五南，2004年，頁350-362。

[14] 劉千美所著《差異與實踐看到──當代藝術哲學研究》，臺北：土緒。

是讀入又讀出的實踐智慧，也是重返存有之光真切存在於身，如此人即活出了「自我」風格，人就是自己的完成的藝術作品。

第七章　以當代神聖美學觀點詮釋莊子境界美學

「以神聖美學觀點詮釋莊子境界美學」也就是說明莊子「自我詮釋」的「修養工夫」，是可以臻至莊子的「境界美學」。莊子「自我詮釋」的「修養工夫」說明著乃是進入到觀照身體本身呈現的美感經驗，得以認知，看見存在盈餘，從而呈現無限可能性，這美學體驗詮釋是無盡的指涉出去，總是超出話語之外見到境界無限可能性，它是見於物而不蔽於物，由物質的觀看中，得以見著存有神聖。

莊子境界美學乃是朝向神聖，而藝術價值乃是提供人們作為朝向神聖而超越的想像，但它不只是想像而已，而是在藝術作品的存在之外假設了一個藝術作品所欲模仿呈現的真實世界，換言之，莊子境界乃是透過「技術」，以身體為修練場（「修養工夫」場域），乃是以身體為殿堂，而召喚道體真理入住。

當代美學面臨物品化、商品化導致藝術作品之美感價值的無與淪喪，正如《道德經第二章》所言「天下皆知美之為美，斯惡矣。」作品已失去存有價值，這是批判理論學家所講美感失落及藝術死亡，面對此虛無感受到不安、虛空與寂寥，如卡謬、卡夫卡等存在主義所表現，又如達利的超寫實，荒謬及殘酷劇場所表現出來，當代藝術表現出來一種醜陋，不是作品本身存在貧乏缺陷，而是為揭露現實生活中的醜陋，這醜陋恰是說明一種宰制與壓迫，扭曲與暴力、僵化與虛假，透過醜陋而得以揭露，去物化及商品化消化，而呈現存在的淨化。

現代美學或藝術創作共同傾向是重回到原始樸拙的真實存有，使失去創造活力，的實在界脫身而出，返回真實「自我」，返回原始，返回樸拙的真實存有就是莊子境界美學的核心價值，這是中西美學理論的所致力的理想美學境界，設法在大化流行生命體驗深刻的美感經驗，去照見「以道為美」的意義所在。

莊子的境界美學乃是進入到觀照身體本身呈現的美感經驗，得以認知，看見存在盈餘，從而呈現無限可能性，這美學體驗詮釋是無盡的指涉出去，總是超出話語之外見到境界無限可能性，它是見於物而不蔽於物，由物質的觀看中，得以見著存有神聖，所以莊子境界美學乃是觀照身體所呈現美感經驗。

就莊子境界美學，其實可以說是莊子生命體驗詮釋美身就是一個藝術作

品,一個真正為道者,必透過詮釋,才能揭露存有,這詮釋便是實際的操作,也就是所謂「技術」本身,換言之,「修養工夫」論乃是自我「技術」的陶成,從事生命體驗釋所進行的存有召喚乃在於召喚命運,拆解命運,莊子的境界美學的確是一個為生命滌除玄覽的過程,也是透過生命存有的淨化而進行所謂的救贖,它所生發出來的生命「原型」,一種形上層次的美感召喚,使我們引發出與大地共舞的存有力量,進而與存在同呼同吸在天地宇宙間。這存在淨化乃是使道呈現一體狀態,是未始有封的。

當代藝術作品裡所講的重返真實存有的豐盈,這種迴返就是透過淨化而獲得救贖,當代也彎常使用存在困境呈現神聖的缺席,並以此呼喚藝術經驗的美感觀照來超越有限,使神聖的缺席呈現出席。返回存有原初之生命之源,其實就是詩境,就是藝術。

根據高達美說法,現代藝術返回真實存有以獲得解返精神,這是美感經驗之存有特質,所以藝術作品以「反美學」方式揭露真實存有,由僵化及醜陋中脫出,而展現出源源不絕的創造力。

莊子的美學回到存有原始樸實,而返回是其所是的自由,以表達大化流行中的美感經驗,它是由原始道的樸質中去反映美好來。莊子不斷強調質樸之美感,乃是未被物化、奴化及殖民化的單純欲望,而呈現出單純美感境界。

莊子境界哲學,也就是說就人世間無用狀態,他們的醜正足以呈現物的超然獨立,不被物役而呈現物之所以然的狀態,這些物的醜足以反思藝術作品遺世獨立的狀態,正因為其醜而得以召喚返回真實存有,使存有的真實面貌顯露。美感不再被物的合用性及外在品評所計算,而是呈現無用之用之為大用的非物化真實存有彰顯,這樣的存有彰顯是對世界來講是不合用的,是不器的,但對莊子境界美學來講就是一個大用,也是一個大美。

莊子很明顯說到藝術是超越「技術」:「道進於技。」,原因是藝術作品是超「技術」,「技術」只是資藉,從來就不是藝術之所以為藝術的真理所在。我們可以藉著「技術」,彰顯道趣。然最後境界成完成必須拋棄「技術」,加以超越。藝術作品存在,回返原始物質存在的美好,以彰顯存有之光,這是無所待的美感呈現,是其所是,而非將藝術當作物質販賣的無知所扭曲的藝術,返回最單純的存有欲望所散發的能量,而將存有律動開展,以解生命存有的陷溺。

以真人境界所呈現的作品真誠獨特性,召喚觀賞者擺脫實在界的僵化及宰制,返回真實「自我」,美感形式極力擺脫被宰制表象,而欲以簡單質樸方式來

掌握存有的律動，擺脫被宰制的表象乃是透過無所待的轉化欲望，轉化有所待的生命僵化而做出顛覆與反抗，轉向單純的欲望，使存有展現力量。

道家所言：「道進於技。」說法一般，最近呈現是一種道的境界，這境界便是「存在風格」，這境界的展現乃是透過技來進行主體形式的轉化形構而成，莊子《逍遙遊》即是提到了非常有名的轉化：「鯤化為鵬」。

《逍遙遊》這篇核心乃是「自我」形構與轉化，當然它是需要深蓄厚積以搏扶搖直上的，這搏扶搖而直上乃是一種存在風格的展現，這種轉化是內在自由解放取得，透過內在配合與通轉，最近成就了生命本身，達到喜悅之泉源，以天池來表現之。這樣的轉化歷程有賴鍛鍊術不斷操持深蓄厚積以成就境界的高遠幸福感。自我「技術」導致形構簡單來說便是心靈陶冶後，主體心境轉化成為境界展現，所以已不拘於小大之辨，是徹底心境的轉換，由日常生活提拔超升成為無有執著的主體性境界，這個主體性較是主體際性的境界，是天地物我合一的神聖美境。

這是透過剝損工夫的「界限經驗」轉化而成，也可以說是透過心靈黑夜的不可明言的共同體經歷轉化而成，在布朗肖的作品即有這樣的心靈黑夜描寫。在同一與差異的辯證之下走向「自我」的轉化，這是透過精神黑夜的鍛鍊，最後物我一體，生死一如呈現出主體的「界限經驗」來。傅柯以為人生就是要活出像樣的藝術品。

整個莊子境界美學其實就是以身體當作神廟般的所在，召喚所有神聖入住，使缺席的出席，也就是莊子身體美學說明了美學與存有者之間結合的可能性，身體作為藝術品必須有著召喚真理和存有開顯特質。存有的開顯是指身體詮釋的現象學，它是動態辯證不斷在超升，呈現循環當中走出開顯的特質，而這個不被框限宰制，呈現自由，而這自由對存有開顯中來講是重要的，它讓存有者如其所是，任其所是而是，它是沉緬於開顯中，另外，它是存有的還原，是指沉緬於存有者本身之開顯中而任其所是。

而藝術價值乃是提供人們作為朝向神聖而超越的想像，但它不只是想像而已，而是在藝術作品的存在之外假設了一個藝術作品所欲模仿呈現的真實世界，換言之，莊子境界乃是透過「技術」，以身體為修練場（「修養工夫」場域），乃是以身體為殿堂，而召喚道體真理入住。換句話說，我把「自我」當作藝術作品呈現，我以為我的身體內呈現出所欲模仿所欲表現的真實世界，這使我進入真實虛幻之間，我進行「自我」無限超升，不再封閉於「自我」存有之中，而超越

呈現出為他者的存在，這是存有者的超升，以身體為文本的實踐美學，說明了以
藝術方式存在，揭露存有，而賦予神聖的臨在，展現終極關懷層面，呈現出無限
滿全的倫理幅度。

第八章　列維納斯「面容」當中他者的倫理關懷面向看孟子、陸象 山與王陽明心學形上的合一

　　列維納斯與儒家都有形上關懷的特質，然而兩者不同在於，一個具有形上外
在超越，如列維納斯的「自我」與絕對他者的相遇；另一個則具有形上內在超越，
因為，儒家沒有一個無限外在的絕對他者的超越，[15]在東西方比較哲學部分，大部
分都會區分儒家與西方基督教傳統有著不同的形上特質，儒家具有形上的特質，
它有終極關懷，內含「超越」，這超越是內在超越，不是基督教的外在超越。

　　筆者此篇文章不由此進路著手，也不仔細差異區別，而是要談到差異或衝
突的形上融合，列維納斯的他者哲學與儒家哲學兩者之間比較算是種「差異或衝
突的形上融合」（transcendaental integration of the different or conflicting）。[16]二
十一世紀，全球化現象產生許多倫理議題，「自我與他者」之間的依存關係，顯
然是二十一世紀關懷重點，二十一世紀全球化危機，我們必須回到「自我與他
者」關係去處理共同體定義，這樣的命題是屬於生命的反思，偏重於社會、政治
與倫理面向檢討，在當今而為何有這樣的轉向呢？乃是因為後現代去主體性，或
拒斥人文主義與邏各斯主義，拒絕重建核心價值，也就是說在後現代主義標綁著
反中心、反傳統及反整體思潮，如此瓦解各項霸權，解放了桎梏的思想與文化，
但也消解了價值，當代科技文明發展的社會需要情境下，回歸倫理規範，成為後
人類社會不可免的反思與趨勢。換句話說就是在高度物化及競爭的後資本主義社
會當中，如何維護人與人關係善意、信任及責任，以及如何回應他者的能力，這
是說明著二十世紀哲學的倫理回歸的趨勢。

　　列維納斯的「面容」的他者倫理學關懷來進行「先驗性」形上合一來達到
內在超越溝通面向，這面向展現在儒教與基督教之間的對話尤為珍貴，我們選擇

---

[15] 賴俊雄著《回應他者──列維納斯再探》，臺北：書林，2014出版，頁438。
[16] 成中英主編的英文學術期刊《中國哲學期刊》（*Journal of Chinese Philosophy*）於2008年出版了
《列維納斯與中國哲學思想》（*Levinas and Chinese Philosophy*）（第35期第4卷）專輯，此段文字
出現於〈序〉，頁3。同年出版《列維納斯專輯：中西觀點》（*Levinas and Chinese Philosophy*）。

了人性論的孟子見「孺子入井」來進行基本議題的對話，強調孟子與陸王之間的相同心性論神祕形上進路來說明三人學說本具內在超越的面向，以進行他者倫理學的關懷，以為兩者都表明著形上面向（「先驗性」）來建立內在超越面向，兩者並不特別突顯形上的解釋說明，而是強調形上面向落實在人身上的關懷倫理學。

筆者以為儒道形上的關懷本身預設著天人合一，而西方的神祕靈修經驗其實也有所謂合道或者神婚的比喻，我認為在當代的哲學省思裡其實已經兼具了形上先驗經驗的宗教經驗，或說是榮格所謂的「原型」的概念想法，這裡的「原型」其實隱含著生命經驗的符應於「原型」的形上超越面向，所以無論是內在或外在的超越都是同時存在於形上的生命體驗中，是既內在又外在，是超越而又具象在形上的身體修行經驗中，可以說是介於可見與不可見之間。

內在與超越的神祕經驗，比較是種宗教感，或說是一種神祕相會經驗，是我與你或者是他者之間交流的神祕經驗，這種神祕經驗所帶來的是神祕感受，所以我比較想就身體體受的神祕觀點進路去談到所謂的內在超越，內在超越就是一種存有體驗，是指：我與神聖會遇，這會遇使我與上帝、天人之間、或者存有與存有者之間或說達到和諧一體感。

內在超越我們不鎖定在自力與外力的差別或者說是自性與外性的差別上，而是就身體感知到的一體感，天人之間或者基督與人之間那種緊密結合神聖身體觀點來說明，這樣的感知一體就是生命的共同體，亦是「自我與他者」之間圓成的智慧本身。這也就是呂格爾所言的「自我」宛若他者的說法。

天地合一儒學系統用語，這樣的高度醒察，在當今的著名哲學家（Peter Singer）在《一個世界：全球化的倫理學》（*On World: The Ethics of Globalization*）[17]中提及，他說：「我們都生活在一個世界，氣層變遷、科技文明改變的經濟體、不同族群流動的共同體裡，裡頭充斥著人與機器、動物權、正義公平問題、生物醫療基因工程、環境與生態平衡等問題，裡頭不會只有主體我的省思，而是必須擴延到所謂廣義的他者來省思。」

他者倫理學最有名乃是「孺子入井」概念。換句話說，「孺子入井」乃是由他人的「面容」看見油然而生的初發善心，我不認為這是由外在強迫我去做些什麼？而是自然而然，不學而能，不教而成的初發善心，這善心在孟子是良知，

[17] Singer, Peter, One World: The Ethics of Globalization. New Haven: Yale UP, 2002.

去做便是良能，這樣人性關懷面向便是超越又內在去做些自然而然的善行，如見換句話說，由他人的「面容」看見油然而生的初發善心，我不認為這是由外在強迫我去做些什麼？而是自然而然，不學而能，不教而成的初發善心，這善心在孟子是良知，去做便是良能，這樣人性關懷面向便是超越又內在去做些自然而然的善行。以列維納斯來看，這樣的他者有著後現代鮮明旗幟，在尊重他人，容納異己的時代裡，我們以列維納斯他者的「面容」來貫穿中國哲學，特別是孟子、陸象山與王陽明之間的相通性。

　　《整體性與無限性》是列維納斯重要著作，「整體性」摧毀他者的他異性，而將它們化為同一者或「同一性」，它吞噬了個體性，[18]列維納斯的他者不是如沙特所言的地獄他者，而是有著無限善意的他者。列維納斯希望能以現象學描述一種與他者面對面遭逢與關係，「他者促成『存有』永遠向他人或他處的移動，具有深層的意義。……形而上所欲求的他者…是像有時我為了自己，為了個他者的自己。」[19]

　　列維納斯提到了「面容的神聖」，這是指存在、形上學或者社會超驗顯示，超驗顯示在鄰人「面容」的赤裸中，當「面容」在疾病、謀殺和死亡裡，這「面容」的神聖性的呼召我的責任，我的意向的意識，那是無貪欲的愛的本身。[20]

　　孟子的四心人性論接近於列維納斯的先驗人性論，陸象山性善心也善也是孟子思想繼承，王守仁（1472-1529）繼承了陸九淵的心性一元說，援良知以論心性，提出「良知是心之本體」和「心即性」思想，儒家孟子乃至陸象山到王陽明，其性善論由仁連結內聖與外王，仁由孟子盡心知天，而陸王心學繼承孟子，由內而天發揮極致，孟子的惻隱之心乃是見「孺子入井」，也是同樣展現在這形上學、存在本身及社會超驗顯示，由他人「面容」召喚我內在的神聖感受，使我不假思索油然而生責任感，務必救人脫離危險或死亡的深淵。由他人「面容」召喚我的參與，達到我與他人之間神祕共同體感受，內在與超越的神祕經驗，是我與你或者是他者之間交流的神祕經驗，身體感知到的一體感，天人之間或者基

18 馮俊《從現代走向後現代──以法國哲學重點的西方哲學研究》，北京：北京師範大學出版社，2008年出版，頁298-299。

19 Levinas, Emmanuel, Totality and Infinity. Trans. Alphonso Ligis. Pittsburgh: Duquesne UP. 1969. p.33.

20 見[法]單士宏（Michaëlde Saint-Cleron）著，姜丹丹、趙鳴、張引弘譯《列維納斯與神聖性的對話》（Entretiens avec Emmanuel Levians），上海華東師範大學出版社，頁128。

督與人之間那種緊密結合神聖身體觀點來說明，這樣的感知一體就是生命的共同體，亦是「自我與他者」之間圓成的智慧本身。

這也就是呂格爾所言的「自我」宛若他者，當然見「孺子入井」，自然而然就會去救他。伍曉明的〈孟子與列維納斯：心與感受力〉（*Mengzi and Levinas:the Heart and Sensibility*）談到列維納斯「自我」的主體性中的「感受性」與孟子性善論的君子「四心」之間有高度的相似性。[21]

孟子的四心除了感受性強外，另有「先驗性」面向，如盡性知性則天，天人通透一貫之道乃在於「先驗性」，也就是道本體或神本體先在概念。由「先驗性」來談到內在與超越性將是差異與衝突的形上學東西融貫之比較方法，由「先驗性」來進行內在超越的對話，這是一種將形上生命活出來的神祕體驗，也就是將區分內在與超越的差異當中跳出，將存有視為存有體驗，著重於內在體驗，這是一種去除概念區分包袱，成為存有的可能性，它是呈現動態的生命樣貌。

此時「先驗性」已不偏重形上色彩，而是回歸到存有關係論，去談對他人關懷，藉由關懷他人去突顯神性在人性在價值，道成肉身後，如何在人內在性裡去除傳統自戀封閉性的抽象關懷而走向他人關懷的真實生命關懷，此內在性呈現出來便是『見』的本體即現象的關懷本身。

由孟子的「孺子入井」，我們可以看到內在呈現的象，我看到他人召喚，出於內在的見，我看到我神聖的責任本身，在他者「面容」召喚著「自我」責任，這責任來自於神聖性，是自然而然由內在的良知良能所發抒的倫理，這倫理來自神聖性。

這神聖性是源自於宛若「自我」的他者來召喚而來，見「孺子入井」，而生怵惕惻隱之心，而能不假思索，將人之痛苦猶如己痛的同體大悲，不忍人之心沛然而生，這是既超越又內在的神聖存在體驗，也顯現看見他人「面容」，召喚面對他人的責任，這神聖性甚至可以犧牲「自我」以成就他人，讓渡存在於存在的彼在，這便是善的本體，也就是孟子所講的良知，這樣的良知有著形上學的厚度，也編織了人之所以為人善的交流的可能性，甚至超越被物化的狹隘，而使人與物、自然甚至宇宙都感受到全然的善的可能性，這可能性是超越的，也是內在於每個人的心的本體。

---

[21] 此應該出自於成中英主編的《列維納斯專輯：中西觀點》（*Levinas and Chinese Philosophy*）一書。此書乃中西方學者從各種觀點解析列維納斯與中國的哲學思想。間引自賴俊雄著《回應他者——列維納斯再探》，臺北：書林，2014出版，頁443。

引領人們由此在走向存在的彼此，這本體向倫理性的過渡，也是為何立其大者的君子可以無保留走向他者，甚至為他人犧牲的可能性，它代表著一種無私奉獻，取生取義的可能性，見「孺子入井」不假索就努力去營救孺子的生命，使我走出「自我」轉向他者的「面容」，這「面容」代表著神聖使命的召喚，使我將他者的生命成全看成為自己的，「自我」宛若他者的不捨之生油然而生。神聖「面容」呼召了的我的責任，責任使我回應來自生命底層良知的召喚，因而超越了個人生死。存在彼在是不代表著不假思索，這不假思索說明著良知的本然「先驗性」，自然而然，見而起行，不是爭辯計較之心使然，而是出於即現象即本然，一種自然而然的本體良知之說。

賴俊雄解釋列維納斯說到了：「儒家思想及人與人的關係，並且是從道德、操守、禮制、尊重、成規和人際分寸等基礎出發。列維納斯認為，人際關係是不對等的，正如儒家所提出的四種關係『孟子四端』。⋯⋯必須時時不忘將他者置於自身之前，這是非常列維納斯式的。」[22]列維納斯不看著形上超越向度的描寫，而是就人的存有關懷面向來去談此有如何邁向存在的彼在，如何關懷他人，如何在他人身上見證上帝存在「面容」，這存在「面容」如同我活得像基督，如何體現我與基督一體，而對他人身上的痛苦感同身受，以致於愛鄰如己，或者能施予愛於陌異於己者的他人，若按單士宏解讀「存在的彼在」看法，他以為這是中國哲學家的孟子所講的「不忍人之心」，存在的彼在別名就是「仁慈、無限性或者說善」。[23]

第九章　淨土佛教當中關於念佛的思維：在差異中念佛
——是念「己佛」？還是念「他佛」？

淨土佛教當中關於「阿彌陀佛」為信仰中心的思想觀念與實踐體系，如此簡約易行的實踐方式，在中國佛教歷史進路中逐漸取得廣泛的教勢，是最多人實修的進路。而本文當中所談到的淨土法門是以直截易簡方便修持實踐，而這易簡

---

[22] Levinasian Meditation179，間引自賴俊雄著《回應他者——列維納斯再探》，臺北：書林，2014出版，頁434。

[23] 單士宏這樣的說法，來自於弗朗索瓦・于連《道德對話》（*Dialogue sur la Morale*）一書，出於口出版社，1998年出版。間引自見[法]單士宏（Michaëlde Saint-Cleron）著，姜丹丹、趙鳴、張引弘譯《列維納斯與神聖性的對話》（*Entretiens avec Emmanuel Levians*），上海華東師範大學出版社，頁55。

方式廣泛流行在華人圈裡，一般淨土佛教理解，乃在於「持念彌陀名號」或者是「觀想彌陀」，以感佛的他力，如此佛是「他者」，爾後轉生往生淨土。

「念佛」的簡明易行，易誤植局限於持念「彌陀」名號或觀想「彌陀」身土，如此一來，佛就成為外在對象，認識客體，如此不是淨土註釋家滿足的方式，以當代詮釋來看，甚可理解如此淺化間接方式，並無法落實「念佛」的義理內涵，因此在此篇文章當中將「念佛」概念抽離出來，並輔以「自我與他者」、自性與他性與「自境與他境」做個辯證理解將有易深化「念佛」與最高真理體證接軌路徑。

中國淨土經典依據是「三經一論」，三經是《無量壽經》（大本《阿彌陀經》），《阿彌陀經》（小本《阿彌陀經》），《觀無量壽佛經》，而一論則是指印度唯識祖師世親所造《無量壽經優婆提舍願生偈》（《往生論》）。[24]

經典強調：「念佛」是心念，而非口念，「念佛號」當中，所謂佛號就是佛本身，而心是佛，佛也是心，但當中有差別及弔詭的關係，所以有情眾生得救方式不同，最後仍在「念佛」本身的差異而呈現多元的對話方式，特別是展現在「自我與他者」，「自力與他力」，自心境與他心境的「差異」當中的對話裡。

所謂「念佛號」強調修行透過口號，文字符號本身得以落實，也就是涉及「自力與他力」及「自我與他者」之間，心境與淨土境土境界辯證問題。就「念佛」者與所「念佛」之間，其實就是在念之間談到念者與所「念佛」之間的關係，淨土念法門當中「念佛」者與所「念佛」之間交往以及「差異」念佛法間是互斥或者是融通，本身就值得思考，在經典當中其實是希望圓融方式來融、「自力與他力」、「自我與他者」，或者說是心境與淨土境，其實這些都是佛教的主軸核心議題或者是佛教在生死議題上藉由唸佛號直截方式來達到破取執著，而使殊勝義因此被辨明出。

淨土佛教修行方法雖然直接簡要，但仍暗含著所謂「差異」的詮釋的可能性。「念佛號」為淨土佛教的修行方式，「念佛」者與所「念佛」之間「差異」詮釋表現在三方面：「自我與他者」、「自力與他力」、「自境與他境」之間。

「念佛號」本身是不斷重複誦念口號本身，當然「念佛」，是由口唸與讀誦，隨念到專心一意，作意到達到內心思念與懷念。「念佛號」重複單一口號究

---

[24] 《無量壽經》經典最早在東漢譯出，目前通行本為曹魏康僧鎧所譯經本，但也有學者存疑，而《阿彌陀經》遲至五世紀初才由鳩摩羅什首度漢譯，《觀無量壽佛經》傳由劉宋畺良耶舍所譯，但也有懷疑。

竟有何意義呢？其實這涉及到對語言系統的反省。

　　整個「念佛」包含念者與所「念佛號」本身，包含著一種聲音其實已存在著眾人的聲音，語言作為口令，其其實就是一切的語言是間接的，重複是對歷史或集體意識敘述的挑戰及越軌，去拯救那被覆蓋及隱藏的空白，它不是成規的使用，而是「差異」的創造，自由變更。它不是超越意志支配，透過它，歷史不斷「自我」繁衍，創造與本質不同甚至對抗性的「差異」，打垮原有秩序，又再混沌中尋找有活力的新組合。[25]

　　念由口唸與讀誦達到內心思念與懷念，「念佛」動詞是隨念，隨念是憶念於心，憶念於心是一向專念無量壽佛，一心專注，有作意的翻法，作意及隨念是原始淨土一起作用。所以我們可以身體知覺來談口唸與心唸以致於達到唸而無唸的深入潛意識的狀態。這裡可以由索緒爾符號的意義談起到語言當中的「無意識」問題。

　　索緒爾認為內容（即思想）及表達（即聲音）先於語言而存在，在內容與表達中抽取元素來建立符徵及符旨。[26]德勒茲甚至以為語言是間接性，我們說話其實包含了其他人說話，一句說話其實包含了許多歷史時間及集體智慧，是潛藏著無數時間與空間的匯集，是眾聲喧嘩著。[27]

　　如果按照「念佛號」來看，所念的佛號，這口令或口號裡頭暗含符徵與符旨部分，佛號最終無固定意義，有難以盡數無量壽，而最重要是因應有情眾生，不同根器，使入涅槃，讓眾生藉由借由借量光，使往生淨土，這裡《無量壽經》意趣應是「彌陀」存在面向的彰顯，也就是「彌陀」用示現方式來接引有情到西方淨土，這念佛即是見佛，「念佛號」即是眾聲喧嘩的「念佛號」，既是「己佛」，也是「他佛」，而符號力量喚醒無限佛性的泛在，這泛在是存在力量彰顯，而如此無限光量即在內在觀照裡，解脫生死，往生淨土，「自境與他境」即是圓融，此岸亦是彼岸也。

　　對德勒茲而言，名字是多重性在那一瞬間的領悟，是個浮游的多重性，也是變向過程，它是動詞，是標示著流離不止，連續不息，且互相關聯的流量與動力。[28]

---

[25] 羅貴祥著《德勒茲》，臺北：東大，2008，頁166。

[26] 羅貴祥著《德勒茲》，臺北：東大圖書公司，2008，初版二刷，頁63。

[27] 羅貴祥著《德勒茲》，臺北：東大圖書公司，2008，初版二刷，頁55-63。

[28] 羅貴祥著《德勒茲》，臺北：東大圖書公司，2008，初版二刷，第二章。

　　若以「自我與他者」來看，「念佛號」在游牧名字的思考即是「自我」是他者，無限多重主體顯現，而「念佛」當中，是個動態呼持名字口令，是不斷解開限制，而又回歸的狀態，也不斷在變向當中呈現流量與動力，更是在「自境與他境」當中佛示現這事在這裡的可能性，它雖是空洞，但他召喚出的存在力量充滿在佛號複述中。

　　持名「念佛」可理解為稱名「念佛」，心中憶念名號，後來此「念佛」法已轉為包含「阿彌陀佛」在內的諸佛菩薩名號專心稱念，只是將諸佛菩薩化約成「彌陀」一佛，此名號已成為佛的完全代表。「念佛」號意味著在詮釋「差異」拒絕給予封閉的內在空間，而是向外開放，打破劃定疆界：「自我與他者」、「自力與他力」與「自境與他境」之間，分解被占據的領土，名字亦是缺口，從此岸到彼岸，將時間引入「自我」封閉的穩定主體之內，是無量壽，名字「所指」示是力量或運動在這裡發生，無論是自力或他力，變向何方，無定向的無量光，我們所有只是變向他人的面具或名字。比方說到憶念佛十號或者念佛專名都是說是佛是修行者的對境，是種種的可能生，游牧名字四處尋求可能性，語言的衍生出去，與其他力量相遇、結合或者排斥、分歧與擴散、回歸並且再出發。[29]

　　「念佛號」本身無意義，是個空名，看起來是胡言亂語，然而它意義反而被解放了，誠如德勒茲所言把意義推至極限，變成無意義，而在沒意義盡頭，也就浮現出意義，意義與無意義之間關係就像「牡比亞斯帶」，將紙扭曲，兩端接上，成了「8」字模式，意義就德勒茲而言是「呼喚的字」（breath-words），是「叫喊的字」（scream words）[30]，它不是一個示意或指明的口號，意義的複述，是重複一連串無意義的口令，而這口令，用意乃由再現世界現實束縛中解放，向四面擴散浮游，意義不在於「存在」，而在於「堅持」（insister）與「維持」（subsister），唸佛號，其實就是文字遊戲，在念誦同時，再現規律有時會把文字流動壓制，而遊走文字會不斷侵略著再現現實，荒誕但有意義，其中可能會產生「空格」，「空格」顯示製造意義東西本身，往往是沒有意義的，詞的意義往往都「是依賴「空格」這個沒有意義東西才可產生，因為一切意義源於「空格」所製造的『差異』性」。[31]

---

[29]　羅貴祥著《德勒茲》，臺北：東大圖書公司，2008，初版二刷，頁72-73。

[30]　羅貴祥著《德勒茲》，臺北：東大圖書公司，2008，初版二刷，頁75-76。

[31]　羅貴祥著《德勒茲》，臺北：東大圖書公司，2008，初版二刷，頁75-76。

　　由佛氏到克莉絲蒂娃的歷程思維，我們可以這樣說「念佛」來說，符號界
透過聲音節奏，展現「無意識」的原初過程，它是無無定型的語言之前的母性空
間，所以它回到道家所言的「谷神不死，是謂玄牝」狀態，這樣看起來，當我們
在誦唸佛號時，主體能念者與所念的佛號，在「自我與他者」，自力與他人與
「自境與他境」當中出現了超越二者的他人話語，他人話語，這他人話語是超越
能念者與所「念佛號」的第三者，這是對語言結構的「無意識」。[32]「念佛」本
身是回到「無意識」的原初的過程，它是存有之力量根源重新開啟，它是製造意
義的無意義東西，這詞或說是口令或口號呼喚出一個「原型」世界。

　　榮格在夢與潛意識關係中談到心靈意識參照過去語言和其他文化傳統方法
來建立自己，這原始人類，生物史前「無意識」的階段，「原型」或說是原始
意象，是古代殘存物，它是本能傾向，它是以象徵意象去顯露自己，夢可以說
是集體意象，[33]筆者以為這集體意象透過口號的誦唸，口號誦念是「呼喚的字」
（breath-words），是「叫喊的字」（scream words）[34]，它不是一個示意或指明
的口號，它是意義的複述，是重複一連串無意義的口令，而這口令，用意乃由再
現世界現實束縛中解放，向四面擴散浮游，也就是說由「念佛號」本身呼喚出
「原型」，這「原型」體驗透過一些觀照有所辯證。這樣他所呼喚出來的或叫喊
出來乃是所有歷史的共時性的總名，穿越時空，破除個別的意識，成為是歷史當
中的總名。這呼喊叫喚出的總名，打破劃定疆界：「自我與他者」、「自力與他
力」與「自境與他境」之間，分解被占據的領土，名字亦是缺口，可由從此岸到
彼岸，它是游牧名字，不斷游牧在無何有之鄉。筆者以為這好比是「念佛號」透
過不斷的發聲，聲音律動穿透外在現象的紛進，而默觀到真實實體朗現。「念佛
號」所喚醒是「原型」的朗現，而這「原型」是古代殘存物，是種混沌的穿越，
它顯示自身清明，詞指向物，詞本身的結構性必被打破，透過口號的不斷複述，
重溫那「原型」的創生記憶，回到那母性空間裡，「谷神不死，是謂玄牝」，這
是超越對立的他人話語，是回到「無意識」的原初，開啟了存有力量，心靈建構
了實體，而也讓佛朗現，建立所謂大地，這就是淨土佛教裡頭所講的心淨與國
土。誠如德希達在《文字與差異》一書當中收錄〈佛洛伊德與文字的場景〉一

[32] 夏光著，《後結構主義思潮與後現代社會理論》，北京：社會科學文獻，2003，頁124。
[33] 榮格著，高適編繹《榮格說潛意識與生存》，武漢：華中科技大學出版社，2012，頁155-162。
[34] 羅貴祥著《德勒茲》，臺北：東大圖書公司，2008，初版二刷，頁75-76。

文中，德希達引用了佛洛伊德的「魔本」譬喻[35]主體「念佛」者藉由符號界「能指」，使人將想像的「所指」當作真實「所指」，「念佛」者的主體無法理解難以想像形式出現的真實界，但又不得不面對想像的真實界，於是在可能對幻想或妄想的執著中獲得現實感。所以在中輩或下輩的所念的佛者可能是真實界所看到的鬼臉，而執著於此鬼臉的現實而有所沉溺。[36]

「念佛號」藉由口號及口令的叫喊呼喚佛的示現，佛的示現是表明那不「在場」的佛身如今「在場」了，「在場」的文字符號呼喚不「在場」的存有力量讓我們感到佛的意義被完整掌握，「念佛號」決定語言意義的關鍵，不在於「在場」替代不「在場」，而在於「差異」，「作為『呈現』／『在場』的存在意義史中的確斷融合，與有關這普遍形式並且在它內部組織其體系及歷史關聯（如客體於視覺的呈現，做為物質、本質、存在的呈現，成為瞬一點上的時間的呈現，思想、意識和主體性的『自我』呈現，『自我與他者』的並列呈現以及作為『自我』之某種意向現象的交互主體性等等）的全部確斷融合。」（Derrida, 1967: 23）「念佛」所呈現的「空格」迴音，在身體空間所展現場域上有所迴響，以致於那律動提振靈魂之眼得以觀照到存有的「原型」，將所有語言文字束縛解構，不斷在複述盤旋回到內在本心，以致於主體內在石化不斷瓦解，而呈現本質的清明，而這便是主體「念佛」與神聖相遇之境，我心即不斷死亡而重生，得以往生淨土。

念「己佛」或者念「他佛」到底孰為殊勝呢？在德希達解析胡塞爾文章中談到就是：話語最終要求的要求便是一種「在場」，這種「在場」便是使存有存在著，這是活生生的生命體驗，也是做為生活世界中的此有與神聖會遇的經驗，它轉化了主體的對立，使成為主體際性交流，是種活生生的現在中面對現在「自我」「在場」的可能性，「念佛」不是單一佛號再現而已，它的文字符號召喚出一種可能性，那就是回到「原型」，回到自身，或者說回到康德意義中的理念形式，在同一與重複之間擺盪著，在意義不確定中當中呈現一種「在場」感，或者說是一種臨現感，這樣的臨現感是類似處在一種「非我」與非「非我」，我、他與你或者天地萬物乍現的存有感受，而我們在修行的歷程當中，例如「念佛號」其實就是要喚醒這樣的「在場」的價值。

---

[35] 間引自陸揚著《後現代的文本闡釋：福柯與德里達》，上海：上海三聯書店，2000年，頁113。

[36] 夏光著，《後結構主義思潮與後現代社會理論》，北京：社會科學文獻，2003，頁141-142。

　　當我們在「念佛」時，嘴巴發出氣流的震動，這是活生生語言，它是生命哲學展現，我們身體感知到這活生生的存在的活動和活力，如同德希達所言：「它是活生生的言語，是作為方（音素）的氣流的精神性；另一方面，我們還應注意到，現象學，在理想性的形式下的『在場』的形上學同樣是一種生命的哲學。它之所以是生命哲學，……意義的根源總是被視規定為一種生命的活動，一個活生生的存在的活動和活力。」[37]

　　「念佛」所呈現的聲音的迴盪，聲音活生生呈現震盪，在空間場域當中迴旋不已，德希達用畫廊來說明這樣的迴旋的空間場域，它是聲音現象的「迷宮」，而我們在「念佛」當中體察身體空間迴廊，並去除理性的意識束縛，是同一當中不斷迴返當中呈現如真理般的佛現自身，是種再現的再現本身。

　　這種無限延異的聲音，像是氣流在身體內與外，整個氣場無分內外，「自我與他者」、「自我」與他力或者「自境與他境」，就在「念佛」當中無分內與外，我與他，所有的聲音看似同一卻又重複迴旋不已，看似沒有分延的聲音，這樣的再也無延異的聲音感呈現的「在場」，逼顯真理本身，也就是說透過「念佛」的文字話語召喚的「在場」的價值，在看似不「在場」的空間場域裡召喚出「在場」價值，它近乎死亡，是在生當中體悟生死一如，猶如臨視死亡深淵，而這聲音現象的呈現乃是要呈現形上學真實的歷史，也是活生生的生命存有。

　　如德希達所言：「形上學的歷史是絕對要自言自語。這種歷史，在絕對無限顯現為自身死亡時，它是關閉的。一沒有分延的聲音，一種無書寫的聲音絕對是活生生的，而同時又是絕對死亡的。」[38]

　　內心獨白的自言自語說明著心靈對越在天，超越文字符號的框架呈現內心意識流的觀看，觀看存有存在著呈現的現象，這是內觀的身體，呈現是「在場」的歷史，聆聽身體沒有延異的聲音，或者說是同一與差異共同體現的圓融的聲音流。

　　「念佛」使「自我」「在場」，在佛再現人間的無限性中的「自我」意識的存在歷史，這歷史是存在的呈現，也就是使佛再現。「作為在絕對知的『在場』、『自我』『在場』，作為『耶穌再人間』的無限性中的『自我』意識的存在歷史，這種歷史是關閉的口。「在場」的歷史是關閉的，因為歷史從來要說的只是『存在的呈現』」。[39]

---

[37] 杜小真譯，[法]雅克·德里達，《聲音與現象》，臺北：商務印書館，2010次版，頁10。

[38] 杜小真譯，[法]雅克·德里達，《聲音與現象》，臺北：商務印書館，2010次版，頁131。

[39] 杜小真譯，[法]雅克·德里達，《聲音與現象》，臺北：商務印書館，2010次版，頁130-131。

哲學宗教類　PC0897　Viewpoint56

東西身體同一與差異的對話觀

作　　者 / 聶雅婷
責任編輯 / 許乃文
圖文排版 / 楊家齊
封面設計 / 王嵩賀

發 行 人 / 宋政坤
法律顧問 / 毛國樑　律師
出版發行 / 秀威資訊科技股份有限公司
　　　　　114台北市內湖區瑞光路76巷65號1樓
　　　　　電話：+886-2-2796-3638　傳真：+886-2-2796-1377
　　　　　http://www.showwe.com.tw
劃撥帳號 / 19563868　戶名：秀威資訊科技股份有限公司
　　　　　讀者服務信箱：service@showwe.com.tw
展售門市 / 國家書店（松江門市）
　　　　　104台北市中山區松江路209號1樓
　　　　　電話：+886-2-2518-0207　傳真：+886-2-2518-0778
網路訂購 / 秀威網路書店：https://store.showwe.tw
　　　　　國家網路書店：https://www.govbooks.com.tw

2020年12月　BOD一版
定價：450元
版權所有　翻印必究
本書如有缺頁、破損或裝訂錯誤，請寄回更換

國家圖書館出版品預行編目

東西身體同一與差異的對話觀 / 聶雅婷著. -- 一
版. -- 臺北市 : 秀威資訊科技股份有限公司,
2020.12
　　面；　公分. -- (哲學宗教類 ; PC0897)
(Viewpoint ; 56)
　BOD版
　ISBN 978-986-326-876-5(平裝)

　1. 生命哲學　2. 東西方關係

191.91　　　　　　　　　　　　　　　　109018873

讀者回函卡

感謝您購買本書，為提升服務品質，請填妥以下資料，將讀者回函卡直接寄回或傳真本公司，收到您的寶貴意見後，我們會收藏記錄及檢討，謝謝！如您需要了解本公司最新出版書目、購書優惠或企劃活動，歡迎您上網查詢或下載相關資料：http:// www.showwe.com.tw

您購買的書名：_____

出生日期：_____年_____月_____日

學歷：□高中 (含) 以下　　□大專　　□研究所 (含) 以上

職業：□製造業　□金融業　□資訊業　□軍警　□傳播業　□自由業
　　　□服務業　□公務員　□教職　　□學生　□家管　　□其它_____

購書地點：□網路書店　□實體書店　□書展　□郵購　□贈閱　□其他

您從何得知本書的消息？

　□網路書店　□實體書店　□網路搜尋　□電子報　□書訊　□雜誌
　□傳播媒體　□親友推薦　□網站推薦　□部落格　□其他_____

您對本書的評價：(請填代號　1.非常滿意　2.滿意　3.尚可　4.再改進)

　封面設計____　版面編排____　內容____　文／譯筆____　價格____

讀完書後您覺得：

　□很有收穫　□有收穫　□收穫不多　□沒收穫

對我們的建議：_____

_____

_____

_____

11466
台北市內湖區瑞光路 76 巷 65 號 1 樓

秀威資訊科技股份有限公司　　　收

BOD 數位出版事業部

．．．

（請沿線對折寄回，謝謝！）

姓　　名：_____　年齡：_____　性別：□女　□男

郵遞區號：□□□□□

地　　址：_____

聯絡電話：(日) _____ (夜) _____

E-mail：_____